高职高专工学结合课程改革规划教材

Qiche Weixiu Qiye Guanli Jichu

汽车维修企业管理基础

（汽车运用技术专业用）

交通职业教育教学指导委员会
汽车运用与维修专业指导委员会 组织编写

刘　焰　田兴强　主　编
李　朋［北京博瑞祥悦汽车销售服务有限公司］主　审

人民交通出版社

内 容 提 要

本书是高职高专工学结合课程改革规划教材，是在各高等职业院校积极践行和创新先进职业教育思想和理念，深入推进"校企合作、工学结合"人才培养模式的大背景下，由交通职业教育教学指导委员会汽车运用与维修专业指导委员会根据新的教学标准和课程标准组织编写而成。

本教材以学习汽车维修企业管理理念和要求、培养学生汽车维修企业管理思想和经营服务意识的基本能力为主线，内容主要包括汽车维修企业管理概论、汽车维修企业人力资源管理、现代汽车维修企业管理过程、维修生产技术管理及安全和环保管理、汽车维修质量管理、汽车维修配件及设备管理、政府采购与保险车辆维修管理、汽车维修企业财务管理、汽车维修企业信息化管理、实训共10个章节。

本书主要供高职高专院校汽车运用技术、汽车检测与维修专业教学使用。

图书在版编目(CIP)数据

汽车维修企业管理基础 / 刘焰，田兴强主编. — 北京：人民交通出版社，2012.1

ISBN 978-7-114-09499-6

Ⅰ. ①汽… Ⅱ. ①刘… ②田… Ⅲ. ①汽车-修理厂-工业企业管理-高等职业教育-教材 Ⅳ. ①F407.471.6

中国版本图书馆 CIP 数据核字(2011)第231813号

高职高专工学结合课程改革规划教材

书　　名：**汽车维修企业管理基础**
著 作 者：刘　焰　田兴强
责任编辑：张　强
出版发行：人民交通出版社
地　　址：(100011)北京市朝阳区安定门外外馆斜街3号
网　　址：http://www.ccpress.com.cn
销售电话：(010)59757969,59757973
总 经 销：人民交通出版社发行部
经　　销：各地新华书店
印　　刷：北京盈盛恒通印刷有限公司
开　　本：787×1092　1/16
印　　张：12.5
字　　数：283千
版　　次：2012年1月　第1版
印　　次：2015年7月　第2次印刷
书　　号：ISBN 978-7-114-09499-6
印　　数：3001~5000册
定　　价：30.00元

交通职业教育教学指导委员会
汽车运用与维修专业指导委员会

编审委员会

前言

为落实《国家中长期教育改革和发展规划纲要(2010—2020年)》精神,深化职业教育教学改革,积极推进课程改革和教材建设,满足职业教育发展的新需求,交通职业教育教学指导委员会汽车运用与维修专业指导委员会按照工学结合一体化课程的开发程序和方法编制完成了《高职汽车运用技术专业教学标准和课程标准》,在此基础上组织全国交通职业技术院校汽车运用技术专业的骨干教师及相关企业的专业技术人员,编写了本套规划教材,供高职高专院校汽车运用技术、汽车检测与维修专业教学使用。

本套教材在启动之初,交通职业教育教学指导委员会汽车运用与维修专业指导委员会又邀请了国内著名职业教育专家赵志群教授为主编人员进行了关于课程开发方法的系统培训。初稿完成后,根据课程的特点,分别邀请了企业专家、本科院校的教授和高职院校的教师进行了主审,之后又专门召开了两次审稿会,对稿件进行了集中审定后才定稿,实现了对稿件的全过程监控和严格把关。

本套教材在编写过程中,主要编写人员认真总结了全国交通职业院校多年来的教学成果,结合了企业职业岗位的客观需求,吸收了发达国家先进的职业教育理念,教材成稿后,形成了以下特色:

1. 强调"校企合作、工学结合"。汽车运用技术专业的建设,从市场调研、职业分析,到教学标准、课程标准开发,再到教材编写的全过程,都是职业院校的教师与相关企业的专业人员一起合作完成的,真正实现了学校和企业的紧密结合。本专业核心课程采用学习领域的课程模式,基于职业典型工作任务进行课程内容选择和组织,体现了工学结合的本质特征——"学习的内容是工作,通过工作实现学习",突出学生的综合职业能力培养。

2. 强调"课程体系创新,编写模式创新"。按照整体化的职业资格分析方法,通过召开来自企业一线的实践专家研讨会分析得出职业典型工作任务,在专业教师和行业专家、教育专家共同努力下进行教学分析和设计,形成了汽车运用技术专业新的课程体系。本套教材的编写,打破了传统教材的章节体例,以具有代表性的工作任务为一个相对完整的学习过程,围绕工作任务聚焦知识和技能,体现行动导向的教学观,提升学生学习的主动性和成就感。

前言

《汽车维修企业管理基础》是本套教材中的一本知识型学科教材，具有以下特点：

1. 注重“实用为主、够用为度”的指导思想，突出“强化应用、培养学生以汽车维修企业的组织管理为教学重点”的原则。

2. 具有可操作性，在介绍汽车维修企业管理基础知识的层面上，引导学生树立立足现实的思想观念，指导汽车维修企业管理的全过程。

3. 体现职业教育的特色，强化能力的培养。

4. 章节遵循学科循序渐进的原则安排，讲解的实例帮助学生由浅入深地学习。

参加本书编写工作的有：贵州交通职业技术学院的刘焰（编写第1章）、王昕（编写第2章）、田兴强（编写3.1~3.4）、王强（编写3.5）、陈德林（编写第4章、10.1）、陈婧（编写第5章、10.4）、李敏（编写第6章、10.2）、彭静（编写第7章）、许丘平（编写第8章、10.3）、王茵（编写第9章）。全书由贵州交通职业技术学院的刘焰、田兴强担任主编，北京博瑞祥悦汽车销售服务有限公司的李朋担任主审。

限于编者经历和水平，教材内容难以覆盖全国各地的实际情况，希望各教学单位在积极选用和推广本系列教材的同时，注重总结经验，及时提出修改意见和建议，以便再版修订时补充完善。

交通职业教育教学指导委员会
汽车运用与维修专业指导委员会
2011年6月

目录

目录

目录

第 1 章　汽车维修企业管理概论

学习目标

知识目标

1. 掌握企业管理概念；
2. 了解企业管理职能。

能力目标

1. 掌握汽车维修企业管理机构的功能及设置原则；
2. 掌握实现汽车企业现代化管理的途径。

学习时间

6 学时。

管理是指一定组织中的管理者，通过实施计划、组织、人员配备、指导与领导、控制等职能来协调他人的活动，使别人同自己一起实现既定目标的活动过程。

企业管理是人们为了实现企业的目标而有效地利用人力、物力、财力等资源的过程。

企业的目标是多方面的，不同类型的企业在不同的时期、不同的环境条件下都会有各种不同的具体目标，如生产任务目标、产品质量目标、社会服务目标、经营利润目标、企业发展目标等。但是，企业最根本的目标只有两个：一是企业自身的经济效益目标，二是社会效益目标。

企业是一个经济组织，它的首要目标是实现利润最大化，即实现经济效益目标；企业又是一个社会组织，它要承担一定的社会责任，包括以产品或服务满足社会需求、为社会提供就业机会等，即实现社会效益目标。

企业的其他各种具体目标，实际上都是这两个目标分解而成的分目标。企业管理的目的既然是要实现企业的目标，当然该目标也就包括了根本目标和保证根本目标实现的各种分目标。

企业的经济效益目标与社会效益目标有时是互相矛盾的。协调这种矛盾，处理好企业与国家、社会和个人之间的关系，是企业管理的内容和目的之一。

1）企业管理的基本任务

（1）合理地组织生产经营活动。生产经营活动是企业活动的中心，管理是为生产经营服务的。为保证生产经营活动的顺利进行，企业必须建立高效的组织机构，制订科学的管理制度，使上下级之间、各部门之间、各环节之间职责分明，责权一致、信息畅通、协调配合。

（2）有效地利用人力、物力、财力等各种资源。人、财、物是企业构成的基本要素，也是企业管理的基本对象，只有有效地利用这些资源，才能降低成本，节约费用，提高企业的经济效益。经济效益提高了，企业才能为社会提供价廉物美的产品和服务，才能更好地满足社会需求。

（3）促进技术进步，不断提高企业竞争实力。“科学技术是第一生产力”，企业管理应不断地促进企业技术进步，尽快地把科学技术发展的新成果转换成企业的直接生产力，开发新产品，发展新市场，不断提高企业的竞争实力。

（4）加强职工教育，开发人力资源。企业管理的核心是对人的管理。人的力量是无穷的，人力资源是企业财富的源泉。加强职工教育，不断地提高职工的科技知识和业务技术水平，不仅是开发企业人力资源的有效途径，而且是企业发展的根本战略。

（5）协调内外关系，增强企业的环境适应性。企业是社会经济系统的一个子系统，企业外部的政治、经济、社会、科学技术等环境因素都会对企业的生存和发展产生极大的影响。企业又是一个开放的动态系统，它与外部环境之间进行着广泛的物质、能量和信息的交换。在这些影响和交换中，必然会产生各种各样的矛盾，这就需要通过企业的管理活动进行内外关系的协调，并不断调整内部结构，使企业适应外部环境的变化。

2）企业管理的基本职能

传统管理把企业管理的五项职能——计划、组织、指挥、协调和控制作为管理的核心要素，但在知识生产力逐渐取得主导地位的今天，这五项职能的不适应性已经逐步显露。例如，知识信息活动已成为现代企业的最基本活动，相应地，信息沟通和资本营运成为企业管理的重要职能；“计划”职能已拓展为“企业家创作设计职能”；“组织”的再生性使传统意义上的组织职能减弱，强制性的协调演变为柔性化、自我的或自动的协调；“指挥”与“控制”职能已发生了质变，高层管理几乎不进行直接指挥和控制。企业在市场竞争中成败的最终筹码是知识，知识的吸纳能力、传播能力和再生产能力，决定着企业的兴衰。

1.1 汽车维修企业管理的发展过程

1.1.1 汽车维修企业管理阶段

1）传统管理阶段

传统管理阶段又称经验管理阶段，即企业规模比较小，员工在企业管理者的监视视野之内，因此企业管理靠人治就能够实现，所以在经验管理阶段，对员工的管理前提是经济人假设，认为人性本恶，天生懒惰、被动，不喜欢承担责任，所以管理者采用的激励方式是以外激为主，激励方式是胡萝卜加大棒，对员工的控制也是外部控制，主要是控制员工的行为。

2)科学管理阶段

科学管理阶段表现为企业规模比较大,靠人治则鞭长莫及,所以要把人治变为法治,但是对人性的认识还是以经济人假设为前提,靠规章制度来管理企业。其对员工的激励和控制还是外部的,通过惩罚与奖励来使员工工作,员工因为期望得到奖赏或害怕惩罚而工作,员工按企业的规章制度去行事,在管理者的指挥下行动,管理的内容是管理员工的行为。

3)现代管理阶段

现代管理阶段又称文化管理阶段,即企业的边界模糊,管理的前提是社会人假设,认为人性本善,人是有感情的,喜欢接受挑战,愿意发挥主观能动性,积极向上。这时企业要建立相应的以人为本的文化,通过人本管理来实现企业的目标。

文化管理阶段并不是没有经验管理和科学管理,科学管理是实现文化管理的基础,经验仍然是必要的,文化如同软件,制度如同硬件,二者是互补的。只是由于到了知识经济时期,人更加重视个人价值的实现,所以对人性的尊重显得尤为重要,因此企业管理要以人为本。

1.1.2　汽车维修企业管理内容和要求

要提高企业的经济效益,必须完善企业的经营管理体系,加速企业经营管理的现代化。企业经营管理的现代化是根据社会主义市场经济规律,为适应现代生产力发展的客观要求,运用科学的思想、组织、方法和手段,对企业生产经营活动进行有效管理,使之达到或接近国际先进水平,创造最佳经济效益的过程。

汽车维修企业管理现代化的内容涵盖经营管理思想、经营管理组织、经营管理方法和经营管理手段的现代化四个方面。

1)企业经营管理思想现代化

企业经营管理思想的现代化是指企业经营管理的指导思想要符合现代企业经济功能赋予的经营观念。现代企业的经营观念主要有:

①战略观念。战略观念就是要全面系统地看问题。战略观念最重要的有两点:一是全面系统的观点,即全局的观点;二是面向企业未来的发展观点。面向企业的未来,包括市场的未来、产品的未来、技术的未来、企业组织的未来、企业人员的未来,并在此基础上制订相应的目标与对策。

②市场观念。市场观念就是企业必须根据社会及用户的需要来组织生产经营活动。市场是企业存在的前提,企业要具有市场观念,这就要求企业首先要了解市场,其次要确定对策去占有市场,赢得市场。

③用户观念。市场是由实行交换的供需双方构成的,用户是构成市场的主要一方。所谓用户观念,就是企业要树立一切为了用户所需的观念,全心全意为用户服务,把对国家的责任建立在对用户负责的基础上。

④效益观念。社会主义企业的效益观念是经济效益与社会效益统一的综合效益观念。在经济效益上要注意微观经济效益服从宏观经济效益。在保证宏观经济效益的前提下,企业讲求经济效益,着重在经济上的收益。企业要获得经济上的收益,关键在于对外如何赢得市场,如何多完成任务;对内如何降低成本。

⑤竞争观念。竞争是商品经济发展的产物。企业的竞争主要表现在质量以优取胜，价格以廉取胜，服务以好取胜。企业要通过竞争去获得市场，要在竞争中求得生存和发展。所以，树立竞争观念是当前企业指导思想中最为深刻的转变。企业在竞争中必须牢记"质量是核心，价格是关键，信誉是基础"。

⑥时间观念。时间观念即"时间就是金钱"的观念。企业赢得了时间，就赢得了效益。为此，企业经营决策首先要把握时机，因为，即使是正确的决策，如果贻误了时机也是没有效果的。其次，企业要努力缩短生产周期，加快资金的周转，减少资金的占用和利息的支出。此外，在企业的一切生产经营活动中要讲求效率，这是企业赢得时间最为重要的途径。

⑦变革观念。变革观念就是要求企业保持对外部环境的适应性。企业的经营和管理没有固定和一成不变的模式。企业在经营管理中采用的方针、策略、组织形式、制度措施等方法，都需要根据外部环境的变化适时地进行调整和变革。对此，企业在事前要有预测，环境变化时要有对策，企业领导者也要不断修正自己的想法。

⑧创新观念。变革观念的发展和深化就是创新观念。企业要在竞争中取胜，关键在创新。为此，企业要在市场上努力发现新的需求、新的用户、新的机会；在生产上要广泛采用新工艺、新技术、新材料、新设备；在经营管理上要出新点子、新路子，反对因循守旧，努力开创经营管理新局面。

2）企业经营管理组织现代化

经营管理组织是指从事经营管理活动的人们之间的协作体系。经营管理组织现代化的主要标志是企业管理工作的高效率。经营管理组织现代化主要体现在：

①管理体制方面。管理体制方面包括国家主管部门对企业的管理和企业内部各层次的管理。要处理好集权和分权的关系及权、责、利的关系，使各级具有主动关心其经济成果的能动性。

②生产组织形式方面。生产组织形式方面是指企业为适应外部环境的需要而形成具有不同程度的专业化和联合化形式。

③组织结构方面。企业根据系统性和灵活性相结合的原则，采用不同的组织结构形式，如二级管理或三级管理，采取项目法施工和直线职能制结构或矩阵制结构等，以保证管理工作的高效率。

3）企业经营管理方法现代化

所谓经营管理方法，就是用以达到经营管理目标，实现经营管理活动的方法。经营管理方法的现代化，就是在管理方法中应用现代科学技术成果，包括技术科学和社会科学的研究成果。其中心问题是方法的有效性，只有符合客观规律的方法，才是有效的方法，也才能实现经营管理的目的。根据在经营管理活动中起作用的规律不同，经营管理方法有以下几类：

①受经济规律所制约的管理方法，即运用经济手段管理的方法。例如，企业内部以经济责任制为内容，以经济利益为动力、经济控制为手段的管理方法等。

②反映生产组织和生产技术规律的管理方法。属于这一类的管理方法有技术管理、定额管理、工程进度控制、质量控制的方法等。

③反映有关人的活动规律的管理方法等，如利用行为科学理论进行管理的方法。

④反映行政和政治工作规律的管理方法,如行政手段、民主管理、群众路线的方法等。

在实践中,一项管理方法往往反映几方面客观规律的要求,如全面计划管理的方法、全面质量管理的方法等。管理方法也是有层次的,通常,管理方法可分为组织方法、具体的工作方法和更具体的业务技术方法等几个层次,从而形成一个管理方法体系。

经营管理方法现代化有以下特点:

①标准化。标准化是指管理工作的内容、程度做到条理化和规范化。

②定量化。定量化是指管理方法从定性发展到定量,从单凭经验发展到“让数据说话”。

③系统化。系统化是指各项管理方法综合作用,以获得综合效应。

④民主化。民主化是指在管理中运用群众路线的方法,实行专业与群众相结合、全员参与的管理方法等。

管理方法的上述特点体现了现代管理方法的系统性、最优性、综合性和民主性,最终反映在方法的有效性上。

4)企业经营管理手段现代化

这是指为适应经营管理工作高效率的要求而采用现代化的技术手段,主要包括:

①信息传输、收集手段的现代化。企业为了文字、图表、信号、语言等管理信息的传输、收集而采用的电传设备、工业电视、自动显示装置、自动收录记录装置以及电脑控制系统等。

②信息处理手段的现代化,主要是计算机或系统的应用。

企业经营管理现代化的四个方面是一个整体,它们是互相联系、互相依存、协调发展的。其中,经营管理思想现代化是核心,经营管理组织现代化是保证,经营管理方法现代化是措施,经营管理手段现代化是工具。

经营管理现代化和科学技术现代化,是实现“四个现代化”、建设高度物质文明不可缺少的两个方面。两者是密不可分、相互促进的。科学技术是知识形态的生产力,管理同样也是知识形态的生产力。在国外,有许多人把科学、技术、管理看成现代文明的三足鼎。由此可见,管理的地位是很重要的。

当前,我国同发达国家相比,科学技术方面的差距固然很大,但经营管理方面的差距更大。我们在实现生产技术现代化的同时,必须强调经营管理现代化,实行两者同时并举,不可偏废的方针。一些企业的实践证明,实行经营管理现代化,并不需要很多投资就可获得巨大的经济效益。所以,可以把经营管理现代化看成是一种重要的资源。企业一定要克服重技术、轻经营管理的思想,开发和利用好这一资源。

1.2　现代汽车维修企业的管理职能及机构

1.2.1　决策职能

许多人把“决策”仅仅看作是“从行为过程的各个抉择方案中作出选择”,因而认为决策是“计划”职能的一部分。也有人认为决策是一个复杂的过程,计划是决策过程中的一部分。计划是为实施决策制订的,任何计划都是实施的工具。决策是针对未来的行动制订的,未来的行动往往受到行动者所处的外部环境和内部条件制约,所以决策前首先就要分析外部环境、分析本企业的长处和短处,对未来的形势作出基本的判断。由于未来的形势受到很多因素的影响,绝大多数情况是不确定的,因此必须进行预测。预测是以概率统计为基础的,很难十分准确,决策就必然有一定风险。为了提高预测和决策的准确性,依靠数学模型、计算机进行科学的计算和模拟是完全必要的。但面对同样的事实前提,不同的决策者可能作出完全不同的抉择,这与决策者的价值前提和追求的目标有关。

任何社会组织中的管理活动从最高层管理者到最基层的工作者都有决策职能,越往高层目标性(战略性)决策越多,越往基层执行性决策越多。目标性决策是非程序性的,比较复杂,难度较大;执行性决策是程序性的,难度相对较小。管理活动中的决策职能不仅各个层次的管理者都有,并且也分布在各项管理活动中,所以说决策应是管理活动中第一位的基本职能。

在决策的过程中,决策主要受到环境、管理理论等的影响。任何组织都是在一定环境中从事活动的,环境的特点及其变化必然会制约组织活动方向和内容的选择。环境研究就是要通过分析组织活动的内外影响因素,揭示活动条件变化规律,预测其未来的变化,为活动方向和内容的选择与调整提供依据。这里所提到的环境主要指外部环境和内部环境。外部环境指组织生存的土壤,它既为组织活动提供条件,同时也对组织的活动起制约作用。外部环境主要有政治环境、社会文化环境、经济环境、技术环境、自然环境等;内部环境包括组织内部的物质环境和文化环境。

1.2.2 组织职能

决策的实施要靠与其他人的合作,组织工作正是从人类对合作的需要而产生的。如果在实施决策目标的过程中,能有几个合作个体综合更大的力量、更高的效率,就应根据工作要求与人员特点设计岗位,通过授权和分工将适当的人员安排在适当的岗位上,用制度规定各个成员的职责及其相互关系,形成一个有机的组织结构,使整个组织协调地运转,这就是经营管理的组织职能。

1.2.3 领导职能

决策与组织工作做好了,也不一定能保证组织目标的实现。因为组织目标的实现要依靠组织中全体成员的努力。配备在组织机构各种岗位上的人员,由于各自的目标、需求、偏好、性格、素质、价值观、工作职责和掌握信息量等方面存在矛盾和冲突,因此就需要有权威者进行领导,指导人们的行为,沟通人们之间的信息,增强相互的理解,统一人们的思想和行动,激励每个成员自觉地为实现组织目标共同努力。领导职能贯穿在整个管理活动中。在我国,领导职能的概念十分广泛,不仅组织的高层领导、中层领导要实施领导职能,基层领导,例如车间主任或班组长也担负着领导职能。

1.2.4 控制职能

在执行计划的过程中,各种因素的干扰常常使实践活动偏离原来的计划。为了保证计划及目标得以实现,就需要实行控制。控制的实质就是使实践活动符合计划,计划是控制的标准。管理者必须及时取得计划执行情况的信息,并将有关信息与计划进行比较,发现实践活动存在的问题,分析原因,及时采取有效的纠正措施。纵向看,各个管理层次都要充分重视控制职能,越是基层的管理者,控制要求的时效性越短,控制的定量化程度也越高;越是高层的管理者,控制要求的时效性越长,综合性越浅。横向看,对各项管理活动、各个管理对象都要进行控制,没有控制就没有管理。有的管理者以为有了良好的自治和领导,目标和计划自然就会实现了。实际上无论是什么人,如果给他布置任务、给他职权、给他奖励而不对他的实际工作进行严格的检查、监督,发现问题不采取有效的纠正措施,听之任之,那么这种人迟早会给企业带来经济损失。所以,控制与信任并不完全对立,管理中可能有因不信任而实行的控制,但绝不存在没有控制的信任。

1.2.5　创新职能

由于科学技术迅猛发展,社会经济活动空前活跃,市场需求瞬息万变,社会关系也日益复杂,每个管理者每天都会遇到新情况、新问题,如果因循守旧,就无法应付新形势的挑战,也就无法完成肩负的使命。各项管理职能都有其独有的表现形式,例如,决策职能通过方案和计划表现出来;组织职能通过组织设计和人员配备表现出来;领导职能通过领导者和被领导者的关系表现出来;控制职能通过对计划执行情况的信息反馈和纠正措施表现出来。创新职能与上述各种管理职能不同,它本身并没有特有的表现形式,它总是在其他管理职能的所有活动中表现自身的存在与价值。正所谓事事皆可创新,创新无处不在。

1.2.6　管理机构

1)设置企业管理机构的基本原则

①维修企业应具有有效的管理体制。

②维修企业应具有与它的规模、目标和技术要求相称的一个成文的组织结构。

③维修企业的管理集体应表现出对关键性业务系统的有效控制。

经营管理主要着重在协调、沟通、指挥与控制公司的日常经营。随着经营责任的转移,管理活动的协调与沟通变得日益重要。管理层应建立与维护各部门以及各业务之间的紧密合作关系,采取措施以加强有效合作,利用适当的管理过程建立与监控能体现经营一体化不断提高的关键指标;杜绝多头指挥,避免指令重复或冲突,一个人只能对一个上级负责,避免混乱和推诿扯皮。上级对工作的完成负有最终的责任,避免重叠和空白有助于改善上级与下属之间的沟通和增进彼此的了解。

财务部负责人可以有两个上级。公司法规定,“董事会根据经理的提名,聘任或者解聘公司副经理、财务负责人,决定其报酬事项”。也就是说,财务负责人在行政上对总经理负责,在财务上可以越过总经理直接向董事会汇报。

明确责权一致,责任是权力运用过程中所产生的一种义务。直接上级在给其直接下级制订岗位描述时,应明确界定直接下级的权力及相应的责任,直接下级对所承担的任务或工作负有责任,管理人员则始终对其下级完成任务的成效负有领导责任。

责任对管理人员而言分为直接责任和领导责任。对员工而言则明确规定为工作责任。

一个好的组织结构设置方案，要求把企业运作所需要的所有工作分配给企业的所有成员，而权责不清将使工作发生重复或遗漏、推诿扯皮现象，容易使员工产生挫折感。

2）汽车维修企业的管理机构设置

根据现代企业管理制度的要求，汽车维修企业在制订公司章程时要将公司的组织机构设置及各主要管理职位和机构的职责分工予以明确化，力求责权分明、高效协调，以适应现阶段经营和发展的客观需要。

（1）总经理职责。

①全面领导公司日常工作，具有向公司传达满足顾客和法律法规要求的重要性。

②制订、颁布质量方针和质量目标，并对质量目标是否满足产品要求的有关内容及能否在相关职能和层次上展开负责。

③负责在公司内建立和保持 ISO 9001:2000 质量管理体系。

④确保在公司内建立适当的沟通过程，并且确保对质量管理的有效性进行沟通，确保公司内的职责、权限得到规定。

⑤对公司最终产品的质量负责。

（2）管理者代表职责。管理者代表受总经理的直接领导，并具有以下方面的职责和权限：

①管理者代表按 ISO 9001:2000 标准的要求协助总经理确保质量管理体系过程得到建立、实施并持续改进；对程序文件进行审核、批准。

②负责向公司总经理报告组织在建立质量方针和质量目标并使其实现等方面所取得的业绩，以及有关质量管理体系所需改进的方面。

③协助总经理按策划的时间间隔对质量管理体系进行评审。

④负责领导质量管理部门制订审核方案，对质量管理体系进行内部审核，取得审核结果后报告总经理。

⑤确保在整个组织内促进顾客要求意识的形成。

⑥对纠正和预防措施的实施效果进行监督、检查，为管理评审提供依据。

⑦负责与质量管理体系有关事宜的外部联系。

（3）行政部职责。

①编制各部门负责人《岗位工作人员任职要求》。

②负责公司《年度培训计划》的制订及监督实施。

③负责上岗基础教育。

④负责对培训效果进行评估。

⑤公司规章制度的归口管理及汇总工作、员工考勤工作。

⑥配合技术设备检验部对公司合同、文件、档案、图书、资料识别、标志的管理工作。

（4）质量检验管理部职责。

质量检验管理都受总经理的直接领导，并对总经理负责。

①负责协助管理者代表对公司质量管理体系运行情况进行监督，保证质量管理体系的正常运转。

②负责协助管理者代表组织编写、修订质量体系文件，并对质量管理体系文件现行版

本的有效性负责。

③负责各项质量指标的统计和考核,并负责编制质量状态分析和质量情况报告,为总经理质量决策提供依据,协助管理者代表制订管理评审计划,组织实施管理评审,对管理评审报告提出改进措施并进行跟踪,对实施效果进行验证。

④负责全公司记录的归口管理。

⑤负责组织和管理公司内部质量体系审核工作。

⑥对各部门质量策划的实施情况进行监督检查。

(5)技术设备管理部职责。

①编制公司汽车维修工艺流程,对修理人员提供过程技术性指导,签发修竣车辆出厂检验合格证。

②公司内外技术交流、派出学习培训和来厂培训实习指导。

③公司技术改造措施计划制订工作。

④负责公司计量器具管理工作、维修设备管理工作,制订建账、编号、使用维护管理办法。

⑤收集、统计维修数据资料,并建档分析处理,反馈生产厂家。

⑥修旧,修竣,入库技术等鉴定、签署工作。

⑦制订车辆修理质量标准和管理办法,贯彻执行国家和行业汽车维修质量标准和法规。

(6)汽车维修站职责。

①负责接车、诊断故障,确定修车项目、价格、日期管理、业务厅及顾客服务管理,汽车维修服务项目宣传。

②随车工具、物品清点管理,做好接车、检验车况及车辆修竣检验出厂管理。

③汽车维修合同派工单及维修车辆档案输入管理。

④工时及零件费用结算、开具发票并输入档案管理。

⑤对外出维修、加工协作管理,管理和接待回修、返修车辆。

⑥组织开好生产调度会议,加强与备件部和车间车辆交接手续管理。

⑦做好本站维修生产统计工作管理(按大、中、小修车辆统计,按月、季、年报表)。

⑧编制生产计划,做好车源工作。

⑨售后服务索赔工作。

(7)业务部职责。

①负责公司的汽车维修市场的调研和市场开拓工作。

②根据市场行情编制《市场开拓计划》。

③负责与顾客联系,组织处理顾客投诉,负责保存相关服务记录。

④负责组织对顾客满意程度进行评测,确保满足顾客的需求。

(8)备件仓管理部职责。

①负责按公司的要求组织对供货方的供货业绩进行评价,建立供货方档案。

②负责编制采购备件技术标准及《采购备件分类明细表》。

③负责对采购备件的进货进行验证。

(9)财务部门职责。

其中,对内职责有:

①根据总经理要求,布置并完成好总经理的各项指令。

②全面组织会计部日常工作,对会计部工作加强检查督导。

③组织会计人员按照新会计制度,进行记账、算账、报账工作,做到手续完备、内容真实、数字准确、账表清晰、按期报表,做到账证、账账、账款、账实四相符。

④审核日常报销凭证,杜绝多报、假报、无法证报销现象。

⑤审核公司收付款凭证,保证公司债权债务真实、准确。

⑥做好内部监控管理,确保公司财产安全、完整。

⑦定期做好报表,并分析报表,供公司决策时参考。

对外职责有:

①处理好本企业与税务局、工商局、银行、外汇管理局等单位关系,按时报送表格及相关资料。

②在税务方面:立足税法,依据会计制度,统筹全盘,主动收集全面资料。正确计算折旧、摊提,合理合法减轻税负,尽量进行合理避税和节税,加强增值税各项账务的核算,为公司抵免退税提供完整的凭据及数据。

③在工商方面:做好年度会计报表,使账目、凭征、报表三点相符,认真做好会计年检工作。

④在银行方面:负责做好银行填报工作,使贷款、融资工作顺利进行。

⑤对外做好年度外汇年检工作。

⑥保管好公司重要档案资料。

本 章 小 结

通过本章学习,应掌握管理的概念、管理涵盖的方面、汽车维修企业管理的发展过程、管理的基本任务、管理的职能以及企业管理的架构等内容,要对汽车维修企业管理有一个初步的认识。

课 业 训 练

简答题

1. 什么是企业管理?
2. 汽车维修企业管理的发展过程是怎样的?
3. 汽车维修企业管理有哪些职能?

第2章　汽车维修企业人力资源管理

学习目标

知识目标

1. 掌握人力资源管理的基本原理及功能；
2. 掌握组织设计的具体内容、步骤、组织机构设置的原则和方法；
3. 熟悉员工绩效考核制度；
4. 能够理解企业文化建设的重要性；
5. 理解社会保险和员工福利的重要性。

能力目标

具有人力资源管理的基本能力。

学习时间

12 学时。

2.1　人力资源管理概述

现代企业的人力资源管理虽然起源于传统工业企业中的劳动人事管理,但又不同于传统企业中的劳动人事管理,因为传统企业中的劳动人事管理注重管理,而现代企业中的人力资源管理更注重开发。

2.1.1　人力资源管理的基本概念

1)人力资源的概念

人力资源是指在一定时间、空间条件下,现实的和潜在的劳动力数量和素质的总称。人力资源在时间的概念上包括现有的和潜在的(转业、再从业、新生劳动力等)两种劳动力;在空间概念上可以区分为某个国家、某个区域、某个产业或某个企业的劳动力。人力资源的总体概念,既包括劳动力的数量,还包括其素质,更包含着它的结构。由此可知,人力资源体现在体制、知识、智力、经验和技能等诸多方面。

2）人力资源管理的概念

人力资源管理是指企业为了实现其既定目标，运用现代管理措施，对人力资源的取得、开发、培训、使用和激励等方面进行规划、组织、控制、协调的一系列活动的综合过程。

人力资源管理是从系统的观点出发，通过其组织体系，应用科学管理方法，对企业中的人力资源进行有效开发（招聘、选拔、培训）、合理利用（组织、调配、激励与考核）的综合性管理。现代企业管理学家认为：处于劳动年龄、具有劳动能力的人力也是一种生产资源，而且是具有能动作用的生产资源。人力资源管理就是为了使企业的人力与物力、财力保持最佳配合，并恰当地引导、控制和协调人的理想、心理和行为，充分发挥人的主观能动性，人尽其才、才尽其用、人事相宜，实现企业最终的目标。

2.1.2 人力资源的特性

对企业而言，人力资源包括了全体员工，即从最高层管理者到最基层的实际操作者在内的所有人，是一种既特殊又重要的资源。与其他资源相比，人力资源有其鲜明的独特性。

1）自有性

劳动力以劳动者的身体为载体，离开了劳动者的身体，劳动力就不复存在了，这就是人力资源的不可剥夺性。在任何时代，人力资源首先都是属于劳动者个人自身所有，其他自然人或法人虽然可以用行政手段、经济手段或其他手段，强行无偿地或协商有偿地得到它，但是必须是在劳动者个人愿意或认可的情况下才行。劳动者在劳动过程中对劳动力随时都有支配权。不可剥夺性是其区别于其他任何资源的根本特征。

2）生物性

人力资源存在于人体中，是一种“活”的资源，与人的生理特征、遗传基因等紧密相连，具有生物的一切特性。

3）主观能动性

人力资源的主观能动性是人力资源区别于物力资源的一个重要特征。这主要体现在以下几个方面：

①自我强化的教育和学习活动，是人力资源自我强化的主要手段。人们通过教育（正规教育或非正规教育）和培训，学习理论知识和实际技能，锻炼身体和意志，获得更高的劳动素质和能力。

②选择职业，人作为劳动力的所有者可以自主择业，选择职业是人力资源主动与物质资源结合的过程。

③积极劳动，敬业、爱业、积极工作，这是人力资源能动性的最主要的方面，也是人力资源发挥潜能的决定性因素。

4）时代性

社会不同时期的经济发展总水平必然决定着人力资源的数量和质量，决定着人力资源的整体素质与水平。今人不同于古人，此代人不同于彼代人。

5）时效性

人能从事劳动开发，能开发利用的时间被限制在生命周期中的某一段。在这一段中，又由于人才类别、层次的不同,会有才能发挥的最佳期、最佳年龄段。

6)知识性和智力性

人类运用自己的智力和知识,创造了各种各样的工具,使自己的器官得到“延伸”和“扩大”,从而增强了自身征服自然和改造自然的能力。这表明,人力资源具有巨大的潜力,应该花大力气进行挖掘,使其变成财富。

7)开发的持续性

对于一个人来说,直到他的生命终结前,或者更准确地说直到他的职业生涯结束前,都是一个可以持续开发的资源。

8)再生性

人力资源是一种可再生资源,这是基于人口的再生产和劳动力的再生产,通过人口总体内各个个体的不断替换、更新和一生中劳动力的消耗—生产—再消耗—再生产的过程实现的。

9)生产性和消费性的双重性

生产性强调人力资源首先是物质财富的创造者,而且是有条件的创造者;消费性强调的是人力资源的保护与维护需要消费一定量的物质财富,并且是无条件消费。

2.1.3 人力资源管理的特点与基本原理

充分了解人力资源管理的特点,合理运用人力资源管理的原理,可以有效发挥人力资源管理的作用,实现人力资源管理的目的。

1)人力资源管理的特点

①综合性。人力资源管理是一门复杂的综合性学科,涉及政治、经济、技术、文化、教育、艺术、民族、风俗、民情、家庭、婚姻、心理、生理、卫生、医学、环保、安全等诸多因素。

②实践性。人力资源管理理论源自生产、生活实践,它是管理经验的总结和概括,反过来又指导实践,并接受实践的检验。

③发展性。人力资源管理的发展演变是人类不断实践、不断总结的结果。它既不能一步完成,也不能到此止步,而总是在发展、在进步。

④社会性。人力资源管理总是离不开人生活的社会、地域、民族的影响。

2)人力资源管理的基本原理

①能位匹配原理,指根据人的才能和特长,把人安排到相应的职位上,尽量保证岗位要求与人的实际能力相适应、相一致,做到人尽其才,才尽其用,用其所长,扬长避短。

②互补优化原理,指充分发挥每个员工的特长,助长抑短,采用协调优化的组合,形成整体优势,顺利有效地发挥强大的合力功能。

③动态适应原理,指在动态下使人的才能与其岗位相适应,以达到充分开发利用人力资源潜能的目的,提高组织效能目标。

④激励强化原理,指通过奖励和惩罚,使员工明辨是非,教育、激发、鼓励人的内在动力、自觉精神和良好动机,朝着期望的目标迈进。

⑤公平竞争原理,指竞争各方从同一起点,公平、公正、公开地进行考核、录用和奖惩。

2.1.4 人力资源管理的功能

人力资源管理,就是通过人力资源的计划、激励、绩效评估等环节,使人力资源得到最有效地利用,具体地说,人力资源管理具有以下基本功能:

(1)选择人。这包括招聘、选拔和委派。招聘是通过各种信息传播的媒介渠道,把可能成为和希望成为企业员工的人吸引到企业来应聘;选拔是企业根据用人标准和条件,运用适当的方法和手段,对应聘者进行审查、选择、聘用;委派是把招聘、选拔来的员工安排到一定的岗位上,担任一定的职务。

(2)培育人。这里的培育包括三个方面:一是对于新招聘来的员工要进行一定时间的教育,如企业光荣传统的教育、企业发展现状和远景教育、企业宗旨和企业价值观教育等,使新员工尽快熟悉企业情况、环境,尽快消除焦虑、不安的心情,建立和加强对企业的认同感和责任感;二是坚持不懈地对员工进行培训,通过各种针对性不同、方式不同的培训,不断提高员工的水平;三是在作好企业人力资源规划的基础上,指导、帮助员工对自己的未来发展进行规划,明确自身的发展方向和道路。

(3)使用人。对人要量才使用,不能大材小用,不能小材大用;要用其所长,避其所短,充分发挥其优势。要坚持员工的素质评估和绩效考评制度,对员工的德、智、能、技做出客观、公正的评价。对那些素质高、绩效显著的员工给予奖励和升迁;对那些素质低、绩效差的员工适当采取降格使用、解雇等惩罚措施,要做到奖惩分明。

(4)激励人。在绩效考评的基础上,为员工提供所需的、同其事业成功度相匹配的工资、奖酬,充分发挥工资、奖酬的激励功能,增加员工的满意感。

2.1.5 人力资源管理的目标与任务

1)人力资源管理的目标

①最大限度满足企业人力资源的需求,保证企业的正常运转。

②最大限度开发与管理企业内外的人力资源,促进企业的持续发展。

③最大限度维护与激励企业内部人力资源,充分发挥员工潜能,使人力资源得到应有的补充和提升。

④最大限度利用人力资源的规律和方法,正确处理和协调生产经营过程中人与人的关系、人与事的关系、人与物的关系,使人、事、物在时间和空间上相协调,实现最优结合。

⑤最大限度保障人力资源的环境条件,确保劳动安全,避免生产事故。

⑥最大限度提高劳动生产效率。尽量以最小、最合理的投入获取最佳的经济效益。

⑦最大限度遵循价值杠杆原理,发掘人才,使用人才,培养人才,留住人才。

⑧最大限度研究、分析企业生产纲领和规模效益的配比关系,精心进行岗位设计,达到职数、职位的科学、合理配置。

⑨最大限度从战略高度前瞻企业的发展前景,准确预测人力资源的目标,制订人力资源规划。

⑩最大限度创造和培育企业人际氛围,塑造良好的企业文化,以利于员工工作、学习和生活。

2)人力资源管理的任务

①规划。人力资源部门要认真分析与研究企业的发展战略与发展规划,主动提出相应的人力资源发展规划建议,积极制订落实。人力资源部门要积极配合有关部门做好分析、组织、设计工作,指导基层做好岗位设置、设计工作。

②分析。人力资源部门要对企业的工作进行分析,全面、正确地把握企业内每个岗位的各项要求与人员素质匹配的情况,及时、准确地向有关部门与人员提供相关信息。

③配置。人力资源管理部门应该全面掌握企业工作要求与员工素质状况,及时对那些不适应岗位要求的员工进行适当地调整,使员工适其岗,尽其用,显其效。

④招聘。招聘工作包括吸引与录用两部分。对于那些一时缺乏合适人选的空缺岗位,人力资源管理部门要认真分析岗位工作说明书,选择合适的广告媒体进行积极宣传,吸引那些符合岗位要求的人前来应聘,给每个应聘的人提供均等的就业机会。人力资源管理部门应充分理解招聘和应聘工作是一个双方权衡的过程,绝非单方面对应聘人条件的衡量。录用时,除考虑人员的应聘条件外,还应考虑企业的承受能力与特点。

⑤维护。在全部岗位人员到位,形成优化配置后,维护与维持配置初始的优化状态,是人力资源管理的核心任务。这里所指的维护,包括积极性的维护、能力的维护、健康的维护、工作条件与安全的维护等。这些任务主要通过激励机制、制约机制与保障机制的建立与发挥来完成,包括薪酬、福利、奖惩、绩效考评和培训等。

⑥开发。人力资源的潜能巨大。有关研究表明,当员工经过一定的努力并适应当前的岗位工作要求后,只要发挥40%左右能量,就可以保证完成日常任务;换言之,人力资源在维持状态下一般只发挥出40%的作用,尚有60%的潜力有待开发、挖掘。

由上可知,利用了的人力资源只是已发现的和能发挥的一部分,其实还存在着许多可以涌现和开发的新资源。可见,维护现状远远不够。维护总是有限的,而开发才是无限的。维护是保证企业人力资源需要的基础,而开发才是促进企业持续发展的根本。因此开发人力资源是企业人力资源管理永恒的主题。

2.2　员 工 管 理

企业的生存与发展是以人为基础的,企业员工的素质在一定程度上决定了企业的命运。员工招聘是指从企业外吸纳对本企业有兴趣的、具有一定业务能力的、适合本企业特点的人员到企业工作的选人过程。人才招聘是人力资源管理的第一个环节,聘用的人才是企业人力资源的基石,因此,员工招聘是企业人力资源管理的关键点。

2.2.1　员工聘用

1)维修技工聘用的基本条件

①符合国家规定的人员招聘基本条件,年龄适当,身体健康。

②具有良好的职业道德和政治思想素质。

③适当的从业年限和本工种工作年限。

④必要的学历与技术培训状况。

⑤持有相应级别的汽车维修工职业资格证书,或者实际维修能力达到相应的技术等级。

⑥其他特长。

2)管理人员聘用的基本条件

①符合国家规定的人员招聘基本条件,年龄适当,身体健康。

②具有良好的职业道德和政治思想素质。

③适当的从业年限和本岗位工作年限。

④持有相应技术职称,熟悉汽车维修技术和业务,并具有一定年限相应岗位的实际经历。

⑤相应的学历与继续教育状况。

⑥具有较高的个人素质和较强的组织管理能力。

⑦其他特长。

3)员工聘用的基本原则

汽车维修企业在招聘人才时,要把握好实际需要人数与招聘人数的比例关系,否则会使企业的人员过剩,人员的解聘和辞退是人力资源管理中最难解决的问题。对一个员工的辞退如果不合理,不但会造成不良的社会影响,还会引起员工队伍思想上的不稳定,将会使企业付出沉重的代价。在选聘各类人员时,要掌握好以下原则:

(1)以岗定员。汽车维修企业在招聘人员时,应根据生产需要事先确定岗位,并结合人力资源规划,确定企业要招聘员工的人数和素质要求,维修企业应依据人力资源规划进行招聘,无论是多招、少招,还是错招,都会造成很大负面影响,除了增加人员的工资是有形损失外,还会由于"人浮于事"、"办事不力"、"效率低下"、"质量下降"、"待料停工"、"贻误工期"等无形损害,损害企业文化氛围。

(2)双向选择。招聘与应聘双方处于平等的地位,企业应充分了解应聘者的文化水平、技术技能、社会经历、职业道德,并向应聘者详细介绍企业的生产现状、发展前景、用人要求以及员工的福利待遇,做到选择目标明确,为企业选择合适的人。同样,作为应聘者应向企业推荐自己,介绍自己的特长并提供相关证件,还要对企业进行考察,充分了解应聘岗位的职业要求和职业发展前景,做到自愿就业,不盲目就业,从而做到企业与招聘者双向选择。

(3)公开公正。公开公正地招聘员工,会在企业中形成一种公平竞争的文化氛围,公平竞争是保证人才脱颖而出的基本条件,也是能够吸引真正有才能的人的最重要原则。公开公正地进行招聘,有两层含意:

①招聘信息(招聘要求、招聘方式、招聘方法、招聘条件、招聘时间等)应提前公之于众,公开进行。

②对应聘者一视同仁,不歧视,不内定,公开竞争。

4)员工招聘的基本程序

员工招聘的基本程序如图 2-1 所示。

①根据岗位说明书和任职资格,详细列出空缺岗位所要求的知识范围、技术等级和实际操作能力。

②确定合适的淘汰率。选择淘汰率的大小,需考虑劳动力市场供给(包括应届和往届

大中专毕业生数量)、空缺岗位的要求、应聘人员的经验。

③招聘预算。包括广告预算、招聘测试预算、体格检查预算、其他不可预见预算,是企业全年人力资源管理预算的一部分。

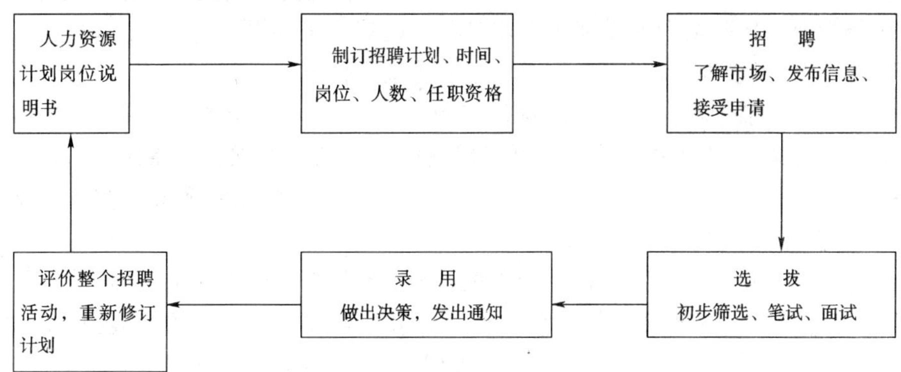

图2-1　员工招聘的基本程序

④选择应聘人员。对于一般的维修人员和管理人员的储备,可选择当地高校、中专、技校中相关专业的毕业生;对于那些重要岗位或要求具备一定解决问题能力的岗位,可通过同行中相关人员引荐,以减小企业风险。

⑤选择招聘地点和时间。招聘地点可结合招聘的渠道一起考虑,人才交流会、用人单位招聘会、毕业生就业洽谈会、网上招聘均是近年企业招聘选用的地点。招聘时间应以不出现空缺为准则。

⑥选择招聘的渠道,并发布相关信息。可供企业选择的渠道很多:员工引荐、刊登广告、人才市场、校园招聘、内部招聘、网上招聘。企业可根据空缺岗位的数量和类型,选择不同的招聘渠道。

⑦挑选人员。挑选人员分审查申请材料及推荐材料、补充调查、初步接待几个步骤进行。

⑧面试备选人员。重要的岗位需要人力资源管理部门主管和部门主管亲自面试。

⑨生产实习、试用。安排一定时间的生产实习或试用,让用人部门和初步录用者之间再进行一次双向选择,待实习或试用结束后,进行相应的考核。

⑩录用并发放通知。对已通过试用的人员发放录用通知,对不予录用的求职者发函致歉。

⑪与录用者签订相应的合同。经过各项考核后,择优录取。从保护双方的利益出发,根据工作岗位不同,企业与录用者需签订不同内容的劳动合同。

现在很多汽车维修企业在招聘新的员工时,非常注重员工试用及试用期的考核工作。一方面这是本行业要求员工具有一定的实际操作技能和相应的理论基础所致;另一方面,这样也有利于更好地进行双向选择。

2.2.2　员工培训

员工素质的高低,直接影响企业的兴衰,所以员工的培训工作关系到企业的生存与发展,具有高素质的员工队伍才是企业发展的真正动力。

1)员工培训形式

员工培训的形式多种多样,维修企业可以根据企业特点,采取不同形式。

(1)按照员工在培训时的生产工作状态分为在职培训、脱产培训、半脱产培训。

①在职培训。在职培训就是利用工作时间或就某一个问题,在实际工作中进行的短期培训。它的特点是:培训时间灵活,不影响正常的维修任务;边学边干,学以致用,易掌握知识要点,实践性强;结合本企业自身的维修特点,利用本单位技术骨而不需聘专职教师,也利于员工之间的交流;不需添置设备场所,经济性强;所培训的知识不系统、不规范;受训的人数受培训场地所限。维修企业中,对新进设备、工具的使用、某一种新车型新总成的维修方法、安全培训等均可采用在职培训。

②脱产培训。脱产培训就是在一定的时间里,受训者离开工作岗位接受专门、系统的知识培训。它的特点是:培训的知识系统化、理论化、专业化,受训者可以得到全面的提高;受训者可能来自不同的地区、行业,可以进行相互交流、学习;学习更专心,不受工作的干扰。例如,上海大众汽车公司培训中心每年都组织全国各地维修站的技术人员或管理人员进行相关内容的培训。

③半脱产培训。半脱产培训介于在职培训和脱产培训之间,兼顾二者的优缺点。

(2)按照培训的目的分为文化技术培训、学历培训、岗位(职务)培训。

①文化技术培训。文化技术培训的目的是提高企业员工文化素质和维修技术,如某车型的结构特点培训、企业管理培训等。它的特点是针对性强,短期内可提高员工的维修技术。

②学历培训。员工可以利用业余时间接受更高一层的培训,以便全方位地提高自己。如现在各个行业内普遍流行的专升本培训、自学考试培训等,在一些高校中针对中高级管理人员开设的MBA(工商管理硕士)、MPA(公共管理硕士)培训也是学历培训的一种。有时员工选择的专业与工作岗位不一致,从企业的角度出发,对员工的这种自我培训应当鼓励,在条件允许的情况下,给予支持。

③岗位(职务)培训。从工作的实际需要出发,针对某些岗位的特殊要求而进行的培训。其目的是传授对于个人行使职位职责、推动工作方面有帮助的特殊技能,偏重于专门知识的灌输;使受训人在担任更高职务之前,能够充分了解和掌握未来职位的职责、权利、知识和技能等。例如,对维修站中、高层管理人员进行的财务培训和人力资源培训,对服务总监进行的服务理念更新、市场的开拓培训,对维修电工进行的计算机基础控制的培训等。

(3)按照培训内容的层次可分为初级培训、中级培训、高级培训。

①初级培训。主要是一般性的知识和技术方法培训。如入厂培训、维修人员的应知应会等。

②中级培训。针对培训对象加入一些相关专业的理论知识。如汽车维修中、高级工培训。

③高级培训。高级培训主要是将一些汽车行业的新技术、新观念、新方法以短期培训、研讨会的方式进行。

(4)按照培训对象不同分为新员工培训、在职员工培训。

①新员工培训,主要是指入职前培训。其目的是让新员工对企业、工作岗位、工作环境

有一个全面的认识,领会企业文化,熟悉企业的规章制度,以便能够很快进入工作状态。

②在职员工培训,主要是指员工的继续培训。其目的是全方位地提高员工素质。

2)员工培训的内容

维修企业员工的培训内容应根据企业的具体情况而定,原则上与企业发展方向、规模相匹配,培训的方法可以多种多样。一般可按照国家有关规定和企业的发展要求对现有岗位分期分批进行。从目前的实际情况来看,考虑到企业的经济效益,大多数企业培训的内容仅仅局限于专业技术的培训。从长远发展来看,具有一定规模的维修企业,培训内容应与员工职业生涯设计结合起来,以培养优秀的、具有本企业特色的员工为宗旨。

(1)中、高层管理人员的培训内容。中、高层管理人员在企业中主要的任务是管理企业。因此,国内外企业的先进管理案例,国家对汽车制造业、汽车维修行业的有关法规政策等内容均是他们培训的主要内容。例如,上海大众汽车公司为了提高领导者的管理水平,从德国大众公司引入了领导技术课程,作为每一位领导者的脱产必修课。在培训班上,管理人员通过听课学习、角色练习、参与讲解、小组讨论等形式,学习探讨管理人员如何培训下属员工独立工作,如何决策、授权制订目标、评价与引导人等管理技术。

(2)技术骨干的培训内容。技术骨干在任何一个企业中都起着非常重要的作用,对他们的培训,一方面是从业务技术上,另一方面是人力资源管理方面,特别是对于那些趋向做管理工作的员工重点培养。有数据表明,一个受过良好的专业和管理培训的复合型技术骨干提出的技术革新建议在一定程度上可降低成本30%以上。同样是上海大众公司针对工长和班长的培训内容是:联系实际工作,给大家演示,由大家评论。评论的方面包括语言表达能力、解决实际问题的能力、与员工沟通的能力。

(3)一般维修工的培训内容。对一般维修工的培训任务是在较短时间内,保证维修质量。因此,一般维修人员的培训重点是提高他们的操作技能。可分为初级、中级、高级维修工三个级别培训。

初级维修工培训内容:通用工具的使用方法和保管,汽车结构和一般工作原理,常用的维修方法和安全操作规程,汽车上的常见原材料的特点,汽车一级维护的作业内容及操作规范。

中级维修工培训内容:常见维修机具性能、使用,汽车结构、工作原理和电子控制装置,汽车的使用性能及调试,汽车电工电子学、电器知识,检测仪器的使用方法和工作原理,常修车型的工作参数、质量要求,汽车大修技术标准和工艺规范,汽车主要零部件的故障判断和排除,汽车排放检测,机械制图,公差配合,液压传动,企业质量管理知识。

高级维修工培训内容:除了上述中级工的培训内容以外,复杂的机械零件装配图、电路图阅读和理解,维修作业流程,一般的考核与定额计算,金属磨损原理,汽车零部件的鉴定、加工、装配,维修质量验收。

2.2.3　员工的绩效考核

绩效考评就是根据一整套的标准来收集、分析、考核一个员工或一个组织一段时间内在工作岗位上的表现和工作结果。因此,绩效考评是对工作的一个测量过程。它作为一种衡量、评价员工工作表现的工作体系,可以起到鼓励先进、鞭策后进的作用,并以此来检查

或控制工作进程,从而激发员工的潜能,使企业和员工同时受益。通常从企业组织的最基层做起,上一层的主管考评所管辖的每一个员工,层层对应,最高层领导评估整个企业的工作绩效。

由于企业组织是由员工个体组成的,因此,对每一个员工的绩效考核是一件非常重要的事情。

1)绩效考评的作用

(1)绩效考评是建立薪酬制度的基础。按劳分配、奖勤罚懒,是制订薪酬制度的一贯原则。绩效考评可以为判断员工的劳动业绩提供量化数据。真实、可靠的数据是建立薪酬制度的基础。

(2)绩效考评是决定人员任用、调遣、培训的主要依据。在一群年龄、学历相当的员工中,只有进行了科学的绩效考评,才能找到工作业绩出色者,才能为人员的任用、调遣提供可靠的依据。同时,针对工作业绩出现问题的员工,可以分析问题所在,若其另有所长,可横向调动;若员工需要帮助,可考虑进行相应内容的培训。

(3)绩效考评是激励员工的根本。在工作中,每一个人都希望得到肯定或褒奖。通过绩效考评,肯定成绩,肯定努力,鼓舞士气,增强信心;同时,也使一些人看到不足。通过比较,先进的员工更努力,后进的员工变压力为动力,使工作进入良性循环。

(4)绩效考评是体现公平竞争的前提。公平竞争的前提是要有一个科学、良好的工作业绩考评。

(5)绩效考评有助于实现员工的自我价值,提高企业效益。绩效考评细化了工作要求,使员工的工作责任心增强,同时也明确了努力方向,满足了员工渴望成功的愿望,从而提高了企业效益。

2)绩效考评的内容

绩效考评是一件综合性很强的工作,需要多个部门共同协作完成。

(1)绩效考评的组织实施步骤。

第一步:员工、主管领导、人事管理人员、企业领导共同商议绩效考评内容,并组成相应的办事机构或领导小组。

第二步:领导小组通知有关人员准备考评、并下发相关文件和考核表。

第三步:参评人员在规定的时间内完成考评内容,并上报领导小组。

第四步:将考核结果通知被考核的人员,如有异议,可与主管或领导小组共同商议解决办法。

第五步:根据考核结果,进行奖惩,并将结果纳入员工档案,交于人事部门存档。

(2)绩效考评的内容。在绩效考评工作中,首要考虑内容的科学性、合理性。绩效考评的内容,根据考评对象的不同而不同,可分为个体考评和团队考评两种。

①个体考评。考评的对象是岗位个体,如汽车维修机工、配件库管理人员、前台接待人员。个体考评因岗位不同,所以要求不同。汽车维修机工岗位,首先考评维修量的多少,其次考评服务质量;配件库管理人员岗位,首先考评的指标应为服务质量,其次才是配件利润的多少;前台接待人员岗位,首先考评的是工作方式,解决和处理问题的能力。

②团队考评。考评的对象是由一些不同岗位组成的工作小组,大致有管理性团队、科

技性团队、生产性团队、服务性团队几种。维修企业中,前台服务组、汽车维修组就分别属于服务性团队和生产性团队。服务性团队,考评的主要指标为工作效率、服务方式;生产性团队,考评的主要指标则是维修数量、维修质量、服务质量。

2.3　报酬与激励

报酬是指完成某项工作应得的回报;激励是通过高水平的努力实现企业目标的意愿,而这种努力以能够满足员工个体的某些需要为条件。

2.3.1　报酬

报酬包括精神上和物质上两方面的回报。精神上的报酬主要是指满足个人成就感、心理满足感的报酬,例如,个人获得升迁、进一步进修培训的机会,更多的参与企业的管理,赋予更大的工作责任,获得较大的工作自由度等;物质上的报酬主要是指得到了满足个人物质生活需要的报酬,例如,基本工资、各种津贴、绩效工资、股票期权、企业提供的保健计划、企业提供舒适的办公环境、带薪旅游等福利待遇。在员工报酬中,基本工资、绩效工资及各种津贴是提供大多数员工物质生活的基本保障。

1)工资制度

工资是根据员工的工作数量和质量,按照一定的制度付给他的工作报酬。工资的形式因使用制度的不同而多种多样。

工资制度,就是指在一定原则的指导下,分析、计算员工的实际劳动成果,并支付相应报酬的准则、标准或办法。上面提到的基本工资、各种津贴和绩效工资通过工资制度得到确定。很长一段时间内,国家政府机关、企事业单位的工资制度都由国家统一制订。改革开放后,国家赋予企业更大的自主权,建立了科学的、有利于企业发展的工资制度。

常见的工资制度有岗位技能工资制、结构工资制、提成工资制、计件或计时工资制。

(1)岗位技能工资制。岗位技能工资制就是按照工人的实际操作岗位的技术水平、工作的复杂程度来制订工资标准。主要由岗位工资、技能工资两部分组成。岗位工资就是对企业现有的工作岗位进行科学的岗位评价,将岗位划分成不同的档次或等级,并制订相对应的工资标准。其中,岗位评价的内容主要从劳动条件的好坏、劳动强度的大小、工作责任的大小三方面考虑。技术工资应根据员工具备的工作技能的多少、具备的劳动技术技能水平的高低来确定不同的等级,并制订出相应的工资标准。

岗位技能工资制是1990年以来我国全民所有制企业推广使用的最主要的工资制度,其优点是:采用科学的岗位测定方法,明确各个岗位对员工的要求,兼顾员工自身的素质,比较好地将工资、技术、工作成绩结合起来,在较大程度上实现了同工同酬的分配原则,很大程度上提高了年轻员工的工作积极性,激发了年轻员工学习和掌握更多专业技能的热情。这种工资制的缺点是:一方面,它没有真正与员工的岗位工作业绩结合起来,可能会出现两个工作岗位相同、技能水平相当、工作业绩不同的员工,岗位技能工资可能基本一样的情况,这样就会挫伤部分员工的工作积极性;另一方面,员工掌握技能的多少可能与他现在的工作岗位没有直接相关,这时如果单纯地根据掌握技能的多少来加减工资,也会挫伤一部

分人的工作积极性。

(2)结构工资制。结构工资制就是根据决定工资的不同因素,将工资划分为几个部分,根据这些因素起的不同作用,确定所占的份额,构成员工的工资。一般由基础工资、职务工资、工龄工资、业绩工资等几部分组成。

①基础工资:就是为了保障员工的基本生活而制订的工资。对于不同的岗位,企业可以根据自身的特点,基础工资数目可以制订为一样的,或考虑职务(职称)的不同做相应的变化,但变化不能太大。

②职务工资:包含行政职务、技术职称。就是根据员工担任的职务、具有的职称,相应地确定工资标准。当一个人同时具有两种职务时,职务工资就高不就低。职务的升迁、职称的评定,职务工资会随之变动,即一职一薪。

③工龄工资:根据工作时间的长短,来确定工资标准。有些企业为了鼓励员工能够长时间为自己效力,还设置了本企业工龄工资。一般来说,这一部分在整个工资总额中占的比例不大。

④业绩工资:根据企业、部门或个人工作业绩来确定的比例工资。随着现代企业奖励机制的完善,这一部分占的比例越来越大。

结构工资制是一种比较好的工资制度,较为全面地考虑了员工的需要。它的优点是:一方面确定了基础工资,保证了员工的最低生活水平,解除了员工的后顾之忧;另一方面,不同比例的业绩工资,又激发了员工的工作热情,较好地体现了按劳分配的原则。

(3)提成工资制。提成工资制就是根据员工完成业绩的多少提取一定的百分比作为工资的主体部分,加上规定的基本工资构成提成工资总额。提取的百分比数一般分两种:在规定的业绩指标之内的和超过的部分。这种工资制度适应于工作业绩完全能够量化的岗位,例如,汽车销售人员、汽车维修人员,可以根据他们销售或维修数量的多少提取一定的比例作为提成工资。

(4)计件或计时工资制。计件工资制和计时工资制,大体结构是一样的,是由计件工资(或计时工资)、企业利润分成、奖金、津贴四部分加在一起构成员工工资总额。

计件工资,就是根据员工在规定的劳动时间内完成的工作量与事先规定的计件单价结合一起计算的结果。

计时工资,就是直接以员工工作的时间计量报酬,可分为小时工资制、日工资制、月工资制三种。工作天数、一天工作的小时数可以由企业在符合国家有关规定的前提下根据自身的工作特点而定。

2)企业利润分成

根据企业利润的一定比例来分配报酬,这种工资制度将员工和企业紧密结合在一起,使员工成为企业的真正主人,有利于调动员工的工作积极性,能够提高企业的生产效率。这些报酬可以直接以现金的方式支付,也可以以股权的方式支付。后一种方式在股份制企业中可以使用。

3)奖金

根据企业的整体经济效益(超额利润),结合个人的工作业绩用现金的形式发给员工的一种物质奖励。形式有年终奖、季度奖、月奖、质量奖、安全奖、全勤奖、合理化建议奖、超额奖等。

4)津贴

津贴主要是指针对员工在一些特殊的岗位、特殊的工作条件下工作的一种补偿。作用主要是保护员工的身心健康,稳定部分岗位的队伍。主要形式有夜班补贴、加班补贴、高温(取暖)补贴、保健补贴等。

2.3.2　激励

激励就是调动员工积极性和创造性,使他们始终保持高昂的工作热情,使他们奋发向上,努力工作,去实现事先规定好的目标和任务。员工内在的动力和要求,就是员工的动机。当企业提供了合适的工作环境条件,找到了具有相应能力的员工时,最重要的就是让他有工作的动力。

1)激励过程

员工的需要、动机、期望通过他在工作中的行为表现为完成相应的任务与目标,如果员工感到满意,就会继续努力,进一步实现新的需要、动机、期望,形成一个持续循环。这种持续循环过程就是激励过程,如图2-2所示。

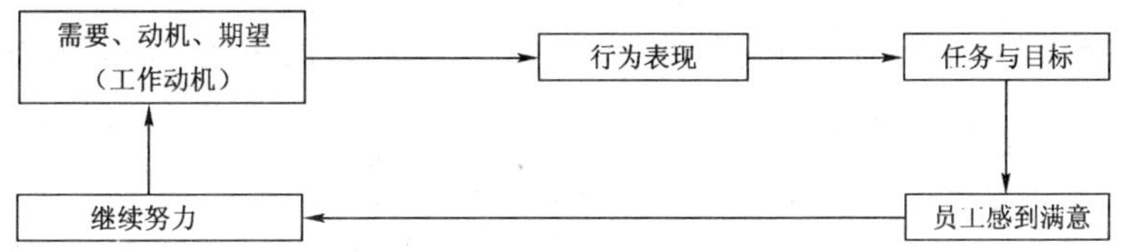

图2-2　激励过程

2)有关激励的理论

(1)马斯洛的需要层次理论。著名的心理学家A. H. Maslow在总结前人经验的基础上提出了著名的需要层次理论。他认为:人类都是有需要的动物,人类的需要产生了他们的目的和工作动机,而正是这些需要才是激励员工的关键所在。具体内容见表2-1。

人类的需要层次　　表2-1

项　　目	需　　要	具体的内容
第五层	自我价值实现(实现自我)	有较强的工作满意度,有挑战性的工作,自立,可以获得新的知识和技能
第四层	受人尊重(地位显要)	得到奖赏和认可,有一定的专长、成就,享有一定的职位、声望、权利
第三层	社会需要(有意义)	有归属感、得到尊重、好的工作氛围、受欢迎、有工作生活目标
第二层	保障需要(被关怀照顾)	保证工作、福利、养老、足够的休假、可承受的工作负荷
第一层	生理需要(不再受苦)	生活平稳、满足生活的薪水

可见,人的需要是以层次出现并逐层上升的。当较低层次的需要得到满足时,它就失去了对行为的激励作用,而追求更高一层次需要就成为激励其行为的驱动力。需强调的是,从第一层到第五层,人数越来越少,即人的需要结构不是一样的,对具体人应当因人而异。

(2)赫兹伯格的双因素理论(激励—保健理论)。通过调查访问,心理学家赫兹伯格发现了两种因素对人的作用不同。保健因素——类似于卫生保健对身体所起的作用,低于员工可以接受的程度时会引起员工的不满。改善后,可以消除不满,但不会产生积极的后果。

只有那些激励因素——成绩、工作本身、责任,才能使员工产生满意的积极效果。

(3)克莱顿·爱尔得弗的ERG理论。ERG理论是耶鲁大学的克莱顿·爱尔得弗教授发展、重组了马斯洛的需要层次理论,将人的5种需要改为3种核心需要:生存(Existence)、相互关心(Relatedness)、成长(Growth)。具体内容见表2-2。

ERG理论中人的3种核心需要层次 表2-2

项　目	需　要	具体的内容
第三层	生长	一个人发展的内部需要
第二层	相互关心	维持重要的人际关系、满足社会的和地位的需要
第一层	生存	满足我们物质生活的需要

(4)詹姆斯的期望理论。詹姆斯认为,当人们预期自己的行动将达到他向往的目标时,就一定会激励他竭力去实现这个目标。例如,当一名应届毕业生在寻找工作时,面对三种不同的招聘广告,其行动是不一样的。第一种,招聘职位是公司副总经理,年薪12万元,考虑到职位要求高,他会认为自己得到的可能性太小了,这样,他选择了放弃。第二种,职位是操作工人,每小时的工资为5元,他认为不能发挥专业所学,也放弃了。第三种,职位是企业某部门的管理人员,年薪为2万元左右,薪水合适,又能学以致用,所以,他决定努力争取这个职位。具体理论如图2-3所示。

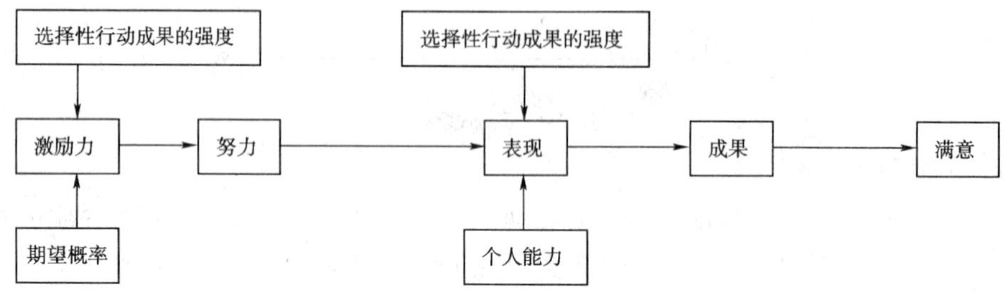

图2-3　期望理论图

选择性行动成果的强度,是指一个人对选择某一行动所导致的成果的渴望程度。例如,被管理人员是否愿意被提拔为管理者,不愿意的强度为零或负数,愿意的为正数。期望概率,是指一个人对某个行动导致的报酬或成果的可能性大小的估计和判断。范围在0~1之间。越接近于零,可能性越小;反之,越大。由图2-3可见,选择性行动成果的强度和期望概率共同作用于员工的激励力,使效果更明显。

(5)公平理论或社会比较理论。亚当斯提出的公平理论,也称为社会比较理论。他认为,员工之间经常会自觉不自觉地把他在工作中的付出和报酬与相类似的别人进行权衡比较,比较之后,可能会有三种结果:第一,认为自己的报酬与别人比是公平的,他感到满意,随之工作积极性高;第二,认为自己的报酬太低,与别人比太不公平。他就不满意,无法调动积极性;第三,认为自己的报酬与别人相比太高,有受之有愧感,也会不利于积极性的发挥。

(6)麦克莱兰德的三种需要理论。麦克莱兰德及其合作者提出了主要关注三种需要的理论,这三种需要是成就需要、权利需要、归属需要。他们认为,人与人之间是有差别的。一些人具有获得成功的强烈动机,他们追求卓越。相比起成功所得到的报酬本身,个人成就更让他们关注,这种驱动力就是成功需要。权利需要是指影响和控制别人的一种愿望。这样的人倾向于有竞争力的岗位和向上的工作环境,喜欢承担责任。归属需要是指那些渴望友谊、理解、共同的工作环境,寻找一种被接纳和喜欢的愿望。我们通过分析员工是属于哪一种人,采取相应的激励手段。

(7)目标设置理论。目标设置理论,就是指员工接受一定难度、具体的工作目标后,会比容易的目标更能够激发高水平的绩效。这是因为,一个人一旦知道了这是一个具体、困难的目标,他会全力以赴地朝着这个方向去努力,并且通过反馈的信息引导自己的行为。另一个优势是,当他们参与目标的设定时,即使是一个困难的目标也容易被员工接受。

3)激励的方法

前面介绍了一些有关激励的理论,每一种理论都有它的关注点,企业的管理者可以针对企业自身的特点、员工的特点斟酌选用。

(1)物质报酬。物质报酬就是指员工获得的工资、奖金和其他的物质享受,其实就是金钱。毋庸质疑,这是一种非常有效的激励方法。从前面提到的激励理论可以知道,满足人们第一层需求就是保证足够的生活费用,对于一般人来说,这一点很重要。对于那些已经功成名就的人来说,只用物质报酬这种方式进行激励,显然作用不大。如果想使物质报酬成为一种有效的激励手段,对于那些职位相当的员工,给出的薪水或奖金必须与他们的工作业绩相对应。否则,即使增加了工资和奖金,也会有一些人不满意。

(2)员工参与的方案。从目标设置理论可以知道,让员工参与制订目标,即使目标更高一点,员工也能够接纳它,这就是员工参与的作用。所谓员工参与,就是为调动员工的能动性,并鼓励员工对企业的成功做更多努力而设计的一种参与过程。员工参与的形式有参与式管理、代表参与、质量圈、员工股份所有制四种。

①参与式管理。参与式管理就是和员工共同决策。它的优点是:让了解工作的员工参与管理,可以得到更完善的决策;增加了对于团队的需要,便于共同解决问题;参与作为一种内部奖励手段时,可以满足归属感和成就感的需要和受人赞赏的需要。

②代表参与。代表参与是通过选出的一部分员工来代替全部员工参与企业管理。

③质量圈。质量圈就是由8~10个员工和监管者组成的共同承担责任的一个工作团体。他们定期会面,讨论质量问题,探讨原因,提出建议和措施,并上报给企业管理层。许多企业的实践证明,质量圈对生产力可以产生积极影响。

④员工股份所有制。员工股份所有制就是让企业员工持有企业的一部分股票。这种方案使得员工成为公司的主人,使得公司的业绩与员工的收入紧密挂钩,因此,它具有提高员工工作满意度和工作激励水平的作用。

4)员工的满意度、报酬与激励

无论采用哪一种工资制度或决定付给员工多少报酬,最终目的都是吸引和留住企业需要的优秀员工,鼓励他们积极主动提高工作所需的技能和能力,并能够高效率地工作。同时,创造企业自身的文化氛围,并控制经营成本。要达到这个目的,我们必须考虑以下几个问题:

(1)员工的满意度。当员工对所得的报酬不满意时,可能会心中有怨言,然后消极怠工,直至离开企业。让员工满意,是一件非常重要的事情。当员工将他们的工作、教育、努力和业绩同他们所获得的所有报酬相比,感觉不一致时,会产生不满意情绪。这种比较有:自己的付出及回报与周围同事比较;自己的付出及回报与自己的主管比较;自己的情况与同行业中其他企业的类似岗位相比较。通过比较,员工如果对自己的现状感到不满,就会产生消极的情绪,让他们感觉差距较大的原因主要有以下几个方面:

①心理学研究发现,大多数的人存在一种心理防御机制,人们倾向于低估他人的绩效,而高估他人的报酬。尤其在员工的绩效与报酬透明度不高的企业中,容易出现此类情况。

②员工的满意度是内外报酬综合作用的结果,并且不能替代。例如,某一品牌汽车维修企业中的机工或电工,每天维修同一品牌的汽车,多是单调、重复性的工作,即使他们每天的工作量较大,可以得到较高的物质报酬,也容易让人产生厌倦,缺乏工作的激情。同样的企业中,汽车销售人员,每天面对不同的人和事,富有挑战性,假如企业付给的物质报酬较低时,也会让他们不满意。

由此可见,对于一个企业来说,较高的报酬会带来较高的员工满意度、较低的离职率。但是,高报酬并不能够解决所有的问题。对于那些非常优秀的员工来说,必须要有一个结构合理、管理良好的绩效付薪制度,让他们认同自己的投入产出比,才能留住他们。

(2)报酬与激励的关系。报酬可以激励员工,究竟在什么时候能够真正激励员工呢?通过许多事实证明,报酬与绩效联系在一起时,能够真正激励员工。

推动员工努力工作的动机是由各种报酬的预期引发的。如果员工的努力会带来成就,成就又会带来所期望的报酬,员工就会由此得到满足并被激励再次行动。在绩效和报酬之间的相互作用及对激励的反馈循环意味着激励作用取决于绩效与报酬的关系。显然,个人的激励取决于:达到预期的绩效所需的努力;员工对绩效与报酬的预期;个人感知到报酬的吸引力。

如果用报酬作为一种主要的激励手段,就必须建立一个合理、有效的绩效与报酬关系。针对不同的员工,采用不同的报酬方式。

例如,有的企业做法是将企业的整体效益和岗位的劳动因素、劳动贡献作为工资分配的要素,建立起以岗效薪级工资制为主要内容的基本工资制。

岗效薪级工资由岗位薪级工资、工龄工资、业绩工资三个工资单元组成。

岗位薪级工资是体现岗位劳动差别的工资单元,实行以岗定薪、岗变薪变。实行全员岗位动态管理,建立岗位竞争机制,坚持竞争上岗和岗上竞争。打破工人、干部身份界限,根据业绩考评进行人员配置。连续考核优秀的增加岗位工资上浮系数,有一次考核不称职的去掉工资上浮系数,连续考核不称职的降岗或待聘处理。

年工龄工资主要是以员工实际工作工龄工资。

业绩工资根据公司效益和部门、个人业绩考评确定。公司考评业绩分为两个层次进行,即二级部门考评和个人考评,考核的原则是科学考核、严格兑现。

对于科研人员实施科研项目工资制,即工资构成为基础工资和科研业绩奖。

这种工资制度优点是:体现了按劳分配的原则,表现了不同劳动贡献的人在工资分配上的差别;强化了职工的效益观念和对企业的关心度,增强了企业的凝聚力;在企业内部形成了竞争的氛围。它的缺点是:面对其他管理或销售的岗位,分配模式单一;总体上收入差距过小；对于高层次的人才，这种分配制度没有吸引力。

因此，针对上述缺点，需要建立产权明晰、权责明确、政企分开、管理科学的现代企业制度，相应地需要建立多种激励作用明显的工资分配制度。具体内容包括：

①综合企业的经济效益指标、职工平均工资水平、当地劳动力市场价位三者因素，确定经营者的基本年薪；经过年终考核后，得到效益年薪。

②在实行岗效薪级工资的基础上，对于高级管理人员和高级技术专家，收入与企业的年度经营结果挂钩。

③通过推进科研项目成果的后评估制度，完善科研业绩评价体系，对科研人员，采用“基薪+提成奖”的工资制度。

④针对不同岗位的购销人员，采用高风险与低保障或高保障与低风险的“基薪+佣金”的工资制度。

⑤对中、高层管理人员及科研人员采用持有股权的方式进行激励。

经过进一步探索按要素分配的形式，科学分析各种岗位的劳动要素的侧重点和对企业的影响程度，探索建立多种收入的模式，才能体现高收入、高要求、高效率、多劳多得的分配制度。

2.4　劳动保护和劳动保险

2.4.1　劳动保护

所谓劳动保护，是为了保护劳动者在劳动过程中的人身安全、健康和劳动能力，在法律上、技术上、教育上和组织上所采取措施的总称。从狭义上讲，劳动保护是为了保护劳动者生产劳动过程中的安全与健康，保持劳动者劳动能力，保证社会生产顺利进行；从广义上讲，劳动保护还应包括劳动权益保护（如劳动者政治权利、劳动权利和劳动报酬等）。这里所说的劳动保护，是指狭义的劳动保护。

尽管劳动保护是由人力资源管理（或劳动管理）部门负责的，但其中安全生产是由生产管理部门负责的，因此要求生产管理部门不仅要在布置生产任务时必须同时布置生产安全工作，而且还要编制并组织实施安全生产计划，实行安全生产的日常检查，消除安全事故隐患，把改善劳动条件、实施劳动保护与发展生产结合起来。劳动保护与劳动安全相辅相成，劳动保护为了劳动安全，搞好劳动安全才能真正有效地实现劳动保护。

1）劳动保护的任务

（1）保护劳动者的劳动安全。确保生产安全，积极消除与控制生产过程中的危险因素，减少人员伤亡事故，确保劳动者劳动安全。

（2）积极改善劳动条件与劳动卫生环境。认真抓好三废治理和环境卫生工作，积极消除和控制生产过程中的有毒有害因素，最大限度地预防职业病，以保护劳动者的劳动健康。

（3）为生产经营创造一个文明舒适的劳动环境，例如，车间要有良好照明，保证空气对流，防止车间内的排放污染与噪声污染对劳动者的伤害，改善工人操作条件，以提高工作效率。

(4)保证劳动者的娱乐和休息时间。合理安排工作时间,实现劳逸结合,以确保劳动者的休息权,并对女工及未成年工实施劳动保护。

(5)处理工伤事故。做好劳动者的工伤救护和治疗工作。

2)劳动保护的内容

劳动保护的内容主要包括安全技术与劳动保护制度。

(1)安全技术。安全技术是为了消除生产经营活动中可能引起人员伤亡事故的潜在因素,确保工人的人身安全,在技术上采取措施的总称。

汽车维修人员在车辆维修过程中不仅要进行各种操作、各类设备维修、试验故障车辆,而且还经常接触高压电源及危险物品(如易燃、易爆、易腐蚀),因而在汽车维修过程中极易发生事故。其中包括:由于生产环境而引起的事故,如机械碰撞(车辆碰撞、工具砸伤等);高温或弧光灼伤(烫伤、灼伤等);爆炸伤害;触电(电击、电伤)等;由于管理不善而引起的事故,如因教育不力或者生产现场安全措施不当而引起的事故及伤害等。

为了保证汽车维修企业的文明生产、安全生产和维修质量,在汽车维修过程中必须制订和实施安全技术操作规程。安全技术操作规程包括管理规程、安全规程及技术操作规程。例如,汽车驾驶操作规程;汽车维修工艺操作规程及工艺规范;汽车维修检验规程及检验规范;各类机具设备的技术操作规程;拆装、起吊和运输通用安全规程;动力供电安全规程;工具、量具及检验诊断仪具使用规程;其他规程(如汽车维修车间管理规程、停车场管理规程、技术责任事故处理规程等)。

为了确保汽车维修企业内部的安全生产,各车间、各工种、各岗位都必须贯彻执行安全技术操作规程,不仅要在适当地点悬挂本规程,而且还要对汽车驾驶、汽车维修、机械加工、交流电工等主要工种及主要岗位进行定期的安全技术操作规程的考试。安全技术操作规程考试也是工人应知应会技术考核的基础,其考核成绩应该记入工人技术档案中。其中考试不合格的要责令其下岗补习,只有考试合格后才能上岗操作或转正定级。

(2)劳动保护制度。劳动保护制度是为了保护劳动者在生产经营活动中的安全和健康而制订的制度。其中,一类是关于劳动安全的行政管理制度,例如,安全生产责任制度,安全监督检查制度,卫生防疫制度,劳保用品发放制度,伤亡事故的处理和劳动鉴定等;另一类是生产技术管理制度,例如,机具设备的检查维修制度,安全技术操作规程等。

2.4.2 劳动保险

1)劳动保险的定义

所谓劳动保险,是指因劳动者年老、自然灾害或意外事故而造成劳动力或职业岗位暂时或永久丧失、意外伤残、死亡或意外经济损失,而由国家和社会提供相应的物质帮助和经济补偿,以保障其基本生活的制度。劳动保险、职工福利及社会救济等都属于强制性的社会保障制度。为此国家规定每个劳动者都必须参加社会保险,社会保险基金由社会、企业和劳动者三方面统筹(通过企业直接缴纳),劳动保障部门统一征收、管理和调剂,并由社保监督机构监督,劳动保险费用则专款专用、保值增值、合理安排。

目前我国劳动保险的范围已经扩大到非公有制企业的全体员工和农民。

2)劳动保险的特征

劳动保险与其他分配方式相比具有以下基本特征:

(1)先储备扣除,后分配使用。它在劳动者所创造的价值中逐年逐月地扣除和储备,直至当他丧失劳动力时再拿出来分配和使用,以维持劳动者的生活必需,故属于先储备、后使用性质。

(2)补偿性返还。无论保险金是企业缴纳、国家扣除,还是自己投保,都属于劳动者劳动财富的部分扣除,当发生特殊情况时进行返还,故具有补偿性。

(3)共储互济性。由于每个劳动者的预扣以及后使用存在着不平衡性,有的后使用少于预扣,有的还可能超过,因此劳动保险具有共储互济性,充分体现了社会主义劳动者之间的互助合作关系。

3)劳动保险的待遇

劳动保险制度所规定的项目及数量标准,通称为劳动保险待遇。企业员工的个人劳保待遇,包括在职劳动保险、养老保险和待业保险等。随着社会主义市场经济的不断深入,国家正在有计划地扩大劳动保险的实施范围,以提高社会保险程度。目前企业员工的劳动保险有:员工因工或非因工伤残、疾病及死亡的保险待遇;员工离退休保险待遇;员工生育保险待遇;员工优育保险待遇;员工供养直系亲属待遇;合同制工人保险待遇;临时工保险待遇等。例如,员工患病时,根据当地政府的《社会保险规定》,参照工龄长短,其患病期间工资发放标准为,短期病假(少于6个月)按本人标准工资60% ~100%发放;长期病假(多于6个月)按本人标准工资40% ~60%发放。员工因工致残时,治疗期间的医疗费全部由用人单位负担而员工工资照发。另外,已经完全丧失劳动能力、饮食起居需要别人帮助的,抚恤费为本人工资的75%,付到死亡为止;完全丧失劳动能力,饮食起居不需要别人帮助的,抚恤费为本人工资的60%,付到恢复体力或死亡为止。部分丧失劳动能力而尚能工作的,用人单位应适当安排工作,并适当付给残疾补助费(但收入总额应不超过残疾前的工资总额)。若因工死亡,或因工致残退职后死亡的,丧葬费为用人单位平均工资的2~3倍;抚恤费为死者本人工资的25% ~50%;救济费为死者本人的6~12个月工资,并供养其受供养者,直至失去受供养条件为止。

我国新实施的《工伤保险条例》还规定职工在上下班途中受到机动车伤害,或者在履行工作职责和完成工作任务过程中受到意外伤害,都被认定为工伤或视为工伤。对于因五级以上工伤致残的职工,政府还将通过统筹,由用人单位支付一次性工伤医疗补助金和伤残就业补助金。

4)社会福利与公共福利

(1)社会福利。社会福利是国家为了保障公民权益,规定企业除工资外,应为员工提供各种国家法定或企业自定的物质待遇。如独生子女费、交通费、困难补助费、员工集体生活费或娱乐设施费、误餐费、通信费、旅游费等,它按员工基本工资加职务津贴的比例计算与工资一起发放。

(2)公共福利。公共福利由国家财政负担,如公共福利设施(为员工疗养、幼儿园及残疾人提供的社会福利)、津贴补助和社会服务等。

本章小结

人力资源是指在一定时间、空间条件下,实现的劳动力的数量和素质的总称。人力资源体现在它的本质、知识、智力、经验和技能等诸方面。人力资源管理是指企业为了实现其既定目标,运用现代管理措施和手段,对人力资源的取得、开发、培训、使用和激励等方面进行规划、组织、控制、协调的一系列活动的综合过程。

人力资源的特征具有自有性、生物性、主观能动性、时效性、知识性和智力性、开发的持续性、再生产性、生产性和消费性的双重性。能位匹配原理、互补优化原理、动态适应原理、激励强化原理及公平竞争原理是人力资源管理的基本原则。

人力资源管理的基本功能是选择人、培育人、使用人、激励人;人力资源管理的任务是进行人力资源的规划、分析、配置、招聘、维护和开发。

组织的设计、岗位的开发、人力资源的规划、员工的招聘、员工的培训、员工的绩效考评等都是人力资源开发的重要内容,做好这些工作,能使企业充分利用人才为企业创造效益,也能使人的价值得以实现。

课业训练

一、名词解释

1. 人力资源
2. 人力资源管理
3. 组织
4. 报酬
5. 激励
6. 企业文化
7. 劳动保护

二、填空题

1. 人力资源体现在它的________、________、________、________和________等诸方面。
2. 人力资源管理的四大基本功能分别是________、________、________、________。
3. 组织机构设置的原则是________、________、________。
4. 岗位设置的五种活动分别是________、________、________、________、________。
5. 绩效考核常用的方法有____________、____________、____________、____________、________、________。

三、简答题

1. 人力资源有哪些特性?

2. 人力资源管理常用的基本原理有哪些?
3. 组织设计的具体内容有哪些?
4. 员工培训有哪些必要性?
5. 汽车维修企业专业培训有什么特点?
6. 常见的工资制度有哪些?

四、分析题

1. 分析并绘制整车维修一类企业的组织机构图。
2. 分析概括解决汽车维修企业人力资源供求不平衡的具体措施。
3. 总结常用的激励方法,并说说你希望获得哪些激励方案。

第3章　现代汽车维修企业管理过程

学习目标

知识目标

1. 了解汽车维修企业经营思想、经营决策概念；
2. 了解汽车维修企业经营方针、经营目标、经营策略的内涵；
3. 掌握汽车维修企业业务接待流程和注意事项；
4. 掌握“6S”管理的具体内容。

能力目标

1. 能够进行汽车维修企业业务接待；
2. 能够运用汽车维修企业生产现场管理的方法解决现场问题。

学习时间

20学时。

3.1　汽车维修企业的经营管理

3.1.1　经营思想、经营方针与经营目标

经营思想、经营方针与经营目标管理是科学的现代管理方法之一。公司为了实现本企业的经营目标和达到工作效果，每年必须明确制订企业的经营决策、纲领和企业发展方向计划。

经营方针、目标的实现依赖于企业自上而下地建立目标、制订措施、确定制度、组织实施和严格考核，这也有利于激励企业所有部门及全体职工同心协力、共同做好工作，有利于提高企业现代管理水平、增强企业竞争力、提高经济效益。

1)制订方针、目标的依据

①国家的方针政策，国家的政治经济形势，上级主管部门下达的产品品种、质量产量、利润等技术经济指标和其他要求。

②本厂的中长期企业发展规划、现代化管理规划、新产品开发规划、产品质量等级及全面质量管理发展规划、技术改造规划、生产发展规划、安全环保综合治理规划和其他规划等。

③国内外市场的调查、分析、预测及其他信息资料(包括国内外同行业先进技术水平、管理水平等)。

④工厂的实际能力和现有水平、上年度工厂方针目标实施的遗留问题。

2)方针、目标的编制程序

①在每年年初,由企业各部门经理提出下年度工作目标设想,经厂务会集体讨论,形成企业方针、目标指导思想,并由总经理下达指令。

②根据厂长指令,由专人组织各职能科室提出下年度方针、目标设想,并收集准备资料。

③各部门分头组织可行性分析论证,形成各部门方针、目标计划。

④将本部门方针、目标计划发至各部门征求意见,根据反馈意见再讨论修订。

⑤修订的方针、目标计划经厂务会、企业管理委员会、职代会讨论审议通过,由专人负责按系统图法在每年1月份编制出企业方针、目标执行图。

3)方针、目标的执行

①方针、目标的执行一定要坚持以数据为准的原则,目标值尽可能定量化。方针、目标的内容一般包括品种、质量、生产能力、科研技改、企业管理、技术经济指标、安全环保、文明生产、思想交流、职工福利等。

②企业方针要按系统图执行,即按纵向到底、横向到边、纵横连锁、层层确保的原则执行。

③部门经理方针、目标的展开,要根据企业方针、目标展开的内容和自分管工作的重点,列出目标值和措施,执行方法与部门的方法相同。部门经理展开完成后呈送总经理签字。

④部门方针、目标的执行一般有分管责任人、部门方针、目标项目、现状目标值、采取措施、检查手段、评价、总结等方面。

⑤各部门要紧紧围绕企业方针、目标以及部门经理方针、目标执行,结合本部门的实际发动员工认真制订本部门的方针、目标,保证企业每个目标值都能落实到部门和人,确保企业目标的实现。各部门要在每年1月底前完成方针、目标展开图。

⑥班组方针、目标由班组长主持编制,要根据主管部门的方针、目标和本班组分管工作的重点列出产品产量、质量、安全生产、文明生产、班组管理、思想工作等内容以及目标值、采取措施、责任人、进度和检查、评价、总结等执行标准。班组方针、目标执行图要在规定时间内完成。

⑦各部门方针、目标的执行措施由各部门主要负责人主持编制,技术系统由负责分管人审核;生产行政系统由负责分管人审核,部门经理批准。

4)方针、目标的实施

①为确保企业方针目标的实现,企业每年将组织两次“阶段PDCA循环”,“阶段PDCA循环”计划由“三办”会同有关部门根据企业年度方针、目标安排的进度和总经理的命令

制订。

②各部门要围绕企业方针、目标和本部门方针、目标实施。认真组织月度“阶段 PDCA 循环”计划，每月应有具体时间制订下月计划，总结本月计划的实施情况，并由部门经理检查、批示。

③在方针、目标的实施过程中，要充分发动职员，调动其积极性，广泛开展质量管理活动、劳动竞赛活动，确保各级目标值的实现。

④要建立方针、目标管理卡，建立方针、目标实施方案，将每项目标的展开情况和实施过程中的计划、协调、检查、调整、考核等情况登记在案，逐步达到方针、目标管理标准化。

5）方针、目标的检查、诊断与考核

①方针、目标的管理设立一个综合部，分设 1～3 个主要归口部门。归口部门必须认真做好工厂方针、目标的组织、实施、协调、检查和考核工作。

②总经理组织方针、目标诊断是保证企业方针、目标实施的主要手段，在总经理主持下，归口部门应当组织有关人员对企业方针、目标实施情况每季度进行一次诊断，并及时解决方针实施中存在的问题。

③总经理组织方针、目标诊断，应在诊断前一周向各部门经理及各部门发出书面通知，由各部门自行检查对照，广泛调查、收集情况，形成书面调查记录，做好诊断前期准备工作。

④总经理方针、目标诊断会由总经理、部门经理、归口部门负责人、有关职能科室的负责人或总经理指定的人员参加。诊断根据方针、目标执行图逐项逐条检查进度的效果，先由分管领导汇报，后由负责部门补充，并解答总经理及其他人员提出的问题。

对于存在的薄弱环节，各部门负责人应集体分析原因、研究对策，综合部门制订整改措施、计划，由总经理责成有关部门组织整改。

⑤根据目标值实现的情况，对每条目标值给予评价并考核，明确落实责任部门或责任人。评价分为甲、乙、丙三级。

甲级：按目标进度要求实施，且效果较好、成绩显著。

乙级：基本按目标进度要求实施，效果一般。

丙级：没有达到目标进度要求、效果较差且主要因主观上不够努力所致。

⑥对方针、目标进行评价，对甲级目标视其难易、效果等给予表彰奖励，列入年终评选的重要条件；对只达丙级目标的要追究责任、认真分析原因、帮助纠正，并根据实际情况给予惩罚。

⑦各部门的方针、目标应按计划要求进行定期的检查、诊断，对存在的问题按职能分解、落实、协调、整改。

3.1.2 汽车维修企业的经营策略

现代服务理念是经济型服务理念的发展，是以顾客为中心的服务观，即把服务看成是奉献与获取经济利益的统一。汽车维修企业服务既要最大限度满足顾客需要，又要最大限度提高汽车维修企业经济效益。提高经济效益是汽车维修企业服务的原动力，是汽车维修企业全部活动的最高目标。当前，顾客成为汽车维修企业利润之源，汽车维修企业只有使产品和服务更好地满足顾客需要，才能提高经济效益。

1)修正服务缺陷

汽车维修企业如果能提供稳定、高水平、高质量的服务，就意味着能有充足的客户和良好的市场占有率，其实现的有效途径之一是修正服务缺陷。服务缺陷是指汽车维修企业由于员工的素质缺陷所造成的服务失误，或是企业服务体制存在的缺陷。要修正服务缺陷必须先发现服务缺陷。从国内外能提供优质服务的汽车维修企业的经验来看，人们发现和修正服务缺陷的有效方法有：

(1)制订明确、具体的服务标准。这是识别服务缺陷的重要依据。制订明确、具体的服务标准，可以消除顾客的"模糊预期"，使服务具有可衡量性。如果达不到标准，汽车维修企业可以据此发现服务缺陷。

(2)引导顾客投诉。顾客投诉是汽车维修企业发现服务缺陷的又一个重要渠道。汽车维修企业可以通过建立顾客不满意投诉表来获得顾客的意见和建议。此表可以使汽车维修企业从顾客的反馈中得到学习，从而确保顾客投诉能得到合理解决。然而，根据统计，在现实中不满意的顾客只有5%左右的人投诉，95%的顾客之所以不投诉，主要是因为不知道怎样投诉和向谁投诉。为此，服务部门应当设计方便顾客投诉的程序，并在顾客中进行宣传和讲解，鼓励顾客投诉。

(3)实施服务恢复。这是发现服务缺陷的目的，是对服务缺陷进行修正和弥补，以解决顾客后顾之忧，使顾客由不满意变为满意。实施服务恢复还有两个重要内容：一是在服务员工中广泛进行服务恢复理念的教育，使员工理解服务恢复对提高顾客满意度的意义，使员工注意倾听顾客意见，确保服务恢复策略得以有效执行；二是使员工满意。有研究表明，如果员工对企业满意，员工就关心顾客的意见，顾客问题就容易得到圆满解决；反之，员工就对顾客的意见漠不关心。因此，汽车维修企业要建立激励机制，对提供优质服务的员工进行奖励，对一线服务员工进行系统的培训，使其掌握服务的知识与技能。福特汽车公司就设立了服务员工培训中心，新员工在参加工作前要接受6周系统的服务培训，以使员工能够更好地为顾客提供较满意的服务。

(4)利用技术支持。这是当今发现并修正服务缺陷的重要手段。目前，在国外汽车维修企业中通过设立免费电话中心处理顾客的意见已成为一种趋势。美国一些汽车维修公司建立了"顾客电话答复中心系统"，每天24h回答顾客问题。许多汽车维修公司还利用互联网推行其服务恢复战略。

2)实施服务创新策略

实施服务创新策略就要突破原有的服务方式。当前，许多产品的内涵在增加，原来属于服务的部分成为产品的一部分，不再是附加利益。现在企业的市场竞争力越来越取决于服务创新，如果汽车维修企业不在服务上创新，就没有服务水平的提高。

实施服务创新策略，主要有以下几点要素：

(1)以产品质量为中心与以顾客为中心结合起来。汽车维修企业要提高产品质量(维修质量)，因为产品质量是汽车维修企业开展竞争的基础，但在市场经济条件下，产品在技术、价格、质量方面的差距越来越小，具有决定性意义并使汽车维修企业获得竞争力的是汽车维修企业对顾客的服务，为此汽车维修企业要以顾客为中心进行创新，把注意力集中到对顾客期望的把握上。例如，丰田公司在顾客买车过程中，从顾客期望能够得到哪些服务方面着手,为潜在顾客群争取优厚的贷款与保险条件,为购车者提供免费检查服务。由于采用这一营销策略,丰田成为畅销的汽车品牌。

(2)一视同仁与区别对待结合起来。一视同仁指不论顾客是谁都同样热情对待,即不论顾客的身份、衣着、维修车辆的档次都同样热情对待。区别策略是指在一视同仁的同时,还应当对消费者的个别合理需要进行更有针对性的区别服务。

(3)硬件服务与软件服务相结合。硬件服务是指充分利用现代化设施为顾客服务。如许多汽车维修企业都配备了宽敞、舒适的接待厅或休息室,安装了电视或电脑,准备了各种报刊,供车主等候时消遣或休息。但仅仅做到这一点还很不够,软件服务策略认为,现代化的服务设施是服务的中心环节,要与热情周到的服务态度相匹配。在硬件大体相同的情况下要靠软件服务取胜,因此软件服务构成汽车维修企业文化的重要内涵。

(4)重视售前、售中、售后服务三个环节。售前服务本着参与的原则,通过感情交流与沟通,了解用户的潜在需求;售中服务本着方便的原则,通过全方位咨询引导,提供符合顾客期望的维修服务;售后服务则本着及时的原则,通过星级服务消除用户的一切烦恼,并通过用户回访不断征求意见。

(5)有求必应与主动服务结合起来。有求必应是被动适应顾客需求。如今汽车维修企业要在竞争中取胜,仅仅有求必应是不够的,而应当由被动适应变为主动关心,主动探求顾客期望。

(6)无条件服务顾客宗旨与合理约束顾客期望结合起来。无条件服务顾客是达到一流服务水平的基本原则,但必须灵活,合理约束顾客期望常常是必要的。因为顾客对服务评价易受其先入为主期望的影响,广告、业务员要严格控制对顾客的承诺,而在实际提供服务时尽可能超出顾客期望,顾客才会满意。

3.1.3 汽车维修企业经营管理

影响市场经营的因素有很多,包括企业形象、品牌效应、产品质量、价格优势、服务理念等,其中市场营销人员的因素是第一位的,这一因素是制约和实现市场营销的关键。企业的市场人员、技术人员以及管理人员的工作往往要根据营销人员的工作进行安排。所以,在制订了正确的市场营销策略的前提下,营销人员的素质是极其重要的。

1)营销人员在企业中的重要作用

出色的营销人员是企业宝贵的人力资源,营销人员所扮演的角色在企业中起着举足轻重的作用。

营销人员是公司利润的最终实现者。营销人员的个人素质和能力直接影响到产品的市场营销情况,直接关系到企业的盈利水平。

营销人员是市场信息的提供者和收集者。他们向客户提供有关产品的信息,同时了解客户对所售产品的反馈情况,为企业修订营销战略提供决策依据。

营销人员是公司形象的体现者和公司管理水平的传达者,他们代表企业的形象、企业的信誉,是企业和客户之间的桥梁。企业与客户之间的沟通以及企业对客户的服务承诺,都需要营销人员以较高的素质、规范的服务、娴熟的技巧来实现。营销人员素质的高低将给产品的市场形象和企业的品牌形象带来长久影响。

2)营销人员的素质要求

优秀的营销人员应具备以下方面的素质。

(1)具有高尚的品德。优秀的营销人员首先应该是一个品德高尚、有才能的人才。品德不正就不会得到客户的信任,也不会得到领导和同事的信任。一般的企业招聘营销人员时,品德都被列为第一重要条件,因为消费者、客户、社会大众一般都是通过营销人员来认识这个企业的形象、企业的素质、企业的层次的。营销人员是这个企业与社会接触的最前沿的人,是向社会反映企业的一面镜子,社会大众通过对其营销工作的认可来接受这个企业和这个企业的产品。

优秀的营销人员应该忠实于客户、忠实于公司。忠实于客户,就要以诚信为本,尽量满足客户的合理要求,从客户的需求出发,与其维持长久的、相互信任的合作关系;忠实于公司就是要对公司负责,尽量维护公司的应得利益,同时还要有团队精神,用自己的热情来带动周围的人。

(2)具有丰富的专业知识。首先,应该具备企业知识。作为营销人员应了解所在企业的发展趋势以及其他有关的知识,主要包括:企业的历史沿革、企业在本行业中的地位、企业的营销方针、企业的规章制度、企业的生产能力、企业的市场营销政策和定价政策、企业的服务项目等。

其次,应具备产品知识。优秀的营销人员应该是本企业产品方面的内行。要懂生产,知道企业从原材料到最后的产品是怎样加工的,关键技术、工艺在哪里;要懂技术,要能回答顾客对产品提出的各个方面的技术问题;还要懂财务,要知道原料的成本是多少、成品的成本是多少、营销的成本是多少等。

再次,要了解行业情况、了解竞争对手、了解竞争产品的有关情况。作为市场营销人员,应该对国内外市场行情有所了解,不仅对产品本身的特点有透彻的了解,而且对产品的发展趋势也能有足够的了解;还要对竞争产品的优势、劣势有清醒地认识,能把自己企业的产品与竞争企业产品进行客观的、实事求是的比较,同时还要能为顾客提供建设性意见,使顾客对产品产生信任感。

最后,了解市场营销方面的专业知识。应掌握市场经济的基本原理、市场营销的策略、市场调研与市场预测的方法、供求关系变化的一般规律、现实客户的情况及增加其购买量的途径、潜在客户的情况及其购买力、市场环境及市场容量等。

(3)具有良好的自身修养。营销人员的自身修养已显得越来越重要。统一的着装、整洁的外貌、端庄的仪表、标准的日常用语、自然亲切的仪态以及以诚信为本、把客户当朋友、向其推荐满意的产品等,都能让客户感受到本企业的企业文化。

(4)具有良好的心理素质和身体素质。营销工作中往往会遇到各种困难,被冷漠地搪塞、拒绝,被人家从办公室赶出来等,都是营销人员的家常便饭,没有良好的心理素质、没有开朗的性格是难以坚持下去的。营销人员必须有韧性、有耐心、有百折不挠的勇气,胜不骄,败不馁,对所遇到的问题要想方设法解决,经常总结工作中的得失,不断提高自己。

另外,没有吃苦耐劳的精神和健康的体魄是难以胜任营销工作的。因此,能吃苦耐劳、有健康的体魄也是营销人员的资本。

(5)具有强烈的责任心。营销人员的一言一行、一举一动都代表了公司,公司形象也要

靠营销人员来向客户展示，可以说营销人员是一个企业的外交官。因此，营销人员必须有强烈的责任心，把自己的工作干好，为企业创造更多的效益；同时，通过自己的工作来向社会展示企业的形象、企业的精神面貌、企业的文化和理念。

(6)善于交流。交流是营销的基础，交流是建立感情的基本途径。语言是交流的重要工具，要把握语言交流的技术。然而语言又不是交流的唯一工具，要懂得“到什么山唱什么歌”，抓住任何可能的机会与客户交流、与业务伙伴交流、与老板交流、与同事交流，交流的目的在于沟通、理解。通过交流营造良好的人际关系，建立网络资源，这是营销人员的一笔无形资产。营销人员要与客户成为相互信任的朋友。

(7)善于把握客户的心理。营销人员必须有敏锐的观察力，并善于洞察顾客的心理变化，详细了解顾客的需求，包括心理价位、购买动机、购买条件、购买方式、购买时间、购买力等，根据顾客的年龄、职业、性别的不同而推荐不同产品，激发顾客的购买欲望，并把握好价格尺度和利润杠杆，从而达到营销目的。

(8)做好售后服务。售后服务主要表现在售出产品后营销人员主动向客户介绍使用常识，比如产品的维护、常见故障的处理以及国家“三包法”和生产厂家的承诺。如果有条件，就送货到家，让客户感受到产品以外的其他东西。做好售后服务工作是保证“回头客”的关键，因为让客户宣传自己的产品才是最好的宣传方式。

(9)不断学习。营销人员时刻需要学习。向客户学习客户领域的知识、产品与应用；向技术人员学习产品与技术；向老板和同事学习公司的策略与市场营销风格以及成功与失败的经验；向社会学习，因为营销人员每天都在看到和听到销售与购买的过程。营销人员要多读书，提高其市场营销层次，并通过不断学习以具备广博的知识，这是营销人员必备的素质。

(10)积极进取。做一个优秀的营销人员不是一件容易的事，因为营销人员的责任重大。素质不是一种模式，素质也不是与生俱来的，它需要主动地学习和锻炼。一个优秀的营销人员应该做一个有心人，勤于思考，在营销过程中不断进行总结、分析、归纳、提炼，不断改进工作方法，进行自我完善。“学为中，弃为下，悟为上”，勤于思考，才能领悟，才能提高，才能做得更好。

3)高素质营销是企业竞争中的利器

营销人员能把企业文化、产品品质等传递给用户，激发用户的购买欲望。因此提高营销人员的素质是企业提高竞争力的利器，是实施品牌竞争战略的必要条件。

(1)充分认识营销人才的重要性，建立使能其脱颖而出的良性机制。在经济发达的国家，营销是一种令人羡慕的职业，优秀的营销人员被视为企业的英雄，成功的营销被视为增加产品和企业知名度与美誉度的最佳途径。在一些营销方面的书里，企业领导被比作大脑，而营销则被视为人体的循环系统，一旦循环系统停滞，大脑再灵身体也会瘫痪。正是在这种氛围下，营销人员的素质要求越来越高，企业之间在服务上的较量日益升级。因此，我国的企业要建立一个良好的、有利于营销人才成长的机制。

(2)提高营销人员的理论素养，促使其进行理论知识的系统学习。改革开放以前，我国的企业很长时间以来都是以生产为中心、以完成计划为首要任务，不同程度地存在轻视营销、轻视市场的现象。改革开放以来，当国外大量营销学著作潮水般涌入我们的视野时，许多人茫然不知所措。因此,对于营销人员来讲。系统学习营销理论刻不容缓,一要系统学习国外营销理论和现代市场营销理论,二要系统学习与市场经济理论相关的其他学科的基础知识。因为市场营销是一个综合性的职业。它要求从业人员必须掌握多方面的知识,只有这样,营销人员才能在市场活动中应付多种问题、成功完成任务。

(3)提高营销人员的技能素养,加强对其进行继续教育。社会发展日新月异,新知识大量涌现,因此对营销人员进行定期培训是提高其素质的重要环节。欧美很多国家都有营销人才培训中心,其目的就是指导营销人员从理论到实践,再从实践到理论,不断吸收新的知识、积累新的经验。市场营销人才的素养不仅包括熟悉业务、熟悉行情、善于言辞,还包括习惯性的追求劲头、善于获得他人的信任和好感、富有自信心、勇于克服困难以及认识环境和适应环境的能力,营销人员技能培养的渠道多种多样,关键要在继续教育中形成一种制度,采取有效手段提高营销人员的技能,培养出一流的营销人才。

(4)提高营销人员的品德修养,加强营销人员的职业道德建设。营销道德建设是一个不容忽视的问题。企业营销人员的营销活动要充分考虑到消费者对自已的营销道德要求,真正树立市场观念,以顾客为中心,维护消费者的利益。这就需要结合企业形象建立良好的企业伦理及企业文化,从制度上、文化上保证贯彻正确的营销道德。

对消费者进行正确的引导也是营销人员的重要责任。简单地说"消费者永远是对的",既是对消费者的不负责任,也是对自己没有信心和对自己的未来不负责任的表现,更是对社会的不负责任。

营销人员有责任抵制伪劣商品的营销活动,对顾客要诚实、公平,做到互相尊重、互相信任、共同发展。

市场营销活动在现代经济社会中无处不在,哪里有市场,营销的触角就会伸向哪里,哪里便成为营销人员施展营销技术的天地。营销人才是企业之魂,营销人员必须具备进取、自信、善学、善交的素质。提高营销人员素质有利于企业产品价值的实现,有利于强化企业的竞争力,有利于提高企业的经济效益和社会效益,这些将有助于市场秩序和经营环境的改善,有助于一个国家的健康发展。

3.2 汽车维修企业的生产管理

3.2.1 汽车维修服务流程

汽车维修服务的核心就是执行流程。汽车维修服务工作中的关键过程分成10个环节,环环相扣,首尾相接。服务核心执行流程包括预约服务、进站接待、车辆诊断、项目确认、休息接待、维修工作、内部交车、交车结账、用户回访、投诉处理。

汽车维修业务流程(业务场景)如下:

①当顾客打电话预约,陈述汽车故障或故障现象时创建维修委托单。

②为每个计划的维修活动或操作创建一个独立的维修项目,包括需要使用的汽车零配件。软件系统中自动为维修项目和汽车零配件报价,自动计算总的维修价格。可打印维修报价单给客户。

③检查所有必需的汽车零配件是否都有库存。

④给客户报价,经客户确认同意后,打印维修委托书并签名。

⑤汽车进厂后,如果是已经预约并开了委托单的,可进入车间安排检测、维修。否则从第一步开始。经检测再次确认维修项目,可增加或减少并与车主沟通确认。

⑥车间进行派工,按照系统设定,分配工时自动计算工资,打印派工单给维修工。维修工开始实施维修项目。

⑦需要零配件时向配件仓库领用,仓库开领料单,并打印出来,领料人员签名后可取走。

⑧根据维修进度,车间进行一定的调度。

⑨车间维修完工后,进行维修检测。车间主管确认后,可在维修结算单签字或车间调度审核为完工。

⑩财务人员进入结算单确认领用配件和维修项目后,系统自动计算实际维修金额。可打印维修结算单给客户确认后,进行财务结算并审核。审核时可生成维修服务跟踪记录,打印汽车出厂放行条。

⑪可开具发票,并记录发票信息。

⑫车主凭汽车出厂放行条经门卫确认后可出门。

3.2.2 汽车维修前台接待职责和流程

1)前台接待员职责注意事项

①出迎及时,问好,给新用户递交名片。并注意礼貌用语,例如,您好!请问有什么可以帮助您?

②受理车辆需检查车身外观是否完好、内部功能是否使用正常以及是否有贵重物品等,都应与客户一一确认后,让其签字。

③始终保持微笑服务(包括领导、同事)。

④值班人员准时(午休时间除外)站在引导台,并且做好引导台、前台卫生,以及上班的准备事项(计算机开机、电话转移、单据整理等)。

⑤递水及时,时时关注客户,不要让其有被冷落的感觉。

⑥管理板使用。管理板显示情况需与在修车辆的真实情况相符。

⑦接待的车辆要跟踪全程直至目送客户离去。

⑧接车过程中,如有增减维修项目(或是需与客户沟通的)必须由接待员完成。若是技术性问题无法表述清晰的,可请客户到接待台,让维修人员解释。

⑨估价单、车历卡在接待员描述清楚维修项目及维修费用后,由客户确认签名。

⑩对在修车辆,接待员要清楚其动态。接待员工作的第一件事就是查看今天还有几台在修车辆,现在是什么状态,什么时间交车。

⑪完检后,接待员须再次检查确认(尤其是喷漆、大修及事故车)后,方可通知客户来提车。

⑫接听所有来电都需做电话记录。

⑬结算时,发现有增加维修项目的,应告之客户,客户不同意增加时,应将故障及需做

维修项目记录在DMS"完工检查"的备注栏中,并且打印让客户签字确认。

⑭订件要落实。接待员需在订件前告诉客户所订零件的价格、换件工时费用及到货日期,到货后及时通知客户来更换。

⑮下次维护公里数及时间在结算时告之客户,并将维护提示卡贴在左前门边上(标准胎压贴纸处)。

⑯送客时,需当着客户的面摘下三件套,并致谢寒暄,目送客户离开。

⑰问诊表、快修单填写完整规范。

⑱各类需填写的报表要及时认真地填写。

⑲试车需经客户同意,并尽量让客户一同试车。

⑳尽量不要让客户进入车间,若必须进入车间的客户,应挂参观牌。

㉑重视客户提出的每一个问题,并且尽量满足。

㉒接待员次日休息,需将当日未交车辆情况转交给其他接待员。

2)汽车维修前台接待流程

汽车维修前台业务接待员,可以说是一家维修企业专业化形象的代言人,通过其工作有助于平均分配企业每天的工作量,增加维修单的销售工时数及零件数,为企业增加利润,同时减少返工量,提高劳动效率,进而优化客户的满意度和忠诚度。

(1)汽车维修前台接待流程——预约。汽车维修企业要让预约客户享受到预约的待遇,并与直接入厂维修客户严格区分开,这是决定此客户下次是否再次预约的关键因素。公司开业先期,此步骤比较难做。主要是因为开始业务量较小,预约和直接入厂维修的客户从维修的时间来看区别不大。

安排客户预约的方法有:让客户知道预约服务的各种好处;在客户接待区和客户休息室放置告示牌,提醒客户预约;在对客户回访跟踪时,宣传预约业务,让更多的客户了解预约的好处;由接车员经常性地向未经预约直接入厂的客户宣传预约的好处,以增加预约维修量。

(2)汽车维修前台接待流程——接待。客户将车辆停好后,由引导人员将其带入维修接待区域并根据公司要求介绍给某个接车员。这其实就是一个接车员与客户沟通的过程,也是一个问诊的过程。此过程接车员应注意以下几个问题:

①汽车维修前台接待流程问诊时间最少7min,这样的好处是接车员可以更多、更准确地了解客户的需求;可以为公司挖掘潜在的利润;可以更多地了解客户性格,有利于后续的工作;也可以和客户建立一定的感情基础。

②汽车维修前台接待流程技术方面的问题如果接车员自己解决不了,必须向车间的技术支持求助,不可擅自做主。

③汽车维修前台接待流程查验车辆要认真仔细,但是不可让客户产生抵触情况。例如,查验车辆外观时,接车员可以说:"×先生(小姐),您看这里有块刮蹭,什么时候您有时间,咱走个保险,我帮您把它修了。"或者"您看这块伤,您要是从这里上的保险,都不用您费什么事,我们直接就帮您把它修了,手续特别简单。"这样说既可以解决客户对于接车员查验车辆外观的抵触情绪,又可以间接地帮助公司创造利润。

④汽车维修前台接待流程查验车辆的同时,接车员要当着客户的面铺三件套。即使客

户客气说:“不用了”等话语,接车员也要坚持这样做。

⑤接车员应明确向客户建议取走车内的贵重物品,并为客户提供装物品的袋子。如果有些物品,如导航仪、mp3等物品,客户不愿拿走,接车员可以将物品收到前台的储物柜中,并记录在查车单上。如果是大件物品,可以记录在查车单上,并向调度室说明此情况。

(3)汽车维修前台接待流程——打印工单。工单是一个合同,要注意在客户签字之前,必须向客户说明以下几个问题:

①工单中所做哪些服务项目。

②工单中的服务项目工料合计约需要多少费用(估算值与实际值相差不能超过10%)。

③工单中的服务项目所需的大概时间。对于高端客户,时间可能比钱还重要。

④是否要保留更换下来的配件,如果需要保留,那么存放何处。

⑤是否洗车。

这就是“五项确认”。另外还要注意以下几个问题:

①所维修的项目如果不是常见的维修项目,先要向配件供应商咨询是否有货,多长时间到货。

②将客户车辆的车钥匙拴上钥匙卡,记明车牌号、工单号、接车员名字、车型、车辆颜色、车辆停放位置。

③如果客户有钥匙链,还要在工单明显处注明。

(4)汽车维修前台接待流程——实时监控。此步骤就是监督工作的进程,主要体现在以下两方面:

①完工时间。对于完工时间,在部门间的协作规定中,应该有这样的规定:维修技师根据工单的完工时间推算,如果不能按时完工应及时提醒接车员。若客户当天取车的至少提前半小时,隔天取车的最好提前一天说明。作为服务顾问也应该根据工单确定完工时间,及时向车间控制室询问工作进度。如不能按时交车,必须主动提前向客户说明原委并道歉。

②估价单。对于在车间检查出来的各种故障,服务顾问必须先自己搞清楚几个问题:隐形故障发生的原因,即为什么这个配件会有问题,以及此故障现在对车辆实际损害程度;此隐性故障在现在或者将来可能会对客户本人或者客户车辆有什么样的损害;维修此故障需要花费客户多长时间及费用。

如果估价单有很多隐性的故障,就需要接车员本人来替客户甄别哪些故障是现在必须修理的,哪些是暂时不用修理的。最好把各个故障的产生原因,以及损害的程度一一向客户说清楚,由客户定夺。

3)汽车维修业务接待工作内容规定

(1)业务厅接待客户。

①工作内容。接待人员见到客户驾车驶进公司大门,立即起身,带上工作用具(笔与接修单)走到客户车辆驾驶室边门一侧向客户致意(微笑点头);当客户走出车门或放下车窗后,应先主动向客户问好,表示欢迎(一般讲“欢迎光临!”);同时作简短自我介绍。若客户车辆未停在本公司规定的接待车位,应礼貌引导客户把车停放到位。简短问明来意,如属简单咨询,可当场答复,然后礼貌地送客户出门并致意(一般讲“请走好”、“欢迎再来”);如

属需诊断、报价或进厂维修的，应征得客户同意后进接待厅商洽或让客户先到接待厅休息，维修企业工作人员检测诊断后，再与客户商洽，维修情况简单的或客户要求当场填写维修单或预约单的，应按客户要求办理手续；如属于新客户，接待人员应主动向其简单介绍本公司维修服务的内容和程序；如属于维修预约，应尽快问明情况与要求，填写《维修单预约单》，并呈交客户；同时礼貌告诉客户请记住预约时间。

②工作要求。接待人员要文明礼貌，仪表大方整洁、主动热情，要让客户有宾至如归之感。客户在客厅坐下等候时，接待人员应主动倒茶，并示意“请用茶”，以表示待客礼貌热忱。

(2)业务答询与诊断。

①工作内容。在客户提出维修养护方面诉求时，接待人员应细心专注聆听，然后以专业人员的态度、通俗的语言回答客户的问题。在客户车辆需进行技术诊断才能作维修决定时，应先征得客户同意，然后开始技术诊断。接待人员对技术问题有疑难时，应立即通知技术部专职技术员迅速到接待车位予以协助，以尽快完成技术诊断。技术诊断完成后应立即打印或填写诊断书，明确车辆故障或问题所在，然后把诊断情况和维修建议告诉客户，同时，把检测诊断单呈交客户，让客户进一步了解自己的车况。

②工作要求。在这一环节，维修企业接待人员要态度认真细致，善于倾听，善于专业引导。在检测诊断时，动作要熟练，诊断要明确，要显示出本公司技术上的优越性、权威性。

(3)业务洽谈。

①工作内容。接待人员与客户商定或提出维修项目，确定维修内容、收费定价、交车时间，确定客户有无其他要求，将以上内容一一填入《进厂维修单》，请客户过目并决定是否进厂维修。客户审阅《进厂维修单》后，同意进厂维修的，应礼貌地请其在客户签字栏签字确认；如不同意进厂维修，接待人员应主动告诉并引导客户到收银处办理出厂手续，领《出厂通知单》，如有我方诊断或估价的，还应通知客户交纳诊断费或估价费；办完手续后应礼貌送客户出厂，并致意“请走好，欢迎再来”。

②工作要求。接待人员与客户洽谈时，要诚恳、自信、为客户着想，不卑不亢、宽容、灵活，要坚持“顾客至上”的观念。对不在厂维修的客户，不能表示不满，要保持一贯的友好态度。

(4)业务洽谈中的维修估价。

①工作内容。汽车维修企业与客户确定维修估价时，一般采用“系统估价”，即按排除故障涉及的系统进行维修收费。

对一时难以找准故障涉及系统的，也可以采用“现象估价”，即按排除故障现象为目标进行维修收费。这种方式风险大，维修企业人员定价时应考虑风险价值。对于维修内容技术含量不高，或市场有相应行价的，或客户指定维修的，可以用“项目定价”，即按实际维修工作量收费。这种方式有时并不能保证质量，应事先向客户作必要的说明。维修估价洽谈中，应明确维修配件是由维修企业提供还是由客户方提供，用正厂件还是副厂件；并应向客户说明，凡客户自购配件，或坚持要求关键部位用副厂件的，维修企业应表示对技术质量不作担保，并在《进厂维修单》上说明。

②工作要求。这一环节中，业务接待人员应以专业人员的姿态与客户洽谈，语气要沉

稳平和，灵活选用不同方式的估价，要让客户对公司有信任感。应尽可能说明本公司价格的合理性。

(5)业务洽谈中的承诺维修质量与交车时间。

①工作内容。在业务洽谈中，接待人员要向客户明确承诺质量保证，应向客户介绍本公司承诺质量保证的具体规定。要在掌握公司现实生产情况下承诺交车时间，并留有一定的余地，特别要考虑汽车配件供应的情况。

②工作要求。接待人员要有信心，同时要严肃，特别要注意公司的实际生产能力，不可有失信于用户的心态与行为。

(6)办理交车手续。

①工作内容。客户在签订维修合同(即维修单)后，接待人员应尽快与客户办理交车手续。接收客户随车证件(特别是二保、年审车)并审验其证件有效性、完好性，如有差异应当时与客户说明，并作相应处理，请客户签字确认差异。接收送修车时，应对所接车的外观、内饰表层、仪表座椅等作一次视检，以确认有无异常，如有异常，应在《进厂维修单》上注明。对随车的工具和物品应清点登记，并请客户在《随车物品清单》上签字，同时把工具与物品装入为该车用户专门提供的存物箱内。接车时，对车钥匙(总开关钥匙)要登记、编号并放在统一规定的车钥匙柜内。对当时油表、里程表标示的数字登记入表。如立即送车于车间修理的，车交入车间时，车间接车人要办理接车签字手续。

②工作要求。在视检、查点、登记时接待人员要仔细，不可忘记礼貌地请客户在《进厂维修单》上签名。

(7)礼貌送客户。

①工作内容。客户办完一切送修手续后，接待人员应礼貌告知客户手续全部办完，可以离去。如客户离去，接待员应起身致意送客，或送客户至业务厅门口，致意："请走好，恕不远送"。

②工作要求。热情主动、亲切友好、注意不可虎头蛇尾。

(8)为送修车办理进车间手续。

①工作内容。客户离去后，接待人员迅速清理《进厂维修单》(这时通过计算机，一些车辆统计报表也可同时登记)，如属于单组作业的，直接由业务部填列承修作业组；如属于多组作业的，应将《进厂维修单》交车间主管处理。由业务接待员通知清洗车辆，然后将送修车送入车间，交车间主管或调度，并请接车人在《进厂维修单》指定栏签名，并写明接车时间，时间要精确到分钟。

②工作要求。认真对待、不可忽视工作细节，更不可省略应办手续。洗车工作人员完成洗车后，应立即将该车交业务员处理。

(9)追加维修项目处理。

①工作内容。业务部接到车间关于追加维修项目的信息后，应立即与客户进行电话联系，征求对方对增项维修的意见。同时，应告诉客户由增项引起的工期延期，得到客户明确答复后，立即转达到车间。如果客户不同意追加维修项目，业务接待员即可口头通知车间并记录通知时间和车间申请追加维修项目人；如果同意追加，即开具《进厂维修单》填列追加维修项目内容，立即交车间主管或调度，并记录交单时间。

②工作要求。咨询客户时，要礼貌，说明追加项目时，要从技术上作好解释工作，事关安全时要特别强调利害关系。要冷静对待此时客户的抱怨，不可强求客户，应当尊重客户选择。

(10)查询工作进度。

①工作内容。业务部根据生产进度定时向车间询问维修任务完成情况，询问时间一般定在维修预计工期进行到70%～80%时。询问内容包括完工时间、维修有无异常。如有异常应立即采取应急措施，尽可能不拖延工期。

②工作要求。要准时询问，以免影响准时交车。

(11)通知客户接车。

①工作内容。做好相应交车准备：车间交出竣工验收车辆后，业务人员要对车做最后一次清理，清洗、清理车厢内部，查看外观是否正常，清点随车工作和物品，并放到车上。结算员应将该车全部单据汇总核算，此前要收缴车间与配件部有关单据。

通知客户接车：一切准备工作之后，即提前一小时(工期在两天之内)或提前四小时(工期在两天以上包括两天)通知客户准时来接车，并致意："谢谢合作！"如不能按期交车，也要按上述时间或更早些时间通知客户，说明延误原因，争取客户谅解，并表示道歉。

②工作要求。通知前，交车准备要认真；向客户致意、道歉要真诚，不得遗漏。

(12)对取车客户的接待。

①工作内容。接待人员要主动起身迎候取车的客户，简要介绍客户车辆维修情况，指示或引领客户办理结算手续。结算客户来到结算台时，结算员应主动礼貌向客户打招呼，示意台前座位落座，以示尊重；同时迅速拿出结算单呈交客户；当客户同意办理结算手续时，应迅速办理；当客户要求打折或其他要求时，结算员可引领客户找业务主管处理。结算完毕，应即刻开具该车的《出厂通知单》，连同该车的维修单、结算单、质量保证书、随车证件和车钥匙·并交到客户手中，然后由业务员引领客户到车场作随车工具与物品的清点和外形视检，如无异议，则请客户在《进厂维修单》上签名。客户办完接车手续，接待员送客户出厂，并致意："×先生(小姐)请走好""祝一路平安！欢迎下次光临！"

②工作要求。整个结算交车过程中，接待人员的动作、用语要简练，不让客户觉得拖拉烦琐。清点、交车后客户接收签名不可遗漏。送客要至诚。

(13)客户档案的管理。

①工作内容。客户进厂后业务接待人员当日要为其建立业务档案，一般情况，一车一档案袋。档案内容有客户有关资料、客户车辆有关资料、维修项目、修理维护情况、结算情况、投诉情况，一般以该车《进厂维修单》内容为主。老客户的档案资料表填好后，仍存入原档案袋。

②工作要求。接待人员建立档案要细心，不可遗失档案规定的资料，不可随意乱放，应放置在规定的车辆档案柜内，由专人保管。

(14)客户的咨询解答与投诉处理。

①工作内容。客户电话或来业务厅咨询有关维修业务问题，业务接待人员必须先听后答，听要细心，不可随意打断客户；回答要明确、简明、耐心。答询中要善于正确引导客户对维修的认识、引导对我公司实力和服务的认识；留意记下客户的工作地址、单位、联系电话，

以便今后联系。当客户投诉时,无论电话或上门,业务接待员都要热情礼貌接待;认真倾听客户意见,并做好登记、记录。倾听完意见后,接待员应立即给予答复。如不能立即处理的,应先向客户表示歉意并明确表示下次答复时间。

处理投诉时,不能凭主观臆断,不能与客户辩驳争吵,要冷静地处理问题。投诉对话结束时,要致意"×先生(小姐),感谢您的信任,一定给您满意答复"。

②工作要求。受理投诉人员要有公司大局观,要有"客户第一"的观念,投诉处理要善终,不可轻慢客户。客户对我方的答复是否满意要做记录。

(15)跟踪服务。

①工作内容。根据档案资料,业务人员定期向客户进行电话跟踪服务。跟踪服务的第一次时间一般选定在客户车辆出厂两天至一周之内。跟踪服务内容有:询问客户车辆使用情况,对我公司服务的评价,告之对方有关驾驶、维护的知识,或针对性地提出合理使用的建议,提醒下次维护时间,欢迎保持联系,介绍公司新近服务的新内容、新设备、新技术,告之公司免费优惠客户的服务活动。做好跟踪服务的纪录和统计。通话结束前,要致意"非常感谢合作!"

②工作要求。业务人员在拨打跟踪电话时,要文明礼貌,尊重客户,在客户方便时与之通话,不可强求。跟踪电话要有一定准备,要有针对性,不能漫无主题,用语要简明扼要,语调应亲切自然。要善于在交谈中了解相关市场信息,发现潜在维修服务消费需求。并及时向业务主管汇报。

(16)预约维修服务。

受理客户提出预约维修请求,或本公司根据生产情况向客户建议预约维修,经客户同意后,办理预约手续。业务员要根据客户情况与本公司达成一致意见,填写预约单,并请客户签名确认。预约时间要写明确,需要准备价值较高的配件时,就请示客户预交订金(按规定不少于原价的1/2)。预约确定后,要填写《预约统计表》;要于当日内通知车间主管,以便到时留出工位。预约时间临近时,应提前半天或一天,通知客户预约时间,以免遗忘。

(17)业务统计报表填制、报送。

①工作内容。周、月维修车的数量、类型、维修类别、营业收入与欠款的登记、统计及月统计分析报告由业务部完成,并按时提供财务部、分管经理、经理,以便经营管理层的分析决策。

②工作要求。业务部应按规定时间完成报表填报,日报表当日下班前完成,周报表周六下班前完成,月报表月末一天下班前完成。统计要准确、完整,不得估计、漏项。

3.3 汽车维修企业的现场管理

3.3.1 生产现场管理综述

1)现场的含义

生产系统中的现场,从广义上讲是指从事产品生产、制造或提供生产服务的场所。它包括前方各基本生产单位和后方各辅助部门的作业场所,如仓库、测功房等。对汽车维修企业而言,为客户提供服务的场所都属于生产现场,包括车辆接洽到车间现场施工、试车、清洗、交车和仓库、检验测试等。

2)生产现场管理的概念

生产现场管理就是企业对生产的基本要素(如人员、机构、物料、法规、环境、资产、能源、信息)进行优化组合,并通过对诸要素的有效组合提高生产系统的效率。所谓现场管理,就是运用科学的管理原则、管理方法和管理手段,对生产现场的各种生产要素进行合理地配置与优化组合,从而保证生产系统目标的顺利实现,并达到效率最高、质量最优和服务最佳的车辆维修生产目的。

3.3.2　生产现场管理方法

汽车维修企业由于长期需要对汽车各部位、各总成进行拆卸、修理,在装卸过程中不可避免地会出现泥垢和油污。倘若管理无序,生产车间就会出现"脏、乱、差"的情况,汽车零部件、汽车总成与机器设备随意摆放,到处存在"跑、冒、滴、漏"的现象,甚至野蛮生产和野蛮拆卸。这样,维修质量和人身安全都得不到保障,也将导致企业的经济效益滑坡。生产现场管理就是运用科学的管理方法和管理手段来消除生产中的不合理现象,提高维修质量和劳动生产率。

1)生产现场"6S"活动

(1)"6S"现场管理法简析。这一管理法首先在日本的企业应用。"整理(Seiri)、整顿(Seiton)、清扫(Seisou)、清洁(Seiketsu)、素养(Shitsuke)"的日语罗马拼音均以"S"开头。我国企业在引进这一管理模式时,加上了英文的"安全(Safety)",因而称"6S"现场管理法。目前,我国有88.2%的日资企业、68.7%的港资企业实行了这一管理法,有效地推动了管理模式的精益化革新。

①"6S"管理的定义。具体说来,"6S"就是在维修工作现场做到以下几点:

1S——整理(Seiri):将作业场所的所有物品区分为必要的和不必要的两类,必要的物品留下,不必要的物品清除掉。

2S——整顿(Seiton):把留下的物品依照规定的位置合理放置,并明确标示。

3S——清扫(Seisou):将工作场所清扫干净。

4S——清洁(Seiketsu):保持上述成果。

5S——素养(Shitsuke):每位成员养成良好习惯,遵守规则做事。文明的员工是文明管理的根本保证。

6S——安全(Safety):严禁违章操作,尊重生命。

②"6S"之间的关系。"6S"的几个要素之间是彼此关联的,整理、整顿、清扫是具体内容;清洁是制度化、规范化;素养是养成习惯,遵守纪律、规则,严谨认真;安全是基础,尊重生命,杜绝违章。

③"6S"管理实施原则。

效率化:定量定位是提高工作效率的先决条件。

持之性:人性化,全员遵守与保持。

美观:做产品—做文化—征服客户群。管理理念适应现场场景,展示让人舒服、感动。

④“6S”管理精髓。

全员参与:从董事长到一线员工,包括所有部门,生产、技术、行管、财务、后勤。

全过程:贯穿产品研发到废止的整个生命周期;人人保持改善管理活动的理念。

全效率:综合效率,挑战工作极限。只有起点没有终点。

⑤执行“6S”的好处。

提升企业形象:整齐清洁的工作环境有助于吸引客户、增强员工信心。

减少浪费:工作现场只保留适量的必要物品,杜绝胡乱摆放。

提高效率:良好的环境和心情,摆放有序,省时省力,减少搬运作业。

质量保证:做事认真严谨,杜绝马虎,品质可靠。

安全保障:通道畅通,宽广明亮,人员认真负责,减少事故发生。

提高设备寿命:清扫、点检、维护。

降低成本:减少跑冒滴漏,减少来回搬运。

交期准:一目了然,异常现象明显化,及时调整作业时间。

(2)“6S”管理的效能。对于汽车维修企业来说,实行“6S”管理能创造良好的工作环境,提高员工的工作效率。试想,如果你的修理厂厂容不整、车辆乱摆、工具乱放、车间杂乱、接待室一塌糊涂,哪个车主愿把自己的爱车交给你维修?如果员工每天在满地脏污、到处灰尘、气味难闻、灯光昏暗、场地拥挤的环境中工作,怎么能调动员工的积极性呢?因此,整齐、清洁、有序的环境能使顾客、员工对企业有一系列崭新的认知,如企业和员工对质量的认识和提高,顾客对修理厂的信赖,社会对修理厂的赞誉,员工工作热情的提高,企业形象和企业竞争力的提高等。实行“6S”管理可使企业得到丰厚的利润,这一点对于那些急于每天都能赚到大钱的企业经营者来说,可能是没有考虑到的。有些企业的管理者,常常忽略隐含在管理中的成本,这种浪费现象在企业中是非常普遍的。

①无价值的工作造成的浪费。如不必要的会议、开会中无主题的空谈、无谓的争执、一点小事久拖不决等。

②信息错误造成的浪费。如信息来源错误,有时会造成不可估量的损失。

③等待造成的浪费。如停工待料等。

④操作事故导致设备故障造成的浪费。

⑤意外事故造成的浪费。一旦发生事故,轻则财产损坏,重则人员伤亡,出现严重事故将造成不可挽回的损失。

⑥业务量过多或不足造成的浪费。业务量过多造成待修车辆积压,业务量过少则生意清淡,均会造成不良后果。

⑦配件库存量过多或过少造成的浪费。库存量过多必将造成成本的增加,过少则造成停工待料,影响交车时间。

⑧质量检验的返修造成的浪费。如果企业一次修车合格率低,则会使各种成本增加。

⑨管理混乱造成的浪费。如设备、工具、物料等乱堆乱放,物品在流转或库存中堆放不合理,物品存放时间过长引起质量下降等,均会增加生产成本。此外,会给企业信誉造成不可估量的损失。

⑩技术文件、管理文件、顾客资料缺乏及管理不善造成的浪费。相关信息资料缺乏且

管理混乱,必然对企业的发展产生负面效应。

事实上,一个企业因管理不善造成的损失远远不止上述这些内容。通过导入“6S”管理理念,加强现场管理,就可以解决上述浪费现象,真正做到从管理中获取效益。

(3)“6S”管理的操作。

“6S”管理的第一步是整理,即将工作场所的物品分类整理。分类整理的要诀有两条:一是没用的东西应该丢弃,不经常用的东西放在较远的地方,偶尔使用的东西安排专人保管,经常使用的东西放在附近;二是能迅速拿来的东西要放在身旁,取用费时的东西只留下必要的数量。

“6S”管理的第二步是整顿,即明确整理后需要的东西摆放区域和形式,也就是“定量定位”。

“6S”管理的第三步是清扫,即清除一切垃圾污垢,创造一个明亮、整洁的工作环境。

“6S”管理的第四步是清洁,就是要维持整理、整顿、清扫后的成果,这是前三项的继续和深入,即认真维护和保持最佳状态。

“6S”管理的最后一个内容是素养(纪律)。素养就是提高人的素质,养成严格的执行各种规章制度、工人选择程序和各项作业标准的良好习惯和作风,这是“6S”管理的核心。没有人员素质的提高,各项活动就不能顺利开展,即使开展了也不能持之以恒。所以贯彻“6S”管理,要始终着眼于提高人员的素质。“6S”始于素质,也终于素质。

(4)“6S”管理的推进。

第一,要让汽车维修企业的管理人员明确“6S”管理的内容,了解“6S”管理的方针及要点,企业领导者要予以充分重视。

第二,要对全体员工进行“6S”管理的意义、操作方法及要求的培训与教育。

第三,企业管理人员要制订“6S”管理要达到的目标:零事故、零缺陷、零投诉;提高维修维护质量,降低返修率;持续不断地贯彻“6S”管理,使企业真正达到ISO 9001认证标准,而不是为了通过认证标准而走形式。

第四,选择示范单位或部门,率先实施“6S”管理。在有代表性的部门中选择一至二个部门进行试点,树立典型,然后再推行到企业中的每个部门。

第五,跟踪检查。经过一阶段的推进后,由企业高层主管、各部门负责人巡回检查,发现问题及时监督查办,直至最后达到要求。目前我国已有许多汽车维修企业实行了“6S”管理,这些企业不但在管理水平上提高了档次,而且也深切体会到推行“6S”现场管理为企业带来的显著效益。

2)“6S”活动推行步骤

掌握了“6S”的基础知识,尚不具备推行“6S”活动的能力。因为推行步骤、方法不当导致的“6S”活动事倍功半,甚至中途夭折的事例并不鲜见。因此,通过对本节的学习,掌握正确的步骤、方法是非常重要的。“6S”活动推行的步骤如下:

(1)成立推行组织。

①成立推行委员会及办公室。

②确定职责。

③编组及划分责任区。

建议由修理厂主要领导出任"6S"活动推行委员会主任职务，以示对此活动的支持。具体活动可由生产厂长负责活动的全面推行。

(2)拟订推行方针及目标。

①方针制订：在推行"6S"活动时，制订方针作为导入活动的指导原则。如可采取下列的方针：

方针1：开展"6S"活动，挑战自我，塑造企业新形象。

方针2：闪闪发光的设备、文明进取的员工。

方针的制订要结合企业具体情况，要有号召力。方针制订后，要广为宣传。

②目标制订：目标的制订也要同企业的具体情况相结合。例如，企业场所狭小，但物品摆放凌乱，空间未能有效利用，应该将增加可使用面积作为目标之一。相关参考目标如下：

目标1：在现有场地内增加可使用面积20%。

目标2：过道被占用次数降到每天三次以下。

目标3：有来宾到厂参观，不必事先临时做准备。

(3)拟订工作计划及实施方法。

①拟订日程计划作为推行及控制的依据，见表3-1。

"6S"活动推行计划表 表3-1

项次	项　目	8月	9月	10月	11月	12月	1月	2月	3月	备注
1	"6S"活动推行组织成立	—								
2	"6S"活动前期准备	—								
3	宣传、教育展开	—	—	—						
4	样板区域选定期	—								
5	样板区域"6S"活动推行	—	—							
6	样板区域阶段性交流会		—	—	—					
7	标准建立及修正		—	—	—	—				
8	全体大扫除		—							
9	整理、整顿作战			—	—	—				
10	目视管理				—	—				
11	日常"6S"确认实施				—	—	—	—	—	
12	考核评分及竞赛				—	—	—	—	—	
13	"6S"活动阶段性总结						—			
14	文明礼貌月							—		
15	目视管理强化月								—	

②收集资料及借鉴他厂做法。

③制订"6S"活动实施办法。

④制订要与不要的物品区分方法。

⑤制订"6S"活动评比的方法。

⑥制订"6S"活动奖惩办法。

⑦制订其他相关规定(如"6S"时间)。

(4)教育。

①每个部门对员工进行教育。内容包括:"6S"的内容及目的;"6S"的实施方法;"6S"的评比方法。

②新进员工的"6S"培训。教育是非常重要的,要让员工了解"6S"活动能给工作及自己带来好处,从而主动地去做,相比之下被动去做的效果是完全不同的。教育形式要多样化,讲课、放录像、观摩他厂案例或样板区域、学习推行手册等方式、方法均可视情况加以使用。

(5)活动前的宣传造势。

"6S"活动要全员重视、全员参与才能取得良好的效果。

①最高主管发表宣言(召开全厂大会、车间、班组会议等)。

②利用内部报刊、宣传栏宣传。

(6)实施。

①前期作业准备。包括方法说明,道具准备。

②工厂全体大扫除。

③建立地面画线及物品标志、标准。

④物料、机工具实施"三定":定位、定点、定人。汽车修理厂停车场定置如图3-1所示。

(7)活动评比办法确定。

①制订评比表。

②制订考核评分表。

(8)查核。

①现场查核。

②"6S"问题点质疑、解答。

③举办各种活动及比赛。

(9)评比及奖惩。

按照"6S"活动竞赛办法进行评比,公布成绩,实施奖惩。

竣工车辆停放处	待修车辆停放处
(1)	(1)
(2)	(2)
(3)	(3)
(4)	(4)
.	.
.	.

图3-1 汽车修理厂停车场定置图

(10)检讨与修正。

各责任部门按照缺点项目进行改善,不断提高。

(11)纳入定期管理活动中。

①标准化、制度化的完善。

②不定期开展实施各种"6S"强化月活动。

需要强调的一点是,各汽车修理企业因其经营规模、背景、架构、企业文化、人员素质的不同,推行时可能会有各种不同的问题出现,推行时要根据实施过程中所遇到的具体问题,采取可行的对策,才能取得满意的效果。

3.3.3 定置管理

定置管理实际上是"6S"活动的一项基本内容,它主要研究作为生产过程主要因素的人、物、场所三者之间的相互关系。通过调整物品放置,处理好人与物、人与场所、物与场所的关系;通过整理,把与生产现场无关的物品清除掉;通过整顿,把物品放在科学合理的位置。通俗地讲，定置管理就是将物料、机工具划定区域位置，进行定位，在使用完毕后要物归其位。要做到有物必有区，有区必有牌，按区存放，按图定置，图物相符，如图3-2所示。

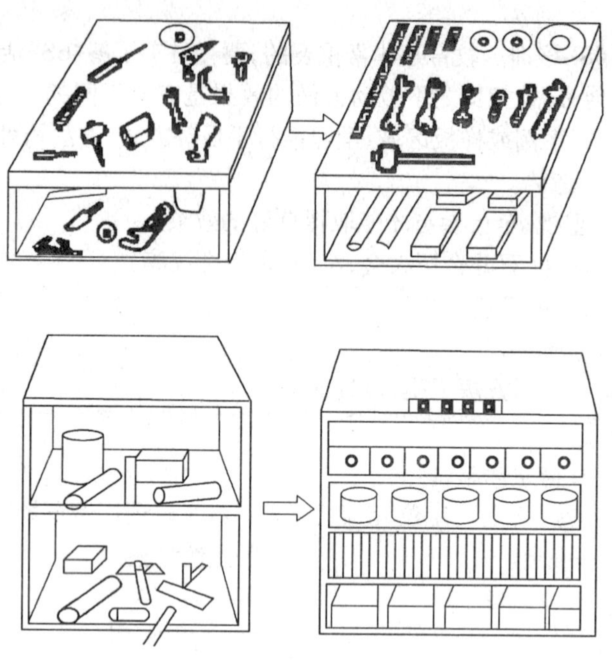

图3-2 维修机工具定置图

3.3.4 目视管理及看板管理

1)目视管理及看板管理

目视管理是利用形象直观、色彩适宜的各种视觉感知信息来组织现场生产，即通过视觉寻知人的意识变化的一种管理方法。它具有以下特点：

①以视觉信号为基本手段，人人可见。

②以公开化为基本原则，尽可能使管理者的意图和要求让大家都看见，以促进自主管理，自我控制。所以它也可以形象地被称为“看得见的管理”，如图3-3所示。

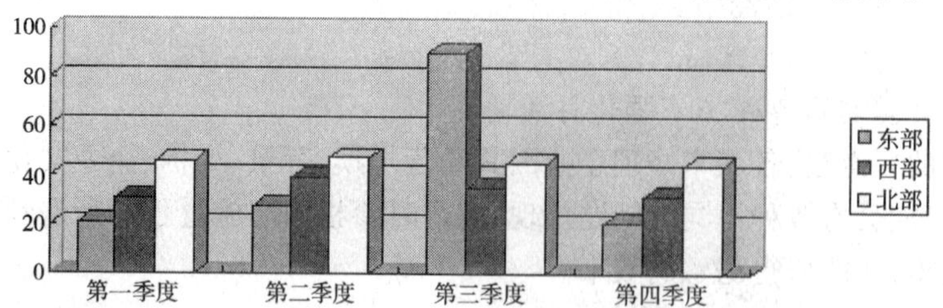

图3-3 目视管理

看板管理是将希望管理的项目（信息）通过各类管理板提示出来，使管理状况众人皆知。具体内容如下：

(1)目视管理示例。

①交通用信号灯及各种交通指示标志：红灯停、绿灯行；各种道路指示牌。

②包装箱上的箭头管理：有的包装箱上的箭头朝上(↑)；有易碎品标志。

(2)看板管理示例。

①修理车间的黑板：在修车辆的修理内容、计划完工时间、承修班组、主修师傅及在厂车辆数等。这样使各级管理者随时都能掌握生产状况。

②配件仓库门前的黑板：将在修车辆所需的配件缺料情况(包括配件品名、数量、时间等)公布，所有人都清清楚楚。如表3-2所示。

看板管理示例(去向显示板)　　表3-2

项目	姓　名	去　　向	离开时间	联系电话	预定返回时间	备　　注
1						
2						
3						
4						
5						

2)目视管理的要点及水准

目视管理的三个要点如下：

①无论是谁都能判断是好是坏(正常或异常)。

②能迅速判断，精度高。

③判断结果不会因人而异。

目视管理的三个水准如下：

①初级水准：有表示，能明白现在的状况。

②中级水准：谁都能判断正常与否。

③高级水准：管理方法(异常处置)都列明。

在许多汽车维修企业里，通常只达到目视管理的初级水准，达到中级水准的较少，能达到高级水准的更是凤毛麟角。目视管理和看板管理是非常重要的，许多企业推行“6S”活动后，感觉效果不佳的重要原因之一就是没有很好地实施目视管理及看板管理。确切地说，目视管理及看板管理实施得如何，很大程度上反映了一个企业的现场管理水平。

3.3.5　维修企业车间现场管理的内容

维修企业车间现场管理的内容包括以下几点：

①车流、物流、人流、资金流、信息流的经营管理。

②业务接洽、车间、班组的管理。

③安全、文明生产的管理。

④检测仪器、工具等设备的管理。

⑤技术、工艺规范管理。

⑥质量管理。

⑦工期管理。

⑧成本管理。

⑨配件经营管理。

⑩仓库管理。

⑪车主管理。

⑫员工管理。

⑬信息管理。

1)管理业务流程

管理业务流程如下:车辆进出厂管理工作→接车工作→技术诊断工作→消费引导工作→估价工作→维修合同签署→派工→维修作业→配件备料→采购→领发料→完工检验→项目追加→客户沟通确认→完工检验→结算工作→交车→索赔处理→跟踪工作→客户投诉处理工作→拯救服务→保险事故处理等。汽车维修企业工作流程如图3-4所示。

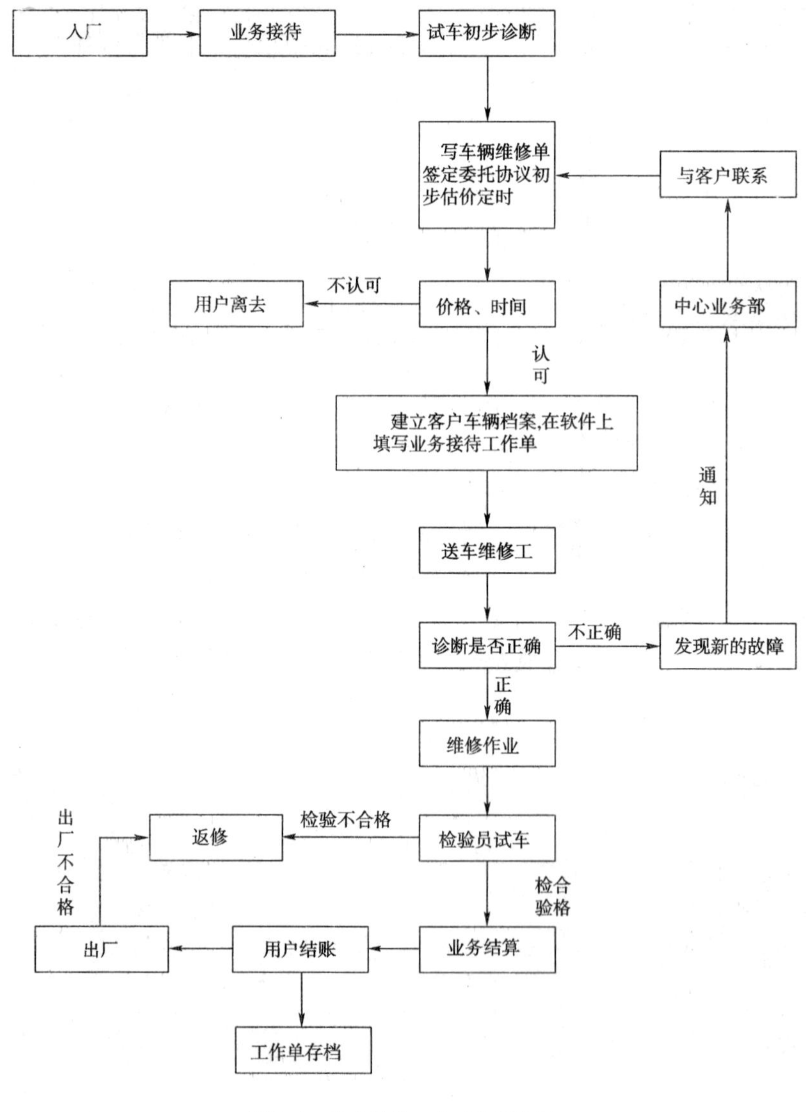

图3-4　汽车维修企业工作流程图

2）现场管理具体工作内容

①技术诊断、调度派工、换件审核。

②工艺标准的贯彻。

③效率管理（降低非作业时间，提高作业熟练程度，改善工作方法）。

④质量管理（过程检验和巡视，异常情况的分析与对策，作业指导）。

⑤工作指导（新设备、新工具的使用方法，新车维修工艺的操作，特殊技能的掌握，作业标准以及其他应知应会的技能）。

⑥设备工具的使用管理（使用指导、检查、日常维护、安全规范）。

⑦生产现场“6S”管理（卫生责任区划定，定置区域划定，日检制度建立）。

⑧工人考核管理（工作记录、工作考核、沟通面谈）。

⑨考勤管理（请假审批、出勤考核、加班安排）。

⑩规章制度贯彻执行（制度公示、宣传，执行检查，监督考核）。

3.4　汽车维修企业的管理艺术

3.4.1　客户沟通

汽车的故障千变万化，进入汽车维修企业修理的车辆车型繁多，就客户群而言，有零散私车和大型车队，但客户（车主）们的要求却是一致的，那就是维修服务的质量要高，个性化服务要多，维修的价格要低。而现在汽车维修企业的厂房投资、仪器设备投资、技术投资、人才投资及与客户关系的投资却越来越高，企业如何在这种新环境下继续生存和发展，如何与客户建立稳定、良好的合作伙伴关系是汽车维修企业的重要工作之一。

客户与汽车维修企业、维修服务人员在任何时刻都可能发生服务接触。正是在这些接触过程中使客户对汽车维修企业有所了解和信任，每一项服务都能够给客户带来最生动、最深刻的印象，从而改变客户的满意度和忠诚度。一次不愉快的服务就可能导致修理业务的失败，使企业丧失客户，在经济上蒙受损失。所以与客户的沟通工作就显得尤其重要，汽车维修企业与客户的沟通工作主要有以下几个方面：

1）维修前沟通

在客户没有修理需求时，维修企业主动为客户提供咨询、维护等方面的服务，向客户介绍本维修企业的服务项目、技术水平、维修价格等内容，使客户对企业有一定了解，成为客户车辆维修的首选对象。

2）维修中沟通

①详细了解客户车辆故障症状，提出修理方案。

②提出修理费用预算。

③跟踪修理过程，将修理方案以外出现的需修项目及时通知客户。

④协调其他未尽事宜。

⑤车辆修完后及时通知客户接车。

3）维修后沟通

①出厂后三天内电话回访,询问车辆状况,跟踪服务。

②如车辆出现抛锚,及时安排抢修。

③通知客户车辆定期回厂检修维护。

3.4.2 员工沟通

汽车维修企业的员工沟通工作对企业的健康发展尤其重要。因为维修企业的员工工作性质与产品生产单位的员工有较大的区别,维修企业员工在工作时大都直接面对客户,他们的一言一行都能对客户产生较大的影响,能左右客户对企业的信任度。所以维修企业要与员工保持畅通的沟通渠道,认真抓好员工的思想动态和需求,解决他们在工作中遇见的实际问题,齐心协力,共同做好优质服务工作,提高修理质量、企业经济效益和个人收入,达到双赢的目的。企业应着重抓好以下几方面的沟通工作:

①企业理念和管理要求的沟通。

②薪酬的沟通。

③主人翁思想的沟通。

④服务规范的沟通。

⑤行为规范的沟通。

3.4.3 企业文化

1)企业文化的定义

企业文化就是企业信奉并附诸实践的价值理念,也就是企业信奉和倡导的,并在实践中真正实行的价值理念。它包括企业环境、价值观、文化网络、礼仪等内容。

2)企业文化的构成

企业文化基本分为以下三个层面:

(1)精神文化层。企业精神文化的构成包括企业核心价值观、企业精神、企业哲学、企业伦理、企业道德等。

(2)制度文化层。制度文化包括企业的各种规章制度以及这些规章制度所遵循的理念,包括人力资源理念、营销理念、生产理念等。

(3)物质文化层。企业物质文化的构成包括厂容、企业标志、厂歌、文化传播网络。

企业的精神层为企业的物质层和制度层提供思想基础,是企业文化的核心;制度层约束和规范精神层和物质层的建设;而企业的物质层为制度层和精神层提供物质基础,是企业文化的外在表现和载体。这三者相互作用,共同形成企业文化的全部内容。

案例1

通用电气公司的奇迹

1)背景资料

美国通用电气公司(简称GE)的历史最早可追溯到1878年爱迪生创建的电灯公司。1892年,爱迪生通用电气公司和托马斯·休斯敦电气公司合并,命名为通用电气公司。截至1998年该公司在全球100多个国家经营生产，并在26个国家拥有250多个工厂，员工达30万人，销售额、利润长期居于世界500强前列。1998年7月7日，GE成为第一家市场价值超过3000亿美元的企业，与1981年相比，17年间市价增值25倍。据《财富》杂志1999年全球企业500强排行榜资料显示，GE当年的营业收入为1004.69亿美元，利润为4092.96亿美元，资产额为3559.35亿美元。

2）以文化变革促企业发展

（1）掌握自己的命运。GE在1981年时，生产增长远远低于日本的同类公司，技术方面的领先地位已经丧失，公司的利润在15亿美元左右徘徊。当时的总裁琼斯任命韦尔奇接替自己的位置。韦尔奇上任后，从文化变革入手创建了一整套企业文化管理模式。韦尔奇指出："世界在不断地变化，我们也必须不断变革。我们拥有的最大力量就是认识自己命运的能力，认清形势、认清市场和顾客、认清自我，从而改变自我，掌握命运。"这个阶段企业确立的目标是"使组织觉醒，让全体员工感到变革的必要性"。

为此，韦尔奇提出了著名的"煮青蛙"理论：如果你将一只青蛙丢进滚烫的热水中，它会立即跳出来以免一死。但是，你将青蛙丢进冷水锅中逐渐加热，则青蛙不挣扎，直到死亡，因为到水烫得实在受不了时，青蛙已经无力挣扎。韦尔奇告诫员工，GE公司决不能像冷水中的青蛙那样，面临危险而得过且过，否则不出10年企业必定衰败。这个改革过程经历了5年，在这5年中韦尔奇顶住了来自各方面的压力。当时员工关心的是自己的晋升和职业保障而不关心企业的改革和文化的变革。韦尔奇启发大家：公司必须在竞争中获胜，必须赢得顾客才可能提供职业保障，企业发展了，职工才有晋升的机会。一句话，是市场和顾客提供了职业保障和职位。企业必须面对现实、面对市场、满足顾客的要求，才可能保障员工的基本需求和所有福利。他努力使GE人感到GE是每一个员工自己的事业，是实现理想和自我价值的场所，并应以此心态经营企业。

韦尔奇认为，管理的关键并非是找出更好的控制员工的方法，而是营造可以快速适应市场动态和团结合作的文化机制，并给员工更多的权力与责任，以便让员工与管理者实现互动。

美国康柏计算机公司董事长杰明·罗森指出，正是由于韦尔奇对该公司的企业文化作了成功的改革，创立了快速适应市场动态和团队合作的文化机制，使GE成为企业界的奇迹。

（2）情感问题与人的潜能。韦尔奇认为，原先的科学管理回避企业中人的情感问题，而人总是带着情感工作的。韦尔奇努力开发情感以便使员工发挥潜能的巨大力量，主张要赢得员工的"心"和"脑"，公司员工心往一处想，企业才有凝聚力，大家开动脑筋，人的聪明才智才能发挥出来。心和脑的潜能都用在企业的发展上，大家都来为企业的未来描绘蓝图，为实现企业的目标而努力，企业就会无往而不胜。

韦尔奇认为，真正的沟通不是演讲、文件和报告，而是一种态度，一种文化环境，是站在平等地位上开诚布公地、面对面地交流，是双向互动，只要花时间做面对面地沟通，大家总能取得共识。GE有一个培训中心，每年可以培训1万名企业骨干。在这个培训中心，企业员工可以和总裁进行面对面的辩论，也可以抒发不满，提出问题和建议。这样做的目的是培养员工自信、坦率和面对现实的勇气。对于员工提出的问题，主管必须采取

行动，组织员工目标小组提出解决方案。公司为此抓了4项工作：第一，建立信赖；第二，赋予员工权力；第三，清除不必要的工作，缓解员工过度的负荷；第四，建立GE新范例，把公司塑造成不分彼此的新组织——消除公司各职能部门的障碍，除去阻碍人们彼此合作的"管理阶层"、"职员"、"工人"之类的标签，铲除公司对外联系的高墙，进一步搞好服务顾客、满足顾客的工作。

(3)聘用和选拔优秀的管理者最为关键。聘用和选拔管理者是企业最难处理的问题，也是企业最关键的问题。韦尔奇说过，只顾企业的短期利益，任何人都能做到，只顾长期利益，任何人也都能做到，如何平衡这两者最难，能妥善地平衡这两者的管理者才是最好的管理者。琼斯用了7年的时间才将韦尔奇从一批优秀的候选人中选拔出来。在人力资源管理中，选拔人才的科学管理方法是最重要的。GE的选拔人才分为以下三个阶段：

第一阶段：由EMS(公司选聘专业委员会)负责人进行初评和筛选，并向总裁汇报。EMS是员工关系科层制度内的一个精英主体，它的主要功能就是评估规划和最具体地主管规划，这些人员除了记载候选人的绩效表现外，还根据他们对候选人的主观印象、评价等制作"成就分析报告"。

第二阶段：由总裁亲自对被圈在小范围内的候选人进行面试、笔试等综合测评。内容包括对意志力、机智、聪明才智、自信、变革意识、自我管理能力、同情心、吃苦耐劳精神等15个项目进行测评。

第三阶段：将EMS制作的"成就分析报告"和总裁的测评意见提交董事会，由董事会做出最后裁决。

上述GE的选聘程序反映了西方大企业成熟和模式化的选拔人才方法，一丝不苟的琼斯坚持挑选总裁必须对每一个候选人做长期考察的这一理念，最后理性地确定最具有资格的人选。

(4) GE的企业文化理念的核心。一个公司的文化从一定意义上说是企业家管理理念的集中体现。为了使企业、员工能更好地沟通，在硬件上，韦尔奇通过他著名的数一数二论来裁减规模，进而构建扁平化结构，重组GE；在软件上，则尽力试图改变整个企业的文化与员工的思考模式。韦尔奇看到：如果你想让列车速度增加10km/h，只需要加1hp；而若想使车速增加一倍，你就必须要更换铁轨了。资产重组可以一时提高公司的生产能力，但若没有文化上的改变，就无法维持高生产力的发展。

韦尔奇在谈到企业领导者的"忙碌"、"闲适"时说："有人告诉我他每周工作90小时。我会说，你完全错了，写下20件每周让你忙碌90min的工作，仔细审核后，你将会发现其中至少有10项工作是没有意义的或是可以请人代劳的。"相比之下，我们就太喜欢"形式"了，赞美勤奋而漠视效率，追求数量而不问收益，甚至我们很多单位的工资都只是简单地依据所谓工作量来制订。勤奋对于成功是必要的，但是在"做正确的事"与"必须亲自操作"时才有正面意义。我们不妨在勤奋之前先问问自己，这件事是必须要做？是必须由我自己来做吗？那么在抽出时间与精力后我们该干什么呢？韦尔奇的选择是寻找合适的经理人员并激发他们的工作动机。"有想法的人就是英雄。我的主要工作是去发掘出一些很棒的想法，扩张它们，并且以'光速'将他们扩展到企业的每一个角落。我坚信自己的工作是一手拿着水罐，一手拿着化学肥料，让所有的事情变得枝繁叶茂。"同时，韦尔奇又提出了一个

“扩展”的概念,其内涵是不断向员工提出似乎过高的要求。扩展的意思是:当我们想要达到这些看似不可能的目标时,自己往往就会使出浑身解数,展现一些非凡的能力;而且,即使到最后我们仍然没有成功,我们的表现也会比过去更加出色。年终时,我们所衡量的并非是是否实现了目标,而是与前一年的成绩相比,在排除环境变量的情况下是否有显著的增长与进步。当员工遭受挫折时,我会以正面的酬赏来鼓励他们,因为他们至少已经开始改变。若是因为失败而受到处罚,大家就不敢轻举妄动了。

在GE,扩展性目标只是一种激励的手段,而并非考核的标准。“精简、迅捷、自信”是现代企业走向成功的三个必备条件。韦尔奇坚信:单纯意味着“头脑的清晰”和“意志的坚定”。那么,精简的内涵是什么呢?一是内心思维的集中;二是外部流程的明晰。“光速”和“子弹列车”是韦尔奇常用的词句。他坚称:“只有速度足够快的企业才能继续生存下去,因为世界的脚步在不断加快。”他认为,世界正变得越来越不可预测,唯一可以肯定的就是必须先发制人来适应环境的变化。同时,新产品的开发速度也必须加快,因为现在市场门户的开关速度在不断缩短。而精简的目的,正是为了更好地实现迅捷。简明的信息流传得更快,精巧的设计更易打入市场,而扁平的组织则利于更快地决策。对于自信,韦尔奇给予了极大的重视,甚至把“永远自信”列入了美国能够领先于世界的三大法宝。他看到:迅捷源于精简,精简的基础则是自信,而培养员工自信心的办法就是放权与尊重。掐着他们的脖子,你是无法将自信注入他们心中的。你必须要松手放开他们,给他们赢得胜利的机会。让他们从自己所扮演的角色中获得自信。

通过这个案例,我们能感觉到:

(1)GE的成功,来源于韦尔奇领导的公司文化改革。其核心是领导文化的改革——通过言行将所确定的企业发展战略、企业目标、企业精神传达给员工,争取全体员工的合作,并形成影响力,使相信愿景目标和战略的人们形成联盟,得到他们的支持。韦尔奇在改革进程中,为了贯彻和实现其战略目标,通过克罗顿·哈得逊的GE培训中心先后为GE的15000名高级管理人员上课,通过突击检查、与下属共进午餐等多种方式与企业各阶层人员接触沟通。

他强调对“人”的理解、强调开放、坦诚、自信、正直、快速反应、高效的企业价值观,致力于培养每个员工的企业责任感和事业心。

GE在实施企业文化改革中,通过唤起员工的热情、需求,激励人们战胜变革中遇到的官僚、政治和资源等方面的障碍。GE笃信“从人类精神流露出来的创造力是永无止境的”。公司决策层为推进企业文化的变革,首先从变革环境和挖掘员工内在潜力入手,具备了这个基础后,大胆改革官僚制度,建立了轮轴式的企业组织形式,为实现其既定的目标创造了良好的文化氛围。

(2)企业文化总是随着公司的发展而不断变化、不断革新的,每一个新上任的公司总裁都是新企业文化的提倡者和推动者。曾任公司第二任总裁的科芬建立了层级分明的纵向组织机构,打破了前任总裁的组织管理体系。第三任总裁威尔逊打破了科芬建立的劳资关系和企业伦理,韦尔奇打破了琼斯建立的科层制度。这同时也说明,在企业文化需要变革时,新的富于创造精神的领导总是在这个时候诞生,他对推动企业文化的革新起到催生的作用。

(3)GE的奇迹是与韦尔奇的人格力量、企业家特征联系在一起的。注重企业家自身素质和自我约束能力的培养和提高，是企业人力资源管理的重要内容。人力资源不仅局限于人的知识、技能、体力和智力，还包括人的心理、情绪、品德等深层次的潜能。影响企业家领导能力、决策能力的不只是“智力商数IQ”，而且还有更具活力特征的“情绪商数EQ”和更具有内在恒定特征、毅力特征的“伦理商数MQ”。韦尔奇从小在母亲的教导下，懂得独立、自信和对人生、事业成功的不懈追求。任职初期，在塑料事业部鼓励竞争和相对宽松自在的环境中，他得到了充分施展自己才能的机会，培养了自己变革、创新、坦率、正直、机智、聪颖、自信和坚韧的伦理素质，而这些素质和实践智慧对于一个成功的企业家来说是必不可少的。企业家的知识、情感、意志决定了他今后的决策能力、创新能力、社交能力等等。有了这些人格素质和能力素质，企业家才能在动态竞争的经济社会里富于创新精神，冲破传统、克服重重困难，带领企业走出困境，迈向成功。

案例2

3M的管理哲学

1)背景资料

3M公司是坐落在美国中西部明尼苏达州首府圣保罗市的一个巨型企业，不仅在财务上创造了令人羡慕的记录，最重要的是它有一套独特的管理文化。借助这套管理文化和管理哲学，3M公司采取了多元产品的发展策略，使这个巨型企业将创新渗透到各个领域、各个环节及企业管理的各个方面，从而取得了举世瞩目的成就。3M公司1980年的营业额高达61亿美元，名列《财星》杂志500家大企业第51位，可以说是名副其实的巨型企业。迄今为止，3M公司总共已经发明了6万种新产品，几乎年年会有新的产品问世和新部门成立。

2)3M公司的企业文化和管理哲学

(1)培育热衷奉献的企业精神和“创新斗士”。3M公司企业文化最大的特色，就是公司推行的热衷奉献的企业精神和培育创新斗士的战略，在这种企业理念的指引下，大力开展多元化经营策略，3M公司所从事的行业很多，其中以胶带与其相关产品(包括透明胶带)为最大，占其营业总额的17%，其他营业项目包括印刷系统、研磨剂、黏胶、建筑材料、化学制品、保健药品、摄影产品、录音机、电工制品等。

3M公司在实施企业文化和企业精神培育中，极力培养员工一个重要的观点，即“热衷、奉献”的企业精神。公司决策层指出，具备热衷奉献的企业精神是企业员工从事任何工作所必需的，就拿新产品开发来说，没有热衷奉献的企业精神，公司的新产品就不可能有今天的成功。《财星》杂志对于这种观念曾评论如下：最令3M公司感到欣慰的是，公司每一个人在开发新产品时，或是把别人没有信心的产品成功地推入市场时，或是想如何大量生产以降低成本时，都能把产品当作自己的事业一样来处理，而且上司多半都放手让他们这样做。3M公司非常重视建设创新斗士的支援系统，公司管理人员成为创新者的保护者。由于公司的创新传统由来已久，主管本身必然经历过发明新产品的过程，如作风怪异、不按牌理出牌、曾遭受封杀、热衷埋头苦干于某项发明工作,也许曾对着自己心爱的发明熬了10年以上,如今则身为主管,坐镇指挥,负责保护年轻一辈,使他们免于公司其他职员的干扰。在3M公司,主管为了保护这些年轻的创新斗士,往往会来上一堂企业文化教育课,在鼓励创新者的同时,批评干扰者,为创新者开辟创新的通道和创造良好的创新环境。在3M公司,"斗士主管"并非是顶头上司,而是受雇来利用他的耐心和技术,负责培养新生代的创新斗士。

一个创新小组的成员至少要包括技术人员、生产制造人员、营销人员、业务人员或财务人员,而且全部是专职的。3M公司的决策层明白,在这种制度下,有些成员也许不能立刻派上用场,而造成人才浪费的现象。例如,在发展的初始阶段,大概只需要1/3的生产制造人员,但是3M公司似乎愿意付出这种代价,好让工作人员专心致志地投入工作。公司的观点是,唯有指派专人工作,才能促使员工全力以赴,专注于一项任务之中。3M公司另一个刺激员工效忠奉献的方法是,让创新小组的成员完全由自愿者来组成。一位3M公司主管表示:小组的成员都是招募而来的,公司绝不硬性指派。这其中有很大的区别,比如说,假定我是公司的一个营销人员,被指派去评估技术人员的构想,在大多数的时候,我只请他把所有缺点都挑出来,然后说这个构想很糟,我就能安然脱身了……可是如果我是自愿参加小组工作的话,这种事就不可能发生了。最后,3M公司还特别保证,创新小组具有相当独立的自主权与工作保障。公司还规定,在新产品发布以前,小组成员不得解散。麻省理工学院研究3M公司有20年之久的罗伯斯指出,3M公司曾对小组的工作人员说:"我们对你们的承诺是以整组成员为单位,如果你们达到公司评估工作表现的规定标准,公司自会让你们随着新产品进入市场,步步升迁,随着产品销售业绩的增长,获取应得的利润。万一你们失败了,我们还有个后援补救措施,那就是保证让你们再回到参加小组前的那个职位。"

为了保证3M公司培育热衷奉献的企业精神和创新斗士的制度,3M公司实施奖励制度,不论是对整个小组或个人,都有鼓励作用。当他们的产品发展计划越过重重障碍,有所成就时,组里每位成员都会因此获得晋升,这样创新斗士自然获益匪浅。

(2)不畏失败、鼓励创新的企业价值观。3M公司历来有鼓励创新、不畏失败的企业传统,对于成功者,他们给予英雄式的款待,对于失败者,他们也照样给以鼓励。里尔自豪地指出:"每年都会有15~20个以上行情看好的新产品突破百万元销售大关。你也许以为这不会受到什么注意,那你就错了。这时,迎接他们的是镁光灯、摄影机。"就是在这样的鼓励下,3M公司年轻的工程师勇敢地带着新构想跨出象牙塔,到处冒险。在3M公司的价值观里,几乎任何新产品构想都是可接受的。对于失败者,在3M公司里不但不会被训斥,反而会受到鼓励,所谓"有志者事竟成",公司决策层也鼓励员工这样做。里尔董事长经常利用过去的实例,鼓励员工不要怕失败,即使失败也切勿气馁,应当发挥企业家奋斗的精神。他说:"在3M公司,你搞科研开发有坚持到底的自由,也就意味着有不怕犯错、不畏失败的自由。"

不屈不挠、坚持到底是3M公司成功的保证。为什么这样的方式能在3M公司做得如此成功呢?很简单,3M公司利用各种激励机制,鼓励主事者这样做,任何一个创新小组的筹划者,只要他能争取到外来的基金来支援小组的研究开发,他就会获得相当的报偿奖励。

这项规定也同样有效地应用到部门主管之间。此外,在3M公司还有许多直接的奖励制度,促使你寻找机会推销你的构想,或是尽可能找机会发掘新构思。

在3M公司的企业文化中最重要的一个观念,也是公司一再强调的观念,就是整体性和系统性,公司的成功绝不仅仅是建立在一两个因素上。当然,不可否认,创新斗士、斗士主管,以及创新小组是整个创新过程的重心。然而,他们之所以能成功,主要还是因为有众多的英雄从各方面的支援、公司价值系统的支持、有容忍失败的气度、采取渗透特殊市场的策略、密切的顾客关系、由小而大的开发研究方式、频繁而不拘形式的沟通、设备齐全完善的实验场所、富有弹性的公司人事组织、没有过多的纸上谈兵与繁文缛节、激烈的内部竞争,综合这些因素,经过多年来共同发挥作用,才使得3M公司这种创新产品的策略能有今天如此杰出的表现。

3)3M公司容忍失败的宽宏大量

在一个积极、创新、追求成功的企业环境中还有一大特色,那就是容忍失败的宽宏大量。3M公司的企业文化中的信条之一就是:你必须接受失败。艾默生公司的奈特也强调:"你需要有承担失败的能力,除非你肯接受错误,否则你不可能有任何创新和突破。"对失败的容忍精神已成为杰出公司的精神内涵之一。3M公司的这个企业文化的精髓是直接由公司高层灌输和培养起来的,这种企业精神和创新斗士意味着企业在创新中必须经历无数的试验,遭受多次失败,否则,就无法从失败中学习新的知识。不过最值得注意的是经常性沟通能将失败所带来的打击与惩罚减少到最低程度。在这种环境中,上司与下属、同事之间是开诚布公的。互相沟通交换意见,你根本无法隐瞒任何事情,而且实在没有必要这样做。因此,创新斗士的支援系统很多,支援的方式更是不虞匮乏。创新斗士是不会自然而然就产生的,所谓时势造英雄,要有适当的环境才能培养出来,如公司的传统精神、多方面的支援系统、对失败的容忍态度等。应当鼓励培养出一批努力奋斗、坚持不懈的创新斗士,而不只限于几个富有创意的奇才。

3.4.4 激励原则

调动下属的积极性去完成领导者确定的某一特定目标,这就是激励,就是要不断地为被领导者灌注新的动力。确切地说,这需要领导者在用人实践中采取各种有效的手段使被领导者甘于为领导者所用,而且主动、自觉、积极、尽其所能。激励作为一种刺激积极性的手段,运用于整个用人过程的任何一个阶段,其中包括遴选阶段、使用阶段和评估阶段。

1)激励的原则

①实绩原则:就是以下属的实绩为依据,给予适当的激励。

②鼓励冒尖的原则:在用人行为中,领导者对技艺超群、成就卓越的优秀人才给予必要的肯定和奖励。

③赏罚分明的原则:激励下属就必须正确评价下属工作中的是非功过,对下属工作中的功过要赏罚分明。

2)激励的手段

一般来说,激励的手段主要有以下三种:

①物质激励:以调整物质分配的量和质作为激励手段,属于物质激励。物质激励通常包括颁发奖金和奖品、晋升工资、享受优厚的物质待遇等。

②精神激励:以调整精神传递的量和质作为激励手段,属于精神激励,是一种"不花钱"的有效激励手段,如授予先进模范称号、颁发奖状、宣传报道先进事迹、晋升职务等。

③知识激励:以及时提供必要的知识和信息作为激励手段,属于知识激励。知识激励主要包括向各类人才提供必要的知识更新和获取信息的机遇,如定期输送到大专院校和各类培训机构深造,参加各种科技知识讲座,加强与各类专家、学者的接触,建立高效率的信息情报网络,到先进地区参观学习等。

以上三种激励手段,各有不同用途。在实际运用时,它们都和实绩原则有着密切的联系。应根据不同的对象、不同的情况,从中选择最有效的一种或多种激励手段灵活运用。唯有这样,才能取得最理想的激励效果。

3.5　汽车维修企业服务绩效的分析与改进

3.5.1　顾客满意度相关概念

1)顾客满意度(CS)概念

顾客满意是指顾客对其明示的、隐含的或企业必须履行的需求或期望已被满足的程度的感受。满意度是顾客满足情况的反馈,它是对产品或者服务性能,以及产品或者服务本身的评价;给出了(或者正在给出)一个与消费的满足感有关的快乐水平,包括低于或者超过满足感的水平,是一种心理体验。

顾客满意度是一个变动的目标,能够使一个顾客满意的东西,未必会使另外一个顾客满意,能使得顾客在一种情况下满意的东西,在另一种情况下未必能使其满意。只有对不同顾客群体的满意度因素非常了解,才有可能实现100%的顾客满意度。

2)提高顾客满意度的重要性

顾客满意度来源于顾客对企业的产品、服务、价格,以及对企业所提供的产品、服务与顾客期望、要求等吻合的程度。只有不断地增进顾客满意度,才能增强自己的竞争力,才会有更多的忠诚顾客。所以,越来越多的企业开始努力引入顾客满意度管理概念。采用顾客满意度管理对提升企业的管理、提升企业的形象、提升企业的竞争力、提升企业的顾客满意度等方面产生了综合性的、持续性的可喜效果。采用顾客满意度管理有以下几方面意义:

①随着社会经济的不断发展,顾客与汽车销售企业的关系由从属地位走上了主导地位,市场由企业主导转变为顾客主导,汽车销售企业则必须转变经营战略,积极开展顾客满意度评价,较快地促进企业牢固确立"以顾客关注为焦点"的经营战略,在追求顾客满意度的进程中不断地发展。

②汽车销售企业以顾客关注为焦点的经营战略和企业文化理念被全体员工认同和接受后,员工的素质将发生巨大的变化。通过顾客满意度评价,汽车销售企业员工可以了解到顾客对产品的需求和期望,有助于增强市场观念和服务意识,员工可以感觉到竞争对手

与本企业所处的位置,有助于增强危机感和紧迫感,员工可以感受到顾客对产品的不满和抱怨,有助于增强责任心和事业心。

③顾客的需求和期望不是一成不变的,顾客满意是一种动态的、相对的概念。从时间意义上讲,今天的顾客满意是相对于昨天的不满意而言,更不能代表顾客明天对你一定满意;同时从空间意义上讲,你的顾客满意可能是相对于企业竞争对手的不满意而言,如果你的竞争对手提高了顾客满意度,顾客就会对你不满意。通过开展顾客满意度评价,使汽车销售企业可以及时把握客户满意或不满意的原因,可以分析预测顾客隐含、潜在的需求,从而有力推动企业服务质量持续地改进和创新。

④在对企业的服务绩效改进过程中,采用顾客满意度评价方法来改进企业的服务绩效,有力于企业竞争能力的不断提高。在企业中开展顾客满意度评价的一个主要目的,是把握其竞争者满足顾客期望和需求的程度,了解竞争者在提高顾客满意度等方面的经验和做法,寻找自己与竞争者之间的差距,从而采取有效措施和对策,不断提高顾客满意度,赶上并超过竞争对手,增强企业竞争力。

3.5.2 服务绩效改进

随着中国汽车市场的发展,汽车维修企业之间的市场竞争日趋激烈,各个汽车维修企业都开始重视从提高服务绩效着手,加强自身企业竞争力以使企业立于不败之地。

目前,汽车维修企业对本企业运营过程中服务绩效进行分析和改进所采用的方法一般为从调查顾客满意度着手,对本企业在整个运营过程中所提供的服务环节进行调查,看本企业所提供的各个服务过程是否满足顾客的需要,同时,根据调查结果对服务过程中的各个服务阶段提出整改,以提高本企业的服务绩效,加强本企业的整体竞争力。

1)汽车维修企业顾客满意度评价指标体系

在采用顾客满意度管理方法提高汽车维修企业服务绩效时,维修企业首先需要掌握顾客满意度调查方法,只有掌握了合适的顾客满意度调查方法,才能对本企业各个服务环节进行正确的顾客满意度调查分析。

目前,常用的顾客满意度调查方法主要是根据制订的汽车维修企业顾客满意度评价指标体系进行顾客满意度调查。

汽车维修企业顾客满意度评价指标体系反映的是汽车企业提供的服务质量水平的特征,而每一项指标的变化对顾客满意度变化的影响程度均有所不同,反映影响程度的重要尺度就是权重。为了明确各项指标在汽车维修企业顾客满意度评价指标体系中所具有的不同的重要尺度,需要分别赋予各项指标以不同的权重数。权重确定与分配是汽车维修企业顾客满意度评价指标体系设计中的一个关键环节,对于能否客观、真实地反映顾客满意度起着至关重要的作用。

目前国内外很多学者对汽车维修企业顾客满意度评价指标体系开展了很多研究工作,并得出了很多有价值的研究成果,制订出了一系列汽车维修企业顾客满意度评价指标体系。

目前,结合我国汽车维修企业的实际情况,较为常用的汽车维修企业顾客满意度评价指标体系和各个指标的权重指数如表3-3和表3-4所示。

2)汽车4S店顾客满意度调查及调查表格设计

调查和分析汽车维修企业顾客满意度,改革本企业的服务绩效,以加强顾客对本企业的忠诚度,汽车维修企业首先需要掌握顾客满意度调查方法。目前常用的顾客满意度调查方法主要是根据已定顾客满意度评价指标体系确定评价指标,采用问卷调查方法进行调查。在通过调查问卷的方式获取评价指标值的时候,维修企业需要注意对调查样本的选择。

选择合适的调查样本数量,调查样本应来自本企业的顾客,其来源可采用企业客户关系管理系统中的客户数据。一般而言顾客满意度评价指标调查表格的设计一般可分为5个基准进行划分见表3-5。

汽车维修企业顾客满意度评价指标体系　　表3-3

一级指标	二级指标	三级指标	四级指标
顾客满意度评价指标	服务	售前	销售人员服务态度
			销售人员的业务水平及专业知识
			购车流程便利性
			接车顺利性
			付款方式
			汽车金融服务
		售后	维修人员的业务水平及专业知识
			配件质量
			配件价格
			维修质量
			维修价格
			维修及时性
			维修便利性
			维修期间提供替代车情况
			顾客投诉处理情况
	其他	环境	购车环境舒适情况
			休息场所舒适情况
			场地清洁情况
		形象	企业信誉评价
			品牌形象
			企业整体形象
		附加价值	是否继续购买
			是否推荐他人购买

顾客满意度评价指标体系各个指标权重指数表 表3-4

项　目	评价指标	权重指数
售前	销售人员服务态度	0.2
	销售人员的业务水平及专业知识	0.19
	购车流程便利性	0.14
	接车顺利性	0.16
	付款方式	0.14
	汽车金融服务	0.17
售后服务	维修人员的业务水平及专业知识	0.12
	配件质量	0.13
	配件价格	0.14
	维修质量	0.13
	维修价格	0.11
	维修及时性	0.08
	维修便利性	0.07
	维修期间提供替代车情况	0.06
	顾客投诉处理情况	0.07
	售后服务态度	0.09
环境	购车环境舒适情况	0.28
	休息场所舒适情况	0.38
	场地清洁情况	0.34

顾客满意度评价指标调查表 表3-5

项目	评价指标	非常满意	较满意	基本满意	不满意	很不满意
售前	销售人员服务态度					
	销售人员的业务水平及专业知识					
	购车流程便利性					
	接车顺利性					
	付款方式					
	汽车金融服务					
	维修人员服务态度					
	对应分值	5	4	3	2	1

3)顾客满意度调查量化方法

目前国内外有很多学者都在研究顾客满意度的量化方法，现在常用的方法为满意因素的满意均值进行加权平均，可以计算出各因素的顾客满意度水平。顾客满意度指数的计算通常采用加权平均的方法进行，其公式为：

$$GSI=\sum w_i x_i$$

式中：GSI——顾客满意度指数；

w_i——第 i 个指标的权重；

x_i——顾客对第 i 个指标的评价平均值。

4）汽车维修企业服务绩效改进

在采用顾客满意度管理方法改进汽车维修企业服务绩效的时候，引入竞争思想是整个改进过程中的重要一环。在进行顾客满意度测评的时候选择哪些竞争对手作为调查对象，要根据行业的情况和企业的战况来确定。通常情况下，可以采用以下两种方式来确定竞争对手。

（1）全景描绘。当行业的竞争非常激烈，产品或服务的同质化水平较高，市场中存在少量规模比较大的竞争者的时候，维修企业可以考虑使用全景描绘。这种全景描绘可以帮助企业找寻市场地位与市场差距，可以帮助企业随时了解和关注竞争对手的情况。这种方法可以给企业提供全面的关于竞争对手的服务情况，帮助企业制订全面、合理的决策。但是采用全景描绘的方式进行顾客满意度调查分析的时候，如果竞争对手较多，会造成调查难度较大，成本上升。

（2）标杆。标杆方法应用于顾客满意度测评起源于20世纪70年代末和80年代初，首开标杆管理先河的公司是美国施乐公司。施乐公司的罗伯特·开普是标杆管理的先驱者和最著名的倡导者。标杆管理的定义为“一个将产品、服务和实践与最强大的竞争对手或是行业领导者相比较的持续流程”。当行业的竞争者比较多，不同规模的竞争者成为一种分层的市场状况，采用全景描绘的方法不仅会占用很多资源，而且获得的数据和信息的指导作用并不强。此时可以选择和本企业较为类似（或者说在市场上占据同一目标群体）的最佳表现者作为同时研究的对象。通过顾客满意度测评，寻找比较标杆企业的差距来进行决策。

汽车销售维修企业服务绩效改进可以通过对本企业在销售、售后及环境这三个主要用于评价该绩效的评价指标进行顾客满意度调查和分析得出顾客满意度指数，同时通过选定在本企业区域内的领先企业（同类企业）的顾客满意度指数进行比较和分析。找出本企业在销售、售后及环境几个环节的不足进行改进。主要流程如图3-5所示。

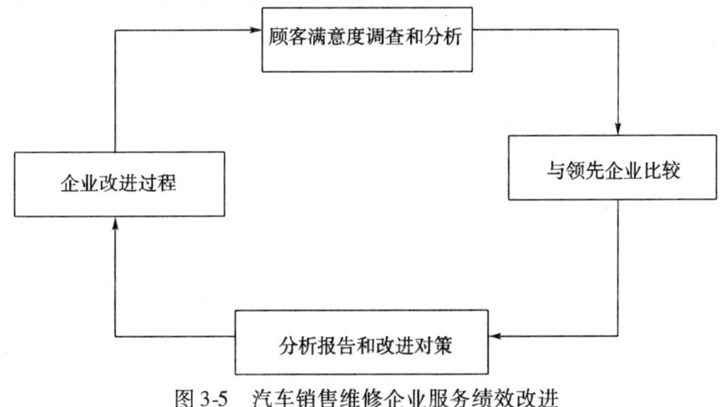

图3-5　汽车销售维修企业服务绩效改进

本 章 小 结

通过本章学习应掌握汽车维修企业经营管理的意义、汽车维修企业经营的内容；熟悉汽车维修前台接待职责和基本流程；了解和掌握汽车维修企业生产现场管理的基本内容和方法；掌握"6S"管理的具体内容，定置管理和目视管理的内容，能结合实际运用管理知识，提升汽车维修企业的管理水平。顾客满意度的概念、提高顾客满意度对企业经营的重要性；顾客满意度评价指标体系及权重，顾客满意度的调查方法，顾客满意度的量化方法，汽车维修企业服务绩效的改进及流程。

课 业 训 练

一、填空题

1."6S"是指______、______、______、______、______和______。

2.物品乱摆放属于"6S"中______要处理的范围。

3.整顿的三要素是______、______、______。

4.素养是指养成严格遵守______的______和______。

5.企业文化基本分为______、______和______三个层面。

6.汽车顾客满意度评价指标体系反映的是汽车企业提供的服务质量水平的______，而每一项指标的变化对顾客满意度变化的影响程度均有所不同，反映影响程度的重要尺度就是______。

7.顾客满意度管理简称______。

8.顾客满意度调查方法主要采用______进行调查。

9.汽车4S店中的"4S"指的是______、______、______、______"四位一体"为核心的服务模式。

二、选择题

1.汽车维修企业的生产现场是(　　)。

A.生产车间　　B.办公室　　C.仓库　　D.停车场

2."6S"活动推行中，下面最重要的是(　　)。

A.人人有素养　　B.地、物干净　　C.工厂有制度　　D.生产效率高

3.整顿中的"三定"是(　　)。

A.定点、定容、定量　　B.定点、定方法、定量

C.定点、定方法、定标示　　D.定点、定人、定办法

4.标杆方法应用于顾客满意度测评起源于20世纪70年代末和80年代初，首开标杆管理先河的公司是(　　)。

A. 美国施乐公司　　　　　B. 美国丰田公司
C. 德国大众汽车公司　　　D. 美国通用公司

5. 维修价格属于汽车4S店所提供服务中的哪个环节。(　　)

A. 售前服务　　B. 售后服务　　C. 销售服务　　D. 售前技术支持

6. 请你判断下面哪个因素最能影响汽车销售环节中顾客满意度(假设条件:两个不同的企业销售同一款车且车价一样),能吸引顾客购买车辆。(　　)

A. 销售人员态度　　　　　B. 销售人员的业务水平及专业知识
C. 购车流程便利性　　　　D. 接车顺利性

三、简答题

1. 什么是生产现场管理?
2. 什么是"6S",主要内容有哪些?
3. 什么是目视管理? 试举出工作场所中可以实施的地方。
4. 什么是沟通? 维修企业与客户沟通有哪些内容?
5. 什么是企业文化? 它的构成有哪些?

第4章 维修生产技术管理及安全和环保管理

学习目标

知识目标

1. 了解基础管理的内容；
2. 熟悉生产管理的目的；
3. 熟悉维修技术管理的内容；
4. 熟悉全车和总成修理技术标准；
5. 熟悉技术责任事故的处理；
6. 熟悉汽车维修生产过程中的环保项目和内容。

能力目标

1. 具备一定的生产技术管理能力；
2. 具备开维修派工单的能力。

学习时间

10学时。

4.1 汽车维修企业的生产管理

汽车维修企业的生产过程管理，包括生产计划、生产调度、生产进度、生产统计、生产资料、生产安全以及生产劳动管理等，对生产管理的基本要求是：生产过程的连续性、生产过程中各工序的协调性、生产节奏的均衡性，如图4-1所示。

4.1.1 生产计划的作用及分类

计划就是为了达到未来目标进行的详细规划。它是一种创新的思维活动。企业管理就是通过计划、组织和控制等职能不断循环、不断改善的过程。计划是为了使企业内部的管理系统与外部市场环境相适应，并与企业的经营目标、策略相适应。

汽车维修企业的生产计划是由生产管理部门编制的关于承担汽车维修作业的人员、物料和时间等的安排。该计划是企业组织生产的依据，也是进一步编制车辆维修工艺卡等技术文件的依据。

1）维修生产计划的作用

车辆维修生产计划能从时间上保证客户的维修车辆按期出厂，为客户节约时间，为企业赢得信誉。科学、合理的维修生产计划还可以提高人员、设备、场地、资金等的利用率，减少浪费，做到过程连续、生产均衡、质量保证。

2）维修生产计划的分类

车辆维修生产计划按其所辖的范围可以分为厂或车间的维修生产计划、单辆车辆或单台总成的维修生产计划等；按计划时期可以分为年度、季度、月度、周或日的维修生产计划；一般生产计划还可以分为长期、中期、短期或阶段性等几种，也有以大日程、中日程、小日程来区分生产计划的。

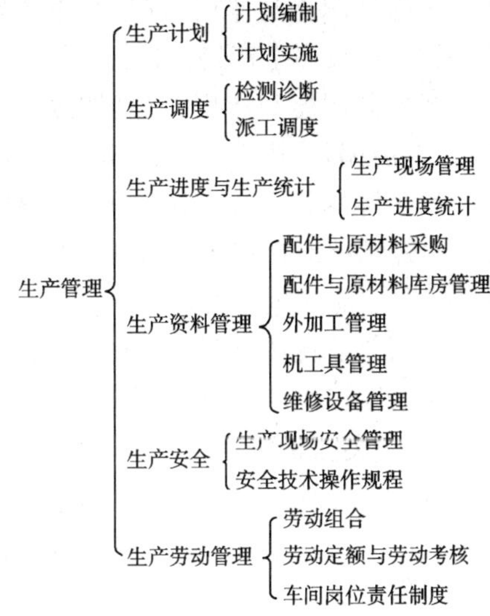

图4-1　汽车维修企业的生产过程管理

3）维修生产计划的编制

（1）编制维修生产计划的依据。维修生产计划是根据已有的客户资料统计得出的维修量加上预计的维修增量、季节性的维修需求，并考虑到阶段性的活动安排、突发性的事件处理等对维修量的影响，以及企业的场地、人力、设施和各工种的实际生产能力等因素而编制的。编制生产计划要根据市场预测，考虑车辆维修企业的生产能力，经综合平衡后确定。维修生产计划的编制要按照一定的表格形式，包括生产指标和作业形式等内容。

（2）编制车辆维修生产计划时应考虑的因素。

①各种维修方式（订单维修与预约维修或小修、维护、大修等）。

②当地过去5年的车辆销售量（保有量）及增长率。

③当地未来3年预计的车辆销售量（保有量）及增长率。

④本企业去年的维修量和维修项目结构。

⑤本企业的作业工位数量、场地面积、工具设备和检测仪器的种类和数量。

⑥车间、部门、班组人员结构，管理人员、技术人员、技术工人的数量以及技能状况。

⑦员工的工作时间和工作效率、客户送修车辆车况和需要维修作业时间。

⑧季节性的维修需求、阶段性活动安排、突发性事件处理等对各工种的不平衡需求。

由专业人员在一定时间内制订出相应的符合企业实际的生产计划，交给班组长、车间主管、业务主管认真讨论和审议后报厂长（总经理）批准贯彻执行。

4.1.2　生产调度

生产调度的职能与作用。生产调度是生产计划顺利执行的必要保证。调度在企业生产活动中具有组织、指挥、控制、协调的职能和作用。

①组织职能与作用，就是把生产经营活动的各种要素和各个环节以及各个方面尽可能

地从空间上和时间上有机地组织起来，发挥最大的作用。车辆维修企业生产系统的良好运行，需要有准确的生产计划和合理的现场调度。

②指挥职能与作用，就是在生产经营活动中及时有效地处理各种问题，领导和调度各级各类人员按照生产经营目标协调配合。

③控制职能与作用，就是按照既定目标和标准对生产经营活动进行监督和检查，掌握信息，发现偏差，找出原因，采取措施加以调整纠正，保证预期目标实现。

汽车维修企业生产调度的基本任务是根据生产计划安排，调度车辆进厂维修，并根据车主报修情况对待修车辆进行实际检测与诊断，确定该车辆所需要的实际维修项目，调度维修人员实施车辆维修。

管理作业现场、控制生产进度是车辆维修运作的重要环节之一，也就是生产调度。调度员既要监控生产现场各环节，也要关注维修单在业务部门的流动情况。负责此任务的人员在大、中型车辆维修厂可由车间主任或调度员来担任；若是小型维修厂则可由业务接待人员或业务经理来负责。按照维修施工单上的项目及要求，根据车间实际生产情况和前后施工秩序及时安排维修人员作业，并根据车间的生产均衡情况及时调度，这就是调度员的主要工作职责。

为了保证承修车辆在维修过程中质量可靠、过程缩短、消耗降低，生产调度人员必须合理处理好汽车维修过程中各生产环节之间的关系。调度时应特别注意各承修班组维修工作量的基本平衡，承修班组的技术水平与所承修车辆相适应。

除了日常性的生产调度外，在生产过程中还应按照生产作业计划要求定期召开现场调度会，从而全面系统地控制企业的日常生产活动，保持生产过程的连续性、协调性和均衡性，确保产品质量。保持生产秩序，尽可能避免经常性的突击加班。生产调度会一般可分为厂部和车间两级，厂部的生产调度会应由生产主管厂长主持，生产科长负责召集各有关职能科室以及车间负责人参加。车间的生产调度会通常由车间主任主持，车间调度人员及班组长参加。生产调度会的作用是协调各部门的工作以及布置和指挥生产活动。

目前，汽车维修企业所采用的生产调度方式通常有两种形式：一是调度人员通过施工单的方式将维修项目及维修要求下达给车间及班组，由班组根据施工单所列的作业内容与作业要求进行维修，专职检验人员也凭此施工单进行检验；二是维修车间在接到施工单后，将施工单所列作业内容与作业要求集中公示于维修车间修车进度表上，以公布当前所有在厂维修车辆的汽车编号、维修类别、施工单号、主要作业项目与附加作业项目、要求完工日期、主修人以及存在的问题等。

4.1.3 生产进度与生产统计

1)生产进度

生产过程管理中的生产进度检查及现场生产调度是生产现场管理中的重要工作。要求生产管理部门经常性地巡视在修车辆的维修进度情况，并现场调度各维修班组及维修人员，现场调度维修车辆、维修配件材料供应及外加工等，以督促和检查生产进度执行情况，及时发现和解决问题。在检查生产进度以及在执行现场生产调度时，应侧重于以下四个方面：

①按生产作业计划抓好维修完毕车辆的收尾工作。

②抓好生产工艺流程中明显影响生产作业计划的薄弱环节（如生产效率较低、质量不稳定等）。

③抓好短线原材料或配件以及外购件、外协件的供应。

④抓好先进生产组织和计划管理方法的试点和应用。

2)生产统计

生产统计不仅是为了统计劳动成果,而且也是为了掌握生产情况以及存在的问题。因此,对生产统计的基本要求是:准确、及时、全面、系统。当承修班组在车辆修完并通过自检、互检及专职检验合格后,将施工单交给生产统计人员,由生产统计人员负责统计工时,在车辆维修完毕出厂时结算和核算维修费用。

4.1.4 生产物质管理

为了保证生产进度、缩短汽车维修过程中的待料时间,应抓好生产物质管理,尽量避免出现待料停工。所谓待料,就是由于配件或原材料未能及时供应而造成的停工。

汽车维修企业的生产物质管理主要指汽车维修过程中配件或原材料的供应,由生产管理部门根据生产进度统一调度,充分体现生产供应为维修服务的原则。

1)配件与原材料采购

维修企业应设置配件供应管理部门(或专职采购员),对汽车零部件等物品的采购进行专门管理,财务部门对材料采购实行控制监督。配件和原材料采购过程中应做好如下几方面工作:

(1)深入市场,了解供货行情。现代汽车厂家众多,车辆品种繁杂。这就决定了汽车维修配件采购不同于其他工业企业的材料采购,有其特殊性。汽车维修配件采购属于小宗、零星和即时采购,配件供应商也存在着经营单一或车辆配件品种不全等实际情况,所以采购部门(或采购员)一定要深入市场进行考察,了解供货行情,保证采购及时。

(2)货比三家,动态定点。配件采购时要进行价格对比,在保证质量的前提下选择最低价位的配件,降低采购成本。同时,要依据企业维修的主要车型来选择几家质量好、品种多、信誉佳、合作好的供应商作为稳定的供货方,根据采购的需要和比价的结果灵活调整在各商家的采购比例,保证采购的及时性。

2)配件与原材料库房管理

配件质量好坏关系到修车质量和汽车维修企业的信誉。仓库管理是其中重要的一环,管理人员一定要杜绝假冒和伪劣配件入库。做好零配件入库验收、定位存放、出库发放以及仓库建账统计核算等进出库管理工作。

先进的仓库管理工作能为企业带来明显的效益,减少库存和零库存是企业追求的目标,运用计算机网络组成的ERP系统对仓库管理流程进行精确控制是仓库管理的方向,也是汽车维修企业管理工作提升的标志。

4.1.5 生产安全管理

做好生产安全管理,对于保障劳动者在生产中的安全健康、搞好企业的经营管理非常重要。生产安全是指在生产过程中保障人身安全和设备安全。保障人身安全就是消除危害人身安全健康的一切不良因素,确保职工安全、健康、舒适地工作;保障设备安全是消除损坏设备、产品和其他财产的一切危险因素,确保生产正常进行。总之,要使生产过程在符合安全要求的物质条件和工作秩序下进行,以防止人身伤亡、设备事故及各种危险发生,从而保障劳动者的安全、健康,促进生产率的提高。

1)生产安全管理基本概念

生产安全管理就是管理者通过计划、组织、指挥、协调和控制等环节来有效地确保生产经营活动安全进行的过程。汽车维修企业的生产安全管理就是为确保维修企业生产经营活动的正常进行,确保维修人员人身安全和维修设备安全。各环节的具体内容如下所示:

计划:是针对一个阶段的安全工作制订出规划和安排。汽车维修企业要针对阶段内的安全教育、检查、措施、安全评价及整改等安全活动作出部署,以确保企业生产经营活动的顺利进行。

组织:是指按照计划,逐级落实。以保证安全计划任务、控制目标的完成。

指挥:是指在组织落实各项安全活动后,对各职能部门及车间、班组进行指导,帮助出主意、想办法,确保安全生产计划的顺利完成。

协调:是指为实现整体安全计划和目标,争取领导对安全工作的支持,各职能部门间加强协调,以便能够密切配合和协作。

控制:是指以安全计划、目标为依据,建立各种安全考核标准,对各部门、车间、班组进行经常性的检查监督,如对出色完成任务的员工给予奖励,以有效控制各种事故的发生。

2)生产安全管理基本内容

(1)安全目标管理。目标管理是企业管理的一种重要方法,其理论依据是行为科学原理。它是通过吸收企业各部门乃至每个人共同参加制订目标,围绕总目标制订各自的分目标,确定行动方针,安排工作进度,有效地组织实施,并对执行结果进行评价、考核的一种管理方法。

安全目标管理是目标管理方法在安全管理上的应用,它以目标管理理论为基础,以系统工程理论为指导,以科学方法为手段,根据企业经营生产的总目标和上级对安全生产的要求,结合企业自身的中、长期安全管理规划,基于企业近期安全管理现状制订安全管理目标,建立安全管理体系,确定保障措施。

实行安全目标管理,首先要把安全生产任务转化为目标,如重大事故次数、轻微事故次数、经济损失等,然后将目标层层分解至部门、班组、个人,通过安全管理措施的层层确定,安全管理责任的层层开展,达到全员参加、全面管理的目的,充分体现"安全生产,人人有责"的原则。

(2)生产安全教育。安全教育是安全管理的一项主要内容,是确保生产安全的重要手段。通过安全教育,使企业各级领导和全体员工对生产安全提高认识,增强安全生产的责任感,提高贯彻执行安全法规以及各项安全规章制度的自觉性,使员工掌握安全生产科学知识,提高安全操作技能,为保障生产安全创造条件。

安全教育的主要内容包括安全生产政策、法规、法纪教育,安全技能教育、劳动纪律教育,典型事故案例教育等。

安全教育形式包括班组、车间、工厂三级教育、经常性教育和特殊工种的专门教育。

(3)生产安全检查。汽车维修企业作为一个完整的人—机—物—环境系统,任何一环中直接或间接的不安全因素都会造成安全事故,因此必须将不安全苗头消除在事故萌芽状态。

3)安全技术操作规程

(1)汽车修理工安全操作规程。

①工作前认真检查使用工具是否完整无损;施工中工具必须整齐,不得随地乱放;工作完后应将工具清点检查并擦干净,按要求放入工具车或工具箱内。

②修理工拆装零部件时,必须使用合适的工具或专用工具,不得蛮干。不得用硬物、手锤直接敲击零件。所有零件拆卸后要按一定的顺序整齐摆放,不得随地堆放。

③废油应倒入指定废油桶收集,不得随地泼倒或倒入排水沟内,防止废油污染。

④修理作业时应注意保护汽车漆面光泽,地毯及座位必要时要使用保护垫布、座位套,以保持修理车辆的整洁。

⑤修理工在车上进行修理作业及用汽油清洗零件时不得吸烟,不准在汽油车旁烘烤火嘴或点燃喷灯等。

⑥用千斤顶进行底盘作业时,必须选择平坦、坚实的场地并用三角木将前后轮塞稳,然后用安全凳按车型规定支撑点将车辆支撑稳固,严禁单纯用千斤顶顶起车辆后在车底作业。放松千斤顶时,要先看车下及周围是否有人,只有确认人员都在安全位置时才能放松千斤顶。

⑦修配过程中应认真检查原件或更换件是否符合技术要求,并严格按照修理技术规范进行检查和调试。

⑧修理发动机时,启动检验前应先检查各装配工作是否结束,是否按规定加足润滑油、冷却液,并置变速器于空挡。要注意若车底有人时严禁发动车辆。

⑨发动机在运转中不允许进行检修工作。在汽车路面测试后检修其底盘时,要防止被排气管烫伤。发动机过热时不得打开水箱盖,以防被沸水烫伤。

⑩在地面指挥车辆行驶时,不得站在车辆正前或正后方,并注意前面和后面的障碍物。

(2)汽车钣金工安全操作规程。

①工作前要先将工作场地清理干净,以免妨碍工作或引发火灾,认真检查所使用的工具状况是否良好、连接是否牢固。

②进行校正作业或使用车身校正台时应正确夹持、固定、牵制,使用适合的顶杆、拉具、夹具,并选择合适的站立位置,以防物件弹起伤人。

③使用拆床、碰焊机、电焊机时,必须事前检查各部件及焊机搭铁情况,确认无异常情况后方可按启动程序开动。

④电焊条要干燥、防潮,工作时应根据工件大小选择适当的电流及焊条。电焊作业时操作者要戴面罩等劳动保护用品。

⑤焊补油箱、油管时,必须放净燃油,彻底清洗确认无残留燃油后才能施焊。

⑥氧气瓶、乙炔气瓶要放在离火源较远的地方,不得在太阳下曝晒,不得撞击,所有氧焊工具不得沾上油污,并要定期检查气瓶、表头、气管等是否漏气。

⑦搬运氧气瓶及乙炔气瓶时必须使用专用搬运小车，切忌在地上拖拉。

⑧进行氧焊时，要点火必须先开乙炔气阀后开氧气阀；熄火时必须先关乙炔气阀，再关氧气阀；发生回火（回燃）现象时应迅速卡紧胶管，先关乙炔气阀再关氧气阀。

(3)汽车漆工安全操作规程。

①严禁在存放漆料的地方和喷漆间内吸烟。

②喷漆作业时要穿防止静电产生的化学纤维的工作服，凡进行喷漆、调漆、刷漆时必须佩戴口罩等有关的劳动保护用品，并打开通风设备。

③待喷漆车辆进入喷漆房前应将底盘翼板泥土、灰尘等擦拭干净，严禁在喷漆房内清除灰尘，喷漆时必须妥善保护风窗玻璃及车头等装置。

④喷漆作业时不得打开喷漆间的门。

⑤经常检查进气滤网并进行清洁，防止阻塞。

⑥定期检查供油泵，供油泵不得漏油。每月对煤油箱进行排水检查。

(4)汽车电工安全操作规程

①工作前应备齐所需工具并检查所有工具是否完整无损，其技术状态是否良好。

②在车上进行电工作业时应注意保护汽车漆面、装饰、地毯及座位等。必须保持修理车辆的整洁。

③在装有计算机控制系统如EFI(或ECCS)的汽车上进行电工作业时，如没有必要千万不要触动电子控制系统的各个接头，以防意外损伤其内部装置的电子元件。如要连接或断开EFI(或ECCS)与任意一个单元之间的配线时，务必将接头开关关闭，并拔掉蓄电池负极插头，否则会造成控制器元件的损坏。

④蓄电池充电时要保持室内通风良好，并杜绝明火。充电时应该将蓄电池盖打开。检查蓄电池时应戴防护眼镜。

⑤新蓄电池充电必须遵守两次充足的技术标准。在充电过程中若要取出蓄电池应先将电源关闭，以免损坏发电机及蓄电池。

(5)汽车轮胎工安全操作规程。

①工作前应先检查各机具是否完好，并准备好作业场地。

②气门必须装正，并装于标志所指的位置。双胎并装时，气门必须相对排列。

③装卸轮胎肘，车辆的支撑必须稳固，不准在支撑不稳固的情况下作业。

④轮胎必须安装符合尺寸的轮辋；轮辋凸缘有损伤和锈蚀的不应采用；轮辋螺孔不准有曲折、磨边和毛刺等；禁止用大锤敲击轮辋。

⑤双胎并装时要保持一定距离；两轮通风洞必须对正；胎内垫有较大帘布的轮胎或补洞胎、翻新胎不准装在前轮上；对旋转方向性有规定的轮胎，应注意所安装轮胎旋转方向是否符合规定。

⑥割胎刀、锉刀等必须装有木柄，在割胎时不可用力过猛，以防发生事故。磨胎和剪毛时，不准将轮胎撑开很宽。

⑦作业完毕和下班前，应清洁场地、机具，放置好工具，并做好交接班工作。

(6)汽车试车员安全操作规程。

①路面测试起步前首先检查维护项目完成情况及轮胎周围情况，拉紧驻车制动器，挂

入空挡并踏下离合器的踏板，挂入一挡，待发动后慢慢松开离合器踏板。注意仪表工作是否正常。

②起步前必须关好车门、检视制动系时气压制动器的气压不得低于294～392kPa。

③倒车时必须看清楚前、后通道情况，并与指挥倒车人员密切联系，按其手势进行倒车。

④试车车辆必须在前、后挂试车牌，并在指定地点进行路面测试，参加路面的测试随车人员不得超过3人。

⑤试车完后，应按规定检查有关部位，待全部合格后由检验人员签名批准出厂。车辆停放在指定地点，将电源总开关关闭，挂低挡，拉紧驻车制动器，并通知车主前来提车。

4.1.6 生产劳动管理

汽车维修企业的车间劳动管理包括劳动组合、劳动定额、劳动考核、劳动工资、职工培训、劳动保护与劳动保险等。其中，劳动组合由生产管理部门负责。汽车维修作业的劳动组合是指在一定的作业方式（定位作业或流水作业）和工艺条件（就车修理或总成互换修理）下，汽车维修工人的劳动组合方式。汽车维修作业的劳动组合可分综合性作业和专业分工作业两种。生产管理者在确定本企业的劳动组合时，要综合考虑本企业的生产规模、企业特点、维修车型、人员素质等。

1）综合作业的劳动组合

综合作业的劳动组合，是指在实行定位作业（车架位置固定不变）、就车修理的汽车修理企业中除了车辆的车身与车架的维修作业（如钣金和油漆、锻焊、轮胎等）由专业工种完成外，其余机电修理作业（如发动机、底盘、电器的维修作业）均由一个8～10人的综合性全能维修班组包干完成。在此综合性的全能班组内，所有的维修工都按“分桥定位、专业分工”的原则被分配在车辆的各维修部位上，并要求在额定时间内平行、交叉地完成其各自的维修任务。这种劳动组合的优点是占地面积小、所需设备简单且机动灵活、生产调度与企业管理简单。但由于全能班组内作业范围广、对维修工人的技术水平要求较高、劳动强度较大、汽车维修周期较长、修理成本较高，修理质量也不易保证。故常用于生产规模较小、承修车型较为复杂的中小型汽车维修企业。

2）专业分工的劳动组合

专业分工的劳动组合，是指在实行流水作业、总成互换修理的汽车维修企业中，根据汽车维修工艺的流程和流水作业要求，将车辆所有维修作业沿流水线划分为若干工位，待修汽车在流水线上依靠本身动力或利用其他驱动力有节奏地连续或间歇移动，维修工人及专用设备则分别安排在流水线两侧的指定工位上，每个工位只承担某一特定的维修作业。这种劳动组合的优点是分工较细、专业化程度高，因此不仅能迅速提高工人单项作业技术水平和操作技能，还可以大量应用专用工具和工艺装备，缩短总成和笨重零件的运输距离，也便于组织各工种之间平行、交叉作业，从而大大提高了生产效率、压缩了车辆在厂时间、保证了维修质量和降低了维修成本。其缺点是维修工人技术单一、工艺组织和企业管理较为复杂，因而只适用于承修车型单一、生产规模较大和有足够备用总成的汽车维修企业。

4.2 汽车维修企业的技术管理

4.2.1 技术管理的基本任务和内容

技术管理的目的是以较少的经济投入取得最佳的投资效果。为此维修企业必须采取一系列措施,使汽车维修设备经常处于良好的状态,并充分发挥其效能,以保证汽车维修质量,促使企业持续、健康发展,提高企业经济效益和社会效益。

1)技术管理的基本任务

①为汽车维修提供技术支持,主要包括:汽车维修资料的查阅和保管;制订操作规范、技术标准;协同对送修车辆进行初步检验;商定维修计划等。

②提高汽车维修技术水平,通过解决维修技术难题,引进维修新技术、新工艺和新材料的方式,合理地对维修、检测设备进行更新、改造,对维修人员进行培训,不断提高维修技术水平。

③强化企业管理技术手段,加强企业信息管理,实行计算机辅助管理,以减少管理成本、提高工作效率。

2)技术管理的基本内容

①客户到达后,由业务人员陪同客户共同对送修车辆进行初步检验。

②进行故障判断,解答客户提出的问题。

③与车间主管共同商定维修计划,解决技术难题。

④在车辆维修过程中检查、监督修复情况,提供必要的技术支持。

⑤汽车专业技术资料的查阅和保管。

⑥车辆修复后进行详细检查。

⑦对全厂技术人员进行有计划、有重点的专业技术培训和考核。

⑧与车间主管一起共同组织技术人员进行外出急救、抢修。

⑨制订维护与修理规范、操作规范和技术标准。

⑩协同车间主管共同调整车间的工作量及测算车间工作效率,制订生产定额、维修工时定额。

⑪测算车间消耗材料的使用量和维修单元生产的成本。

⑫根据工作情况提出定购配件计划和清单。

⑬负责计算机系统的日常管理与维护。

4.2.2 技术管理的组织机构及岗位职责

1)技术管理的组织机构

汽车维修企业应根据企业的生产规模和工作特点,本着精简效能的原则,建立以总工程师或技术负责人为首的技术管理机构,配备少量精干的技术人员,并明确其技术岗位职责,深入生产第一线,加强汽车维修过程中的技术领导和管理,以履行技术管理职能,为生产服务。车间技术负责人、主修人以及专职检验员在业务上受总工程师或技术负责人的直接领导。

2)技术管理的岗位职责

①执行上级颁布的技术管理制度,制订本企业各级技术管理部门及技术人员的技术责任制度。

②编制并实施本企业的科技发展规划,年度技术措施计划、设备购置和维修计划,搞好本企业的技术改造和技术革新工作,推广新技术、新工艺、新材料、新设备,开发新产品。

③解决本企业生产经营管理中的疑难技术问题和质量问题,努力提高车辆维修质量,并努力降低维修成本。

④切实做好本企业技术管理的各项基础工作,参与制订并实施本企业技术经济定额。

⑤领导并组织本企业的科技工作和技术培训工作,做好本企业技术职务的评定和聘任工作。

4.2.3　汽车维修技术管理

1)汽车修理方法

(1)汽车修理的基本方法如图4-2所示。

①就车修理法:是指进行修理作业时,要求被修复的主要零件和总成装回原车的修理方法。

②混装修理法:是指进行修理作业时,不要求被修复零件和总成装回原车的修理方法。

③总成互换修理法:是指储备的完好总成替换被修复车辆上的不可用总成的修理方法。

(2)汽车修理作业形式如图4-3所示。

(3)汽车修理方法的选择。在汽车修理基本方法上,采用就车修理与总成互换法相结合的方法。在汽车修理作业形式上,对汽车拆解和总装采用定位作业,以便集中使用起重搬运设备和专用工具等;对总成和零件修理尽量组织流水作业生产线。在劳动组织形式上,采用综合作业与专业分工作业修理相结合的方法。汽车修理企业在采用总成互换修理法时,应根据具体情况而定。

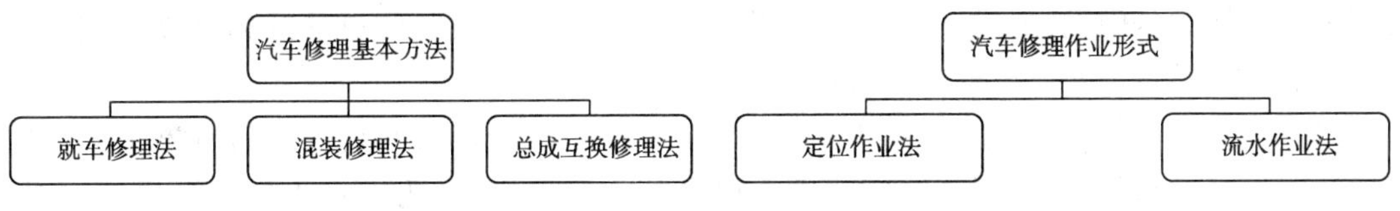

图4-2　汽车修理的基本方法　　图4-3　汽车修理作业形式

2)汽车修理工艺

汽车修理工艺是指利用生产工具按一定要求修理汽车的方式,是在修理汽车中积累起来的,并经过总结的操作技术经验。汽车修理的各种作业按一定方式组合、排列、协调进行的过程,称为汽车修理工艺过程。在汽车维修工艺过程中完成一定作业量的设施和机械,称为汽车维修工艺设备。汽车修理工艺一般包括进厂检验、外部清洗、汽车及总成的拆卸、零件清洗、零件检验分类、零件修理、总成装配、总成试验、汽车总装、竣工检验和出厂验收等主要过程。

(1)进厂检验。进厂检验是对送修汽车的装备和技术状况进行检查鉴定,以便确定维修方案。主要内容有对送修汽车进行外观检视,注明汽车装备数量及状况,听取客户的口头反映,查阅该车技术档案和上次维修技术资料,通过检测或测试、检查,判断汽车的技术状况,确定维修方案,办理交接手续,签订维修合同。

(2)外部清洗。汽车解体之前须进行外部清洗,除去外部灰尘、泥土与油污,便于保持拆卸工作地的清洁和拆卸工作的顺利进行。为了便于清洗,有时可将载货汽车车厢拆下。

(3)汽车及总成的拆卸。汽车及总成的拆卸工作量比较大,直接影响到汽车的修理质量与修理成本。从拆卸工作本身来看,并不需要很高的技术,也不需要复杂的设备。但是,往往由于不重视这项工作,在拆卸工作中会造成零件的变形和损伤,甚至无法修复。

(4)零件清洗。汽车和总成拆解成零件以后,须进行零件清洗,以清除油污、积炭、水垢和锈蚀。对于不同的污垢要采用不同方法清除,所以零件清洗工作分为清除油污、清除积炭、清除水垢和清除锈蚀等。

(5)零件检验分类。根据修理技术条件,按零件技术状况,将零件分类为可用、可修和不可修的检验,称为零件检验分类。

(6)零件修理。零件修理的目的就是为了恢复它们的配合特性和工作能力。零件修复的基本方法有尺寸修理、补偿修理和压力加工修复等。

(7)总成装配。总成装配是把已经修好的零部件(或更换的新件)按技术要求装配成一台完整总成的过程,这在整个汽车修理过程中非常重要。总成装配质量的好坏直接影响汽车修理的质量。

(8)总成试验。总成试验一般分为冷磨、热试两个部分。冷磨:由外部动力驱动总成或机构的磨合。对发动机而言,冷磨的目的是对关键的部位(如汽缸与活塞环,曲轴颈与轴承,凸轮轴颈与轴承等)进行的使其表面平整光滑、建立能适应发动机正常工作承载与表面质量要求的磨合过程。热试:将冷磨后的发动机装上全部附件后启动,以自身的动力运转,除进一步磨合外,主要是对发动机的工作进行检查、调整。

(9)汽车总装。汽车总装配是将经过修理和更换,并经检验合格的各总成、组合件及连接件,以车架为基础,装配成一辆完整汽车的过程。汽车总装配质量的好坏直接影响着汽车使用性能及运行安全,汽车总装过程如图4-4所示。

(10)竣工检验。汽车总装后,要进行一次全面综合性检验,其目的是检查整个汽车的修理质量,消除缺陷和问题,使修竣的汽车符合技术标准规定,为客户提供性能良好、质量可靠的汽车,汽车维修竣工检验过程如图4-5所示。

(11)出厂验收。汽车经竣工检验并消除了各种缺陷后,即可通知送修方接车,经送修与承修双方确认合格后,办理出厂交接手续,出厂验收过程如图4-6所示。

3)汽车修理技术检验

(1)汽车修理技术标准。汽车修理技术标准是对汽车修理全过程的技术要求、检验规则所做的统一规定。汽车修理技术标准是衡量修理质量的尺度,是企业进行生产、管理的依据。它具有法律效力,必须严格遵守。认真贯彻技术标准,对保证修理质量、降低成本、提高经济效益和安全运行都有重要作用。我国汽车修理技术标准分四级,即国家标准、行业标准、地方标准和企业标准,如图4-7所示。

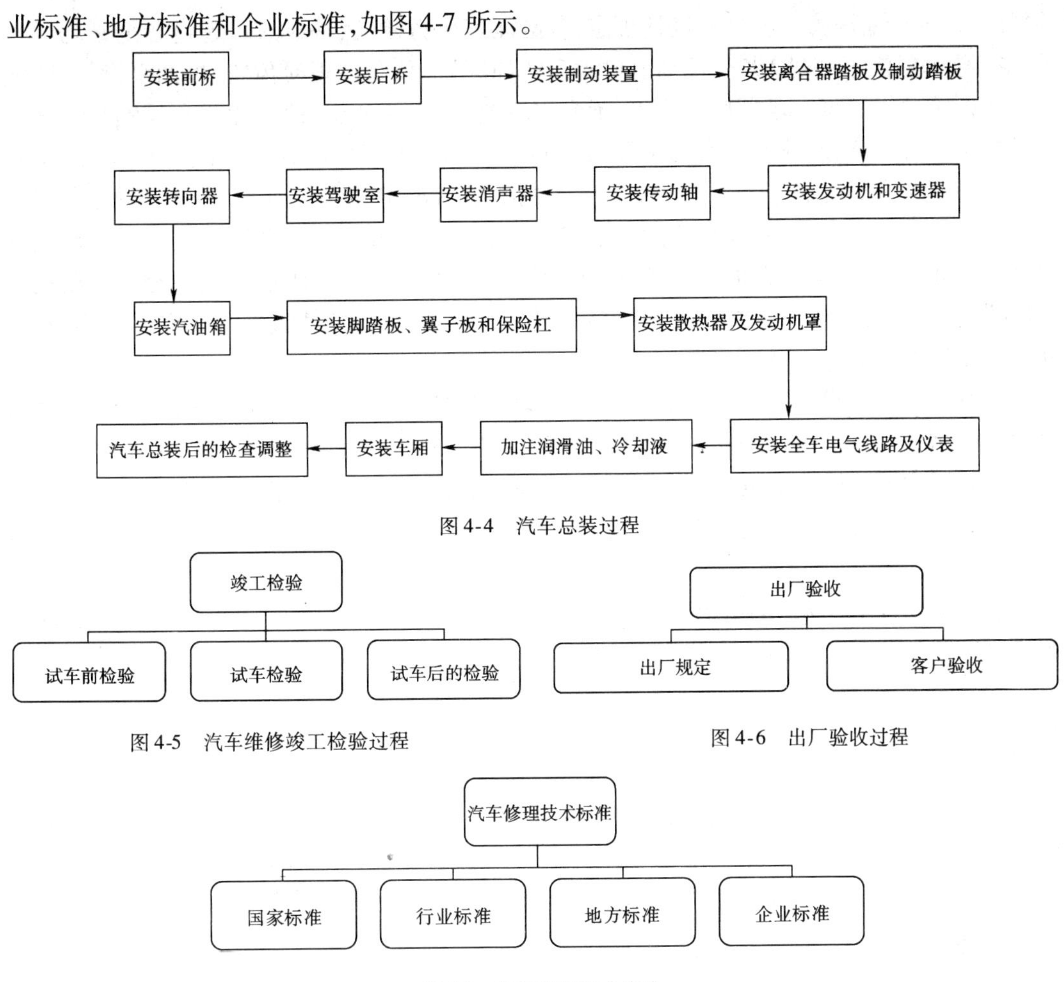

图4-4　汽车总装过程

图4-5　汽车维修竣工检验过程

图4-6　出厂验收过程

图4-7　汽车修理技术检验

(2)整车技术检验。

①总成技术检验。总成技术检验主要是指总成修竣后检验,其目的是检查总成的修理质量,消除缺陷,发现问题,使修竣的总成符合技术标准的规定,确保装配的汽车使用性能良好和运行安全可靠。下面以发动机大修竣工检验为例,说明总成技术检验的主要内容。发动机大修竣工检验技术要求如下所示:

装配的零部件和附件均应符合经规定程序批准的制造或修理技术条件;发动机应按经规定程序批准的装配技术条件进行装配,并装备齐全;装配后的发动机,应按经规定程序批准的工艺和技术条件进行冷、热磨合,拆检和清洗;发动机在正常工作温度下,5s内能启动,柴油机在环境温度不低于5℃,汽油机在环境温度不低于－5℃时能顺利启动;发动机怠速运转稳定,其转速应符合原设计规定;四冲程汽油机转速在500～600r/min时,以海平面为准,进气歧管真空度应在57～70kPa(430～530mmHg)范围内。其波动范围,六缸汽油机一般不超过3kPa(25mmHg),四缸汽油机一般不超过5kPa(38mmHg);发动机在各种转速下运转稳定,在正常工况下,不得有过热现象;改变转速时,应过渡圆滑;突然加速或减速时,不得有突爆声,化油器不得回火,消声器不得有放炮声;在规定转速下,机油压力应符合原设

计规定;汽缸压缩压力应符合原设计规定,各缸压缩压力差,汽油机应不超过各缸平均压力的8%,柴油机应不超过10%;发动机启动运转稳定后,只允许正时齿轮、机油泵齿轮、喷油泵传动齿轮及气门脚有轻微均匀响声,不允许活塞销、连杆轴承、曲轴轴承有异响和活塞敲缸或其他异常响声;发动机最大功率和最大转矩均不得低于原设计标定值的90%;发动机最低燃料消耗率不得高于原设计规定;发动机不应有漏油、漏水、漏气、漏电现象,但润滑油、冷却液密封接合面处允许有不致形成滴状的浸渍;发动机排放限值应符合国家有关规定;发动机应按原设计规定加装限速片,或对限速装置作相应的调整,并加铅封;发动机外表应按规定涂漆,涂层应牢固,不得有起泡、剥落和漏涂现象;发动机应按规定加注润滑剂;其他有关要求应符合原设计规定。

②发动机大修竣工检验规定。在测试发动机各种转速运转、进气歧管真空度、机油压力、汽缸压缩压力时,水冷式发动机水温为75~85℃,风冷式发动机油温为80~90℃;承修单位应对发动机的最大扭矩和最低燃料消耗率进行测试,并按主管部门或修理合同规定对最大功率和负荷特性进行抽样测试。检验合格的发动机,应签发合格证并提供必要的技术资料。

③零部件技术检验。零部件技术检验包括对被检零部件的尺寸误差、表面误差、形状和位置误差以及零件内部缺陷等进行检测。

4.2.4 汽车维护技术管理

1)汽车维护制度

汽车作为机械产品,随着其运行里程的增加,技术指标会不断变差,只有通过维护,才能使其维持完好的状态。在二级维护制度中,汽车维护的指导原则是"预防为主、定期检测、强制维护",即二级维护前通过检测,准确地判定故障部位,进行技术评定,有针对性地进行总成修理。

2)汽车维护的分类(图4-8)

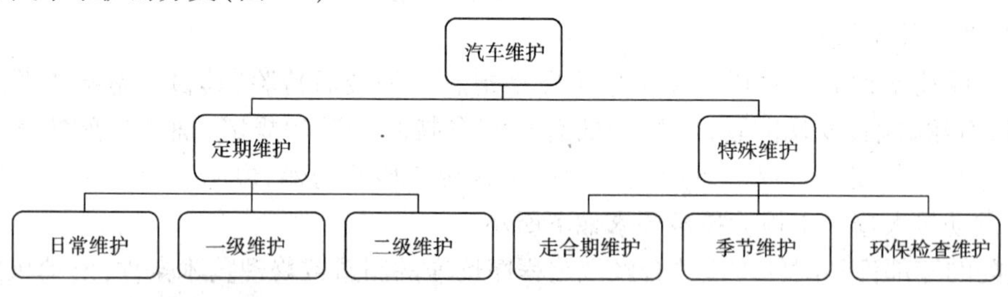

图4-8 汽车维护的分类

根据《汽车维护、检测、诊断技术规范》的有关规定,汽车维护分为日常维护、一级维护、二级维护三种级别。维护作业以清洁、检查、补给、润滑、紧固和调整为主,维护范围随着行驶里程的增加逐步扩大,内容逐步加深。

(1)日常维护。日常维护是驾驶员为保持汽车正常工作状况所进行的经常性工作。其作业的中心内容是清洁、补给和安全检视。日常维护通常是在每日出车前、行车中和收车后进行的车辆维护作业。

(2)一级维护。一级维护是对经过较长里程运行后的汽车，由维修人员对汽车安全部件进行的检视维护作业。其作业中心内容除日常维护作业外，以清洁、润滑、紧固为主，并检查有关制动、操纵、灯光、信号等安全部件。

(3)二级维护。二级维护是由维修企业负责执行的汽车维护作业，其作业中心内容除一级维护作业外，以检查、调整为主，并拆检轮胎，进行轮胎换位。这是汽车经过更长里程运行后，必须对车况进行较全面的检查、调整，以维持其良好的技术状况和使用性能，确保汽车的安全性、动力性和经济性等达到使用要求。

3)各级维护周期

汽车日常维护通常是在每日出车前、行车中和收车后进行。一级维护周期为1500～2000km(或10～20天)；二级维护周期为10000～12000km(或2～3个月)。

对于不便用行驶里程统计、考核的汽车，可用行驶时间间隔确定汽车一、二级维护周期。

引进车型的维护规定与我国汽车强制维护规定的内容有所不同，为保证汽车的合理使用，在汽车实际维护工作中应以厂家规定内容为准。

4)汽车维护的主要内容(图4-9)

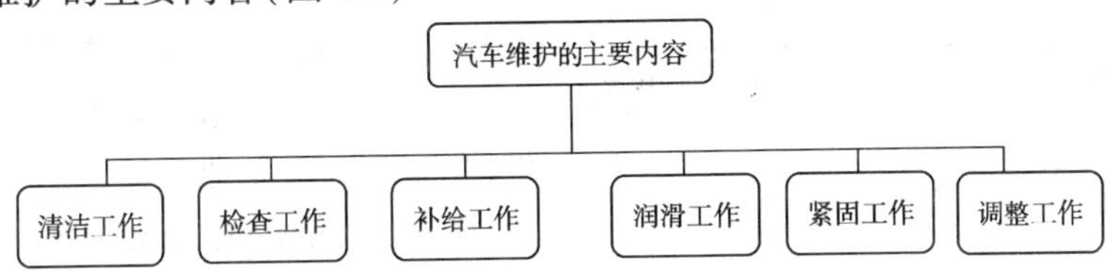

图4-9 汽车维护的主要内容

(1)清洁工作。清洁工作是提高汽车维护质量、防止机件腐蚀、减轻零部件磨损和降低燃油消耗的基础，并为检查、补给、润滑、紧固和调整工作做好准备。其工作内容主要包括对燃油、机油、空气滤清器滤芯的清洁、汽车外表的养护和对有关总成、零部件内外部的清洁作业。

(2)检查工作。检查工作是汽车维护的重要工作之一，通过对汽车的检查，能确定零部件的变异和损坏。其工作内容主要是检查汽车各总成和机件是否齐全，连接是否紧固，是否有漏水、漏油、漏电和漏气等现象；利用汽车上的指示仪表、警报装置等随车诊断装置，检查各总成、机构和仪表等的技术状况，对影响汽车安全行驶的转向、制动、灯光等工作情况应加强检查；汽车拆检或装配、调整时应检查各主要部分的配合间隙。

(3)补给工作。补给工作是指在汽车维护中，对汽车的燃油、润滑油料及特殊工作液体进行加注补充，对蓄电池进行补充充电，对轮胎进行补气等作业。要使汽车得到良好润滑，必须选用合适的品种，并及时、正确地添加或更换润滑油料。

(4)润滑工作。润滑工作是为了减少有关摩擦副的摩擦力，以减轻机件磨损的维护作业。其工作内容包括按照汽车的润滑图表和规定的周期，用规定牌号的润滑油或润滑脂进行润滑；各油嘴、油杯和通气塞必须配齐，并保持畅通；发动机、变速器、转向器、驱动桥等应按规定补充、更换润滑油。

(5)紧固工作。紧固工作是为了使各部分机件连接可靠，防止机件松动的维护作业。汽车在运行中，由于振动、颠簸、热胀冷缩等原因，会改变零部件的紧固程度，以致零部件失去连接的可靠性。紧固工作的重点应放在负荷重且经常变化的各部分机件的连接部位上，以及对各连接螺栓进行必要的紧固和配换。

(6)调整工作。调整工作是保证各总成和机件长期正常工作的重要一环。调整工作做得好，可减少机件磨损、保持汽车使用的经济性和可靠性。

5)汽车维护生产工艺

(1)日常维护技术规范。日常维护是保持汽车正常状况的基础工作，由驾驶员负责完成。日常维护的好坏，直接影响到行车的安全。为了预防事故和保证行车安全，驾驶员必须了解和掌握汽车的技术状况，汽车在使用时，必须坚持进行日常维护，也称为例行维护、每日维护或行车三检制。

日常维护是属于预防性的维护作业，是驾驶员的一项重要职责，也是车队的一项经常性的技术工作。因此，必须强制执行汽车的日常维护工作，坚持出车前检查、途中检查和收车后检查的“三检制度”；检查传动、行驶机件和操纵机构的可靠性；维护整车和各总成件的清洁；紧固松动的连接件等。

(2)一级维护技术规范。在汽车日常维护的基础上，由专业维修工对车辆做全车清洁、润滑、紧固和检查，及时发现故障隐患，补充汽车每日维护作业的不足，如图4-10所示。

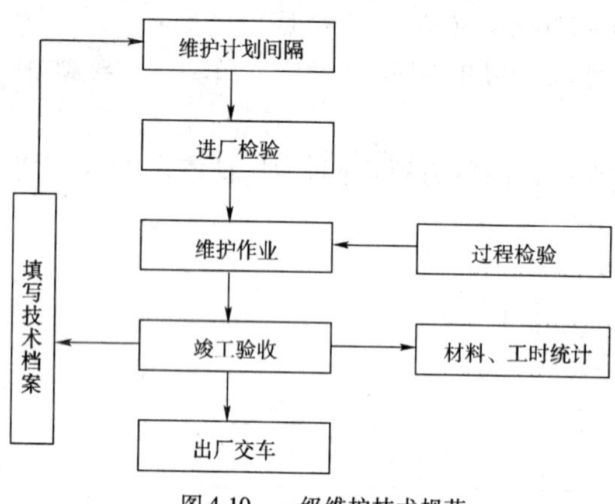

图4-10　一级维护技术规范

(3)二级维护技术规范。汽车维护制度中规定的最高级别维护，其目的是为了维持汽车各总成、机构的零件具有良好的工作性能，及时消除故障和隐患，保证汽车动力性、经济性、排放性、操纵性及安全性等各项综合性能指标满足要求，确保汽车在二级维护间隔期内能正常运行，如图4-11所示。

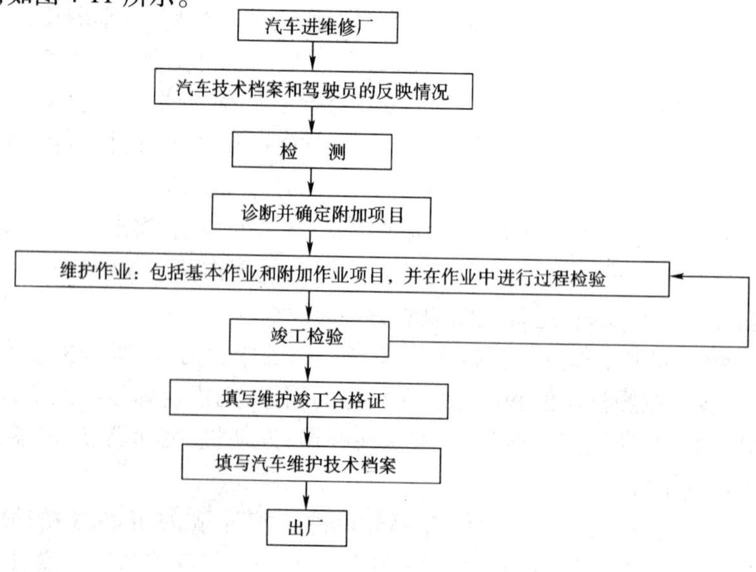

图4-11　二级维护技术规范

6）汽车维护工艺的组织形式

（1）全能工段式。全能工段式是把除外表维护作业外的其他规定作业组织在一个工段上实施，把执行各维护作业的人员编成一个作业组，在额定时间内，分部位有顺序地完成各自的作业项目。

（2）专业工段式。专业工段式是把规定的各项维护作业，按其工艺特点分配在一个或几个工段上，各专业工人在指定工段上完成各自的工作，工段上配有专门的设备。

（3）尽头式工段。汽车在维护时可各自单独地出入下段。汽车在维护期间，停在各自地点，固定不动，维护工人按照综合作业分工等不同的劳动组织形式，围绕汽车交叉执行各项维护作业项目。各工段的作业时间可单独组织，彼此无影响。因此，尽头式工段适合于规模较小、车型复杂的运输企业在高级维护作业、小修时采用。

（4）直通式工段。较适宜于按流水作业组织维护，各维护作业按作业顺序的要求分配在各工段上，工段的作业工人按专业分工完成维护作业。直通式工段完成维护作业的生产效率较高，因此，当企业有大量类型相同的汽车，而且维护作业内容和劳动量比较固定时，则宜采用流水作业方式。

7）技术责任事故及处理

（1）技术责任事故的原因。由于技术状况不良或岗位责任失职所造成的事故，统称为技术责任事故。包括以下几个方面：

①管理不善、指挥失误、不按规章制度、滥用职权、擅自处理而造成的事故。

②无照开车、无证操作，岗位失职或混岗作业造成的事故。

③违反安全操作规程，违章操作或超载、超速造成的事故。

④失保失修、漏报漏修、维修不良或偷工减料而造成的事故。

⑤未经培训或试用的人员引起的操作不当或操作失误、未经检验合格而擅自使用，或不尊重检验人员意见而造成的事故。

⑥在应检或可检范围内，由于错检、漏检或检验不严而造成的事故。

⑦在销售、生产、供应和财务业务往来中发生订货错误、合同错误、收支错误、以及服务态度差劣等所造成的商务性事故。

（2）技术责任事故损失费（图4-12）。

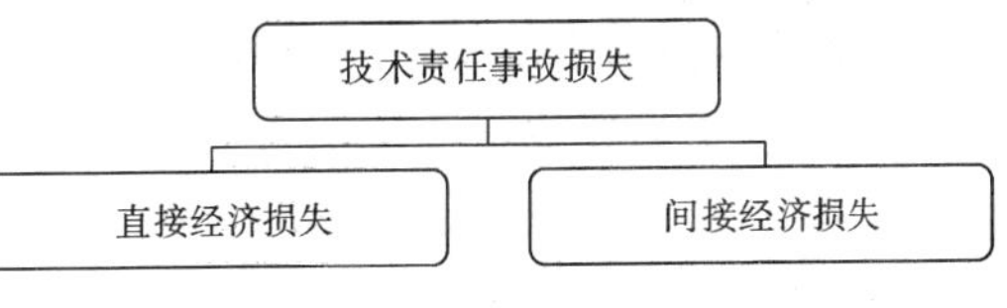

图4-12　技术责任事故损失费

直接经济损失：

①修复设备或车辆损伤部位所发生的修理费用。

②损坏其他车辆、设备及建筑设施的赔偿费用。

③引起人员伤亡所发生的补偿费用。

④处理事故现场所发生的人工、机具费。

⑤由于商务事故直接造成生产经营损失的费用以及直接造成浪费的费用。

间接经济损失：

①在修复设备或车辆的事故损伤部位时，牵涉到其他未损伤部位的拆装费和维修费。

②伤亡者及其他有关人员的交通费、住宿费、工资奖金及杂费支出。

③由事故造成的停工停产和生产经营损失的费用。

(3)技术责任事故处理。确定事故等级应以直接损失为依据，技术责任事故的等级划分主要根据该事故造成的伤亡人数以及当地规定的直接经济损失额确定，技术责任事故的责任划分如图4-13所示。

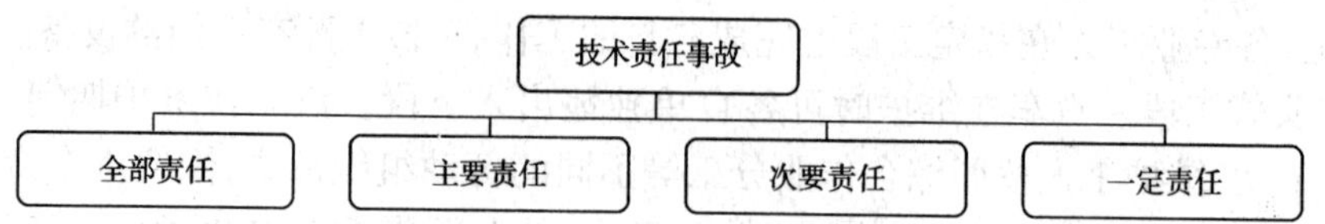

图4-13 技术责任事故的责任划分

①凡因管理不善、指挥失误或岗位失职造成的事故，由管理者、指挥者或岗位失职者负主要责任。

②凡属操作者无视安全操作规程、违章操作、操作失误、无视工艺纪律及质量标准，偷工减料、粗制滥造而造成的事故，应由主操作人负主要责任。

③在应检及可检范围内经检验合格，在质量保证范围及质量保证期内发生质量事故，由检验员负主要责任；凡未经检验合格，或属检验人员无法检验及无法保证的部位发生事故，由主操作人负主要责任。

④在汽车维修过程中若发现问题而有可能危及安全或质量时，在生产经营管理或商务活动中若发现问题而有可能危及企业利益时，经请示而获批准继续使用或继续执行而造成的事故，由批准人负主要责任；应请示而不请示，或虽经请示而未获批准，擅自决定继续使用或继续执行而造成的事故，由擅自决定者负主要责任。

技术责任事故的处理原则。凡发生技术责任事故，无论事故大小、责任主次或情节轻重，事故者应首先保护现场，救死扶伤，并及时、如实地报告，采取有效应急措施，做好善后工作，听候处理。

事故处理必须坚持四不放过原则，即事故原因不查清不放过，事故责任者未得到处理不放过，事故整改措施不落实不放过，事故教训未吸取不放过。

技术责任事故处理的负责部门。凡发生立案事故，应由厂部负责部门登记申报、现场勘察、责任分析及事故处理。事故处理的负责部门如下：

①行车交通事故由车队负责。

②设备事故由设备管理部门负责。

③质量事故由质量管理部门负责。

④商务事故由经营管理部门负责，厂长监督。

⑤工伤事故由人力资源管理部门负责，工会监督。

技术责任事故的处罚办法如下：

①不立案事故，由事故所在单位适当处罚。

立案事故的处罚规定如下：全部责任者应赔偿损失的75%～100%；行车交通事故由交通管理部门负责处罚。

②如果发生伤亡事故，可根据《厂矿企业劳动安全条例》进行处理。

4.3　汽车维修生产过程中的环保项目和内容

汽车维修企业中影响环境的因素一般主要有以下6种：

①向大气中排放的污染物，如制冷剂、粉尘、喷漆、各种废气等。

②向水中排放的污染物，如用火碱液清洗发动机汽缸体产生的废水等。

③噪声污染，如较大的金属敲击声、皮带传动噪声、磨削噪声等。

④有害固体废弃物，如制动片、离合器片、含铅和酸的蓄电池、含重金属的电池及含惰性气体的灯泡、灯管，废油布，清除的油泥，积炭等。

⑤各类更换的润滑油、齿轮油、制动液，以及各种清洗油、液等。

⑥对水、电、纸张及各种维修耗材的过度消耗等。

4.3.1　建设环保型企业应采取的措施

汽车维修企业要想达到环保标准，必须针对以上6方面的环境因素开展工作。可采取的措施总体来说有以下6种：

①对各类有害的固体、液体及气体废弃污染物，如制冷剂、废水、制动片、灯管、各类润滑油及清洗油、液等。采用专用的设备与容器分类安全回收存放，并减少工作中的噪声，同时应教育员工杜绝野蛮操作。

②根据维修工作的实际需要，制作各类可靠实用的专用工作。

③加强对各种维修及检测设备、器具的检修与维护，使其处于最佳的工作状况，以减少噪声的产生及能源的消耗。

④对水、电及各类耗材，根据生产情况科学制订严格的定额，在企业中营造“节约就是效益”的良好氛围。

⑤对员工进行环保技术培训，使其能正确、熟练地使用各类回收设备与容器，在工作中对各类废弃污染物做到不洒漏，对各类原材料做到节约使用。

⑥对在维修工作中出现的新的环保问题，根据既定的环保方针予以解决，并做出效果评价。

4.3.2　环保检查和维护制度

环保检查和维护制度是对在用车的检查与维护，是强制性的对在用车实施排放污染物水平的定期检测，找出污染严重的车辆（通常不超过机动车总数的10%），并进行治理，通过不断治理并不断收紧排放限制，使在用机动车达到或接近自身的最佳水平，从而使在用机动车对大气的污染减小到最低限度。

环保检查和维护制度不是要求在用车强制安装尾气净化器和进行发动机改造，而是通过对在用车进行定期和不定期的排放检测，确定排放污染严重的车辆并诊断其产生故障的原因，然后采取相应的维护或修理措施，监督被检车上原有的污染控制装置工作是否正常。充分发挥汽车的自身排放、净化能力，使车辆最大限度地保持原制造厂的技术指标。实施环保检查和维护制度可以促进车辆的正常维护，使得在整个车辆在使用寿命期中排放控制系统始终能保持良好的技术状况。因此,环保检查和维护制度是目前国际上公认的在用车排放治理最有效的措施。

我国现行的“定期检测、强制维护、视情修理”的汽车维修制度,是以保证汽车动力性、经济性、行驶安全性和可靠性为目的的。而环保检查和维护制度的目的在于控制在用车的污染排放。两者的目的虽有差异,但最终目的都是要确保汽车尤其是发动机的良好技术状况。所以,只要对我国现行的汽车维护制度加以完善和充实就可以与环保检查和维护制度接轨。为此,在汽车二级维护竣工检测中增加一项汽车排放专项检测内容,不仅包括汽车尾气检测而且还包括曲轴箱通风和燃油蒸发排放控制装置等的检测。

目前,我国在吸收国外先进管理经验的基础上研究适合我国的环保检查和维护制度,建设权威性的检测站和维修站,实施定期检查、强制维护和监控评价管理体系,并已取得了良好的效果。

国家机动车排放污染控制技术指南指出,实施车辆的环保检查和维护制度是合理地控制在用车排放的有效措施,具体包括以下各方面的技术要求:

①2000 年以后,新生产的轻型汽油车将逐步采用闭环电喷和三效催化净化等技术。目前的怠速检测方法难以满足这部分车辆排放检测的需要,因此应尽快采用双怠速法,并检查空燃比控制是否正常。应采用简易工况法对这部分车辆进行排放测试。

②环保检查和维护检测站必须建立数据采集系统,定期向有关部门提供检测数据,以分析环保检查和维护制度执行情况及当地机动车排放状况。

③随着新车排放法规的不断严格,国家主管部门应相应制订新车型在用车的排放标准。各地应根据实际情况不断调整各车型的环保检查和维护监测方法及检测频率,以保证所有机动车都能得到很好的维护。

④增加高污染汽车(如出租车,公共汽车以及老旧车辆)的检测次数。促进这些汽车的维护。

⑤所有从事环保检查和维护检测业务的机构不得同时兼营车辆维修业务。

⑥对使用闭环电喷加三效催化净化技术的车辆,排放检测还应包括排放控制系统的目测检查以及必要的双怠速排放测试,以检查催化转化器是否正常工作。

⑦执行环保检查和维护检测的人员必须经过必要的培训、考核并持证上岗。

⑧从事机动车排放检测和维修的单位必须通过技术认证以取得应有的资格。各城市应该发展集中式的环保检查和维护体系。

本 章 小 结

本章介绍了汽车维修企业生产管理、技术管理、汽车维修制度、汽车维护和修理、汽车检测与诊断、汽车企业科技管理,对汽车维修的生产计划、生产调度、生产物质管理、生产安全管理作了详细阐述,并就汽车维修内容和维修工艺、环保检查和维护制度、汽车诊断方法等进行了重点介绍。通过对本章学习,学生主要了解了汽车维修企业生产管理、技术管理、汽车维护修理检测诊断的新特点及发展趋势,掌握生产管理、技术管理的主要环节,掌握汽车维修检测诊断的内容、工艺及方法。

课 业 训 练

简答题

1. 生产调度的职能与作用是什么？
2. 汽车二级维护的作业内容是什么？
3. 何为生产现场管理方法？
4. 技术管理的具体内容有哪些？
5. 何为定期修理与视情修理？
6. 生产安全管理基本内容是什么？
7. 汽车维修企业的车间劳动管理包括哪些内容？
8. 发动机总成大修送修标志是什么？
9. 建设环保型企业应采取哪些措施？

第5章　汽车维修质量管理

学习目标

知识目标

1. 解释质量管理概念、质量管理的基本宗旨与指导思想、汽车维修质量管理的职能；
2. 了解全面质量管理，描述汽车维修质量管理体系以及内容，汽车维修质量管理的职责；
3. 熟悉质量检验的目的及方法，掌握汽车维修质量检验的步骤、分类以及内容；
4. 了解质量监督的概念，汽车维修质量监督的作用、形式及职责。

能力目标

1. 熟悉质量管理概述；
2. 了解质量管理体系；
3. 熟悉维修质量检验；
4. 了解质量监督。

学习时间

6 学时。

5.1　全面质量管理

5.1.1　全面质量管理的概念

1) 全面质量管理(Total Quality Management，简称 TQM)

全面质量管理是指在全社会的推动下，企业中所有部门、所有组织、所有人员都以产品质量为核心，把专业技术、管理技术、数理统计技术结合在一起，建立起一套科学、严密、高效的质量保证体系，控制生产过程中影响质量的因素，以优质的工作效率、最经济的办法提供满足用户需要产品的全部活动。即以质量管理为中心，全员参与为基础的管理方法。

2）全面质量管理的特点

①具有全面性，控制产品质量的各个环节、各个阶段。

②是全过程的质量管理。

③是全员参与的质量管理。

④是全社会参与的质量管理。

3）全面质量管理的意义

①提高产品质量。

②改善产品设计。

③加速生产流程。

④鼓舞员工的士气和增强员工质量意识。

⑤改进产品售后服务。

⑥提高市场的接受程度。

⑦降低经营质量成本。

⑧减少经营亏损。

⑨降低现场维修成本。

⑩减少责任事故。

4）全面质量管理的内涵

全面质量管理是以质量管理为中心，以全员参与为基础，目的在于通过让顾客满意和本组织所有者、员工、供方、合作伙伴或社会等相关方受益，而使组织达到长期成功的一种管理途径。

5.1.2　全面质量管理的基本观点

1）为用户服务的观点

“为用户服务”和“下道工序就是用户”是全面质量管理的一个基本观点。在企业内部，凡接收上道工序产品进行再生产的下道工序，就是上道工序的用户，通过每道工序的质量控制，达到提高最终产品质量的目的。

2）全面管理的观点

所谓全面管理，就是进行全过程管理、全企业管理和全员管理。

（1）全过程管理。全面质量管理要求对产品生产全过程进行全面控制和管理。

（2）全企业管理。全企业管理的一个重要特点是强调质量管理工作不局限于质量管理部门，要求企业所属各单位、各部门都要参与质量管理工作，共同对产品质量负责。

（3）全员管理。全面质量管理要求把质量控制工作落实到每一名员工，让每一名员工都关心产品质量，都对产品质量负责。

3）以预防为主的观点

以预防为主，就是对产品质量进行事前控制，把事故消灭在发生之前，使每一道工序都处于控制状态。

4）用数据说话的观点

科学地质量管理，必须依据正确的数据资料进行加工、分析和处理，找出规律，再结合

专业技术和实际情况,对存在的问题作出正确判断并采取正确的措施。

5.1.3 全面质量管理的基本工作程序

1)PDCA 管理循环

PDCA 管理循环是全面质量管理最基本的工作程序,即计划—执行—检查—处理(Plan—Do—Check—Action)。这是美国统计学家戴明(W. E. Deming)发明的,因此也称之为戴明循环,通过 PDCA 循环提高产品、服务或工作质量。4 个阶段具体为:P (Plan)——计划;D (Do)—— 实施;C (Check)——检查;A (Action)——处理。

第一个阶段称为计划阶段(P 阶段)。这个阶段的主要内容是通过市场调查、用户访问、国家计划指示等,搞清楚用户对产品质量的要求,确定质量政策、质量目标和质量计划等。第二个阶段为执行阶段(D 阶段)。这个阶段是实施 P 阶段所规定的内容,如根据质量标准进行产品设计、试制、试验、其中包括计划执行前的人员培训。第三个阶段为检查阶段(C 阶段)。这个阶段主要是在计划执行过程中或执行之后,检查执行情况是否符合计划的预期结果。第四阶段为处理阶段(A 阶段)。主要是根据检查结果,采取相应的措施。四个阶段循环往复,没有终点,只有起点。在全面质量管理中,通常还可以把 PDCA 循环四阶段进一步细化为 8 个步骤,如图 5-1 所示。

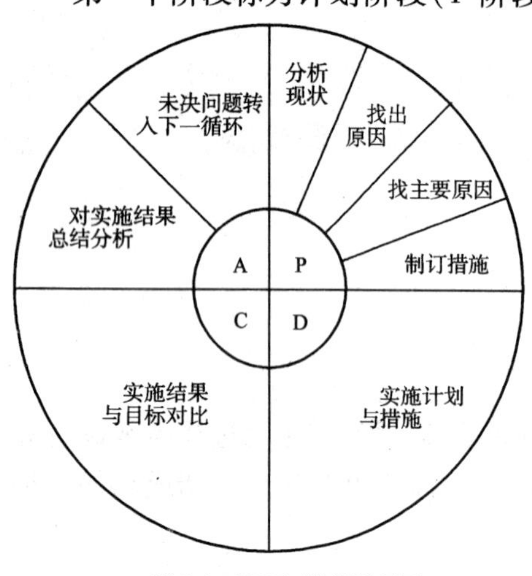

图 5-1 PDCA 管理循环图

2)PDCA 循环管理的特点

①PDCA 循环工作程序的 4 个阶段,顺序进行,组成一个大循环。

②每个部门、小组都有自己的 PDCA 循环,并都成为企业大循环中的小循环。

③阶梯式上升,循环前进。

5.1.4 全面质量管理的推行步骤

1)进行全面质量管理的基本要求

①内容与方法的全面性。全面质量管理不仅要着眼于产品的质量,而且要注重产品的工作质量,注重采用多种方法和技术,包括科学的组织管理工作、各种专业技术、数理统计方法、成本分析、售后服务等。

②全过程控制。对市场调查、研究开发、设计、生产准备、采购、生产制造、包装、检验、储存、运输、销售、为用户服务等全过程都进行质量管理。

③全员性。企业全体人员包括领导人员、工程技术人员、管理人员和工人等都参加质量管理,并对产品质量各负其责。这也是全面质量管理的三个主要特点。

2)全面质量管理的实施步骤

①通过培训教育使企业员工牢固树立“质量第一”和“顾客第一”的思想,营造良好的企业文化氛围,采取切实行动,改变企业文化和管理形态。

②制订企业人、事、物及环境的各种标准,在企业运作过程中衡量资源的有效性和高效性。

③推动全员参与,对全过程进行质量控制与管理。以人为本,充分调动各级人员的积极性,推动全员参与。只有全体员工的充分参与,才能为企业带来收益,才能够真正实现对企业全过程进行质量控制与管理,并且确保企业在推行全面质量管理过程中,采用系统化的方法进行管理。

④做好计量工作。计量工作包括测试、化验、分析、检测等,是保证计量值的准确和统一、确保技术标准的贯彻执行的重要方法和手段。

⑤做好质量信息工作。企业根据自身的需要,建立相应的信息系统,并建立相应的数据库。

⑥建立质量责任制,设立专门质量管理机构。全面质量管理的推行要求企业员工自上而下地严格执行,从企业领导开始,逐步向下实施;全面质量管理的推行必须要获得企业领导的支持与领导,否则难以长期推行。

应该形成一种这样的意识:好的质量是设计、制造出来的,不是检验出来的;质量管理的实施要求企业全员参与,并且以数据为客观依据,以顾客需求为核心;在实现方法上,要一切按 PDCA 循环办事。

5.2 维修质量检验

5.2.1 质量检验概述

1)质量检验的定义

质量检验就是对产品的一项或多项质量特性进行观察、测量、试验,并将结果与规定的质量要求进行比较,以判断每项质量特性合格与否的一种活动。

2)质量检验的职能

①把关职能。把关是质量检验最基本的职能,也可称为质量保证职能。

②预防职能。现代质量检验区别于传统检验的重要之处,在于现代质量检验不单纯是起把关的作用,同时还起预防的作用。

③报告职能。报告的职能也就是信息反馈的职能。

④改进职能。质量检验参与质量改进工作,是充分发挥质量把关和预防作用的关键,也是检验部门参与质量管理的具体体现。

⑤监督验证职能。质量监督和验证是市场经济和质量保证的客观要求,而这种监督和验证是以检验为基础的。

3)质量检验的步骤

①根据产品技术标准明确检验项目和各个项目质量要求。

②规定适当的方法和手段,借助一般量具或使用机械、电子仪器设备等测定产品。

③把测试得到的数据同标准和规定的质量要求相比较。

④根据比较的结果,判断单个产品或批量产品是否合格。

⑤记录所得到的数据,并把判定结果反馈给有关部门,以便促使其改进质量。

4)质量检验的主要管理制度及内容

(1)三检制。三检制就是实行操作者的自检、互检和专职检验人员的专检相结合的一种检验制度。

①自检。自检就是生产者对自己所生产的产品,按照图纸、工艺和合同中规定的技术标准自行进行检验,并作出产品是否合格的判断。

②互检。互检就是生产人员相互之间进行检验。主要有下道工序对上道工序进行检验,交接班时进行相互检验,小组质量员或班组长对本小组人员的维修质量进行抽检等。

③专检。专检就是由专业检验人员进行的检验。

(2)重点工序双岗制。重点工序双岗制就是指操作者在进行重点工序作业时,还同时应有检验人员在场,必要时应有技术负责人或用户的验收代表在场,监视工序必须按规定的程序和要求进行。

(3)留名制(实名制)。留名制是指在生产过程中,从原材料进厂到成品入库出厂,每完成一道工序、改变产品的一种状态,包括进行检验和交接、存放和运输,责任者都应该在工艺文件上签名,以示负责。

(4)质量复查制。质量复查制是指检验合格的产品,在出厂前为了保证产品的质量稳定可靠、不带隐患,请产品设计、生产、试验及技术部门等人员进行复查。

(5)追溯制。追溯制也叫跟踪管理,就是在生产过程中,每完成一个工序或一项作业,都要记录其检验结果及存在问题,记录操作者及检验者的姓名、时间、地点及情况分析,在产品的适当部位做出相应的质量状态标志。

(6)质量统计和分析制。质量统计和分析就是指企业的车间和质量检验部门,根据上级要求和企业质量状况,对生产中各种质量指标进行统计汇总、计算和分析,并按期向上级有关部门上报,以反映生产中产品质量的变动规律和发展趋势,为质量管理和决策提供可靠的依据。

(7)不合格品管理制。不合格品管理不仅是质量检验工作中也是整个质量管理工作的重要内容。对不合格品的管理要坚持"三不放过"原则,即:不查清不合格的原因不放过;不查清责任者不放过;不落实改进措施不放过。这一原则是质量检验工作的重要指导思想,坚持这种思想,才能真正发挥检验工作的把关和预防作用。对不合格品的处理有以下方法:报废、返工、返修、原样使用(也称为直接回用)。

(8)质量检验考核制。在质量检验中,由于主客观因素的影响,产生检验误差是很难避免的,因此建立相应的质量检验考核制度是很有必要的。

5)质量检验人员

质量检验人员可以分为IQC(Income Quality Control 意为进料品质控制)、PQC(Inspection Process Quality Control 意为制造过程品质控制)、OQC/FQC(Outgoing/Final Quality Control 意为出货品质控制/最终检验)等。

(1)汽车维修质量检验员的岗位职责。

①在质量检验负责人(主管)的领导下,负责维修车辆各道维修维护工序的质量检验工作。检验方法按有关规定执行,并对检验结果负责。

②负责指导车辆维修维护各工序作业人员的质量检验工作,并对其检验结果进行检验。

③对已检验过的维修维护车辆进行核查,检验是否有漏检或错误情况发生。

④认真做好车辆维修质量检验记录,建立维修维护车辆质量检验资料库,交流汽车维修维护质量检验信息。

⑤统计分析车辆维修维护质量检验结果,对内部返修、外部返修情况进行统计分析,并提出改进建议。

⑥参与汽车维修质量事故、质量纠纷的分析、鉴定和调解。

⑦做好常用检验器具的使用、保管和维护工作,对计量器具按规定做好检验和标志工作。

(2)汽车维修质量检验员素质要求。

①具有丰富的汽车维修知识和汽车理论知识,熟悉国家相关政策、法规以及相应的技术标准。

②大专以上学历,有一定的汽车维修维护工作经验(汽车维修维护工作3年以上),熟悉汽车驾驶,有驾驶执照。

③具有较高的集体荣誉感(团队意识)和服务意识,组织、协调和执行能力强。

④工作积极主动,态度端正,责任心强,具有较强的识别能力和判断能力。

⑤通过汽车维修行业管理部门的培训、考核,持证上岗。

5.2.2　汽车维修质量检验

1)汽车维修质量检验的概念

汽车维修质量检验是指采用一定的检验测试手段和检查方法,测定汽车维修竣工后的质量特性,然后将测定的结果同规定的汽车维修质量标准相比较,从而对汽车维修质量做出合格或不合格的判断。汽车维修质量检验是汽车维修质量管理的重要手段,是整个汽车维修质量管理体系中的重要环节。

2)汽车维修质量检验的目的及方法

(1)汽车维修质量检验的目的。其目的是判断汽车维修后是否符合汽车维修质量标准和规范,提供有关汽车维修质量方面的数据,进行汽车维修质量监督。

(2)汽车维修质量检验的方法。

①传统的经验测试方法。凭借维修技师的经验,用感官检查和判断,带有较大的盲目性。

②借助各种量具、仪器、设备对技术参数进行测试的方法。仪器仪表测试可通过定性或定量地测试和分析,准确地掌握和评价车辆真实的技术状况,安全、迅速、准确。

3)汽车维修质量检验的步骤

①明确汽车维修质量要求。根据汽车维修技术标准和汽车技术状态的指标,明确检验的项目和各项目的质量标准。

②测试。测试是指用一定的方法和手段测试维修车辆有关技术性能参数,得到质量特性值的结果。

③比较。比较是指将测试得到的质量特性值的数据同质量标准要求作比较，确定是否符合汽车维修质量的要求。

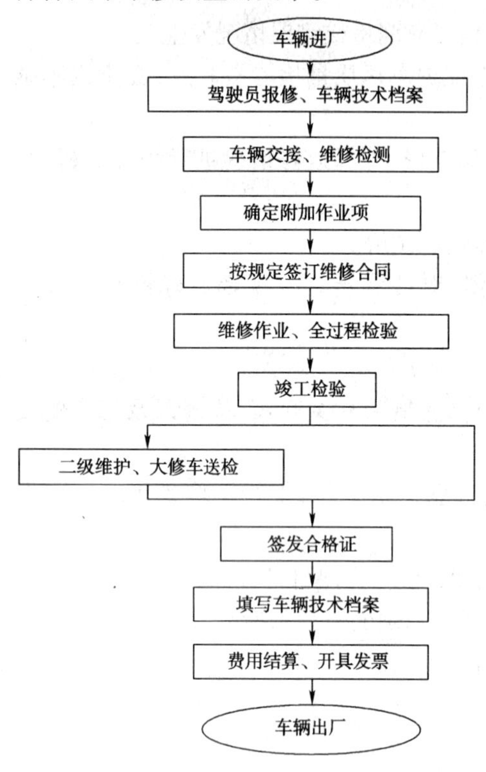

图5-2　汽车维修检验的一般程序

④判定。判定是指按比较的结果判定维修车辆的质量是否合格。

⑤处理。处理是指对维修质量合格的车辆发放出厂合格证，对维修质量不合格的维修车辆查找原因，记录所测得的数值和判定的结果，并进行返修、反馈，以便促使各维修人员的改进。

汽车维修检验的一般程序如图5-2所示。

4)汽车维修质量检验分类及内容

(1)预检(进厂检验)。预检是指初步判断维修车辆的故障及形式，发给不同级别的技师进行作业。

维修车辆进厂后，检验员应记录驾驶员对车况的反映和报修项目，查阅车辆技术档案，了解车辆技术状况，检查车辆整车装备情况，然后按照相关规定及技术标准的要求择项进行维修前的检测，确定附加作业项目，把检验、检测的结果填写在检验签证单上，并按故障类别填写车辆维修任务委托书，发给相关维修技师进行作业，见表5-1。未经检验签证的车辆，维修作业人员应拒绝维修作业。

(2)过程检验。过程检验是指在维修作业的全过程中，维修人员都要进行维修质量检验。过程检验一般实行维修人员自检、互检及专检等相结合的办法。

①自检。自检是指维修人员对自己操作完成的作业认真地对照汽车维修工艺规范及维修技术标准进行自我质量评定。自检是汽车维修中最直接、最全面的检验。在自检中维修人员对待维修质量自我评定时，实事求是的态度是自检的关键，这一环节保证了整个汽车维修质量。汽车维护作业中常用自检。

②互检。维修人员相互进行检验，主要是下道维修工序对上道维修工序进行检验，班组质检员或班组长对本班组维修人员的维修质量进行抽检等。互检的重点是对维修质量进行检验把关，避免出差错，避免为下道维修工序甚至维修竣工车辆造成隐患、故障和返工。对BP(钣金、喷漆、喷涂等)应用下道维修工序对上道维修工序检验这一方法。

③专职检验(主管检验)。专职检验员或检验主管对汽车维修全过程或关键点(维修质量控制点)进行预防性检验。汽车故障机械修理主要是自检加专职检验(主管检验)。

过程检验是汽车维修质量体系中的重要环节，也是汽车维修质量的必要保障，过程检验的数据应由检验人员在《车辆维修质量检验表》上完整记录，未经过程检验签证的车辆，检验员有权拒绝进行竣工检验。对于检验不合格的项目，应及时进行返修，并做好相关记录。

车辆维修任务委托书　　表5-1

客　户：							
客户地址：				委托书号：			
客户联系人：				送修日期：			
客户电话：				约定交车：			
牌照号	颜色	底盘号	发动机号	万公里	购车日期	旧件带走	是否洗车
						是　否	是□　否□
车型				付款方式		油箱	满（空）
生产日期			客户描述				
维修项目							

项目代码	项目名称	工时费	工时	性质	主修人
小计					

预估费用：

检查员：

站长：

地址：　　　　　　　　　　服务顾问：

电话：　　　　　　　　　　制　　单：

说明：结算时按照实际发生的费用结算，贵重物品及现金请自行保管。

本公司对建议维修项目而用户拒绝维修的不承担质量担保及责任。

＊注：客户凭此委托书提车，请妥善保管

客户签字

年　月　日

（3）竣工检验。车辆维修竣工后，由质检员对维护、修复、更换的项目进行质量检验，检验员必须严格按照相关规定及技术标准逐项进行检验签证，并记录相关检验结果，未经竣工检验合格的车辆不得送下道检验工序。

（4）最终检验和试验。最终检验和试验由总质量检验员和技术（部门）主管按照国家相关标准及要求进行，必要时客户验收代表可在现场，并记录相关检验结果。最终检验和试验不合格的车辆不得出厂。各项检验合格后出具维修维护质检单。

（5）返修流程。

①内部返修流程。内部返修流程是指在相关汽车修理维护项目的过程检验或最终检验时，由检验人员检验发现维修维护项目不合格，需要进行返修的，属内部返修。对需要返

修的车辆，由检验员填写相关记录，责成主修人员及时进行返修。主修人员返修完工后，交检验员复检，复检合格并记录后，车辆方可进入下道工序。

②外部返修流程。外部返修流程是指维修维护车辆交付给顾客后，车主发现相关维修维护项目不合格需要进行返修的，属外部返修。当顾客投诉或认为维修维护质量有问题时，由技术（部门）主管、总质量检验员，以及相关质量检验人员对其原因进行判断，对确定是本部门责任并需要返修时，由技术（部门）主管或总质量检验员填写相关记录，并按维修维护流程进行维修。

5.2.3 汽车维修质量检验考核机制

1）检验误差

汽车维修维护质量检验，由于存在主客观因素，因此检验有一定的误差。据有关资料介绍，维修质量检验人员对缺陷的漏检率有时可高达15%～20%。检验误差可分为以下几点：

①技术性误差。它是指由于检验人员缺乏检验技能造成的误差。

②情绪性误差。它是指由于检验人员马虎大意、工作不细心造成的检验误差。

③程序性误差。它是指由于维修维护车辆数量不均衡、加班突击及管理混乱所造成的误差。

④明知故犯误差。它是指由于检验人员动机不良造成的检验误差。

2）测定和评价检验误差的方法

①重复检查，是由检验人员对自己检查过的维修维护车辆及维修维护工序再检验一到两次，查明维修维护工序中那几道工序合格，那几道工序不合格，不合格的工序有多少。

②复核检查，由技术水平较高的检验人员或技术人员进行，复核检验已检查过的维修维护车辆。

③改变检验条件，为了解检验是否正确，当检验人员检查维修车辆及工序后，可以用精度更高的检测手段进行重检，以发现检测工具造成的检验误差。

3）汽车维修维护质量检验跟踪管理机制

在汽车维修维护过程中，每完成一道工序或一项作业，都要记录其检验结果及存在问题，记录维修技师及检验人员的姓名、时间、地点及情况分析，这些记录随着维修维护车辆进入下一道工序或作业。当需要时，就很容易搞清责任者的姓名、工序、时间和地点，使职责分明，查处有据，可以极大加强相关人员的责任感。

4）维修维护质量奖惩制度

汽车维修维护质量关系到汽车维修企业的生存、发展，是汽车维修企业质量管理体系的最终目标，因此，建立相应的质量奖惩制度是很有必要的。奖惩制度的建立，可以提高相关技术、业务人员的工作能力，激发全体员工的责任心、荣誉感。由于各汽车维修企业对汽车维修维护质量的考核办法各不相同，还没有统一的计算公式，又因考核是同奖惩挂钩，各企业的情况各不相同，所以很难采用统一的考核制度。但在考核中一些共性的问题必须注意：质量检验部门和人员不能承包汽车维修企业或维修维护车间；要正确区分检验人员和维修操作人员的责任界限；外部返修的惩罚要大于内部返修的惩罚等。

5.3　质量监督

5.3.1　质量监督概述

质量监督可以分为企业内部的微观质量监督和企业外部的宏观质量监督，而企业外部的宏观质量监督又可以分为行政监督、行业监督、社会监督三类，其中最主要的就是由政府部门实施的行政监督。行政监督主要是按行政区域分级负责的宏观质量监督，这种监督的目的是为了维护市场经济秩序，保护消费者利益，提升产品质量，推进科技进步。目前主要工作形态就是实施质量监督抽查制度，这是根据《产品质量法》的要求而定的，即法律授予相关政府职能部门对生产、流通领域的某些重要产品质量实施一种具有监督性质的质量检查制度，既是一项强制的行政措施，又是一项有效规范市场经济秩序的震慑手段。

1）质量监督的形式

（1）企业对产品质量的自我监督。自我监督一般由企业专职质量监督机构或质量检验机构执行。

（2）社会的质量监督。社会的质量监督包括行业监督，即工商行政部门通过商标登记对产品质量进行监督检验，行业管理部门、市场管理部门对产品质量的监督；用户监督，即商业部门在收购产品时进行质量监督检验，消费者、使用单位直接或通过消费者协会向企业反映质量问题，促使企业加强质量管理，社会舆论、保护消费者利益团体等对企业产品质量的监督等。

（3）国家的监督检验。国家的监督检验由国家设立的质量监督检验机构运用相应的法律、法规对企业的产品质量进行的监督检验，也称为法律监督，这在质量监督中起着重要的作用。

2）质量监督的特点

①质量监督是一种质量分析和评价活动，监督的对象是产品、服务、质量体系、生产条件、有关的质量文件和记录等。

②质量监督的依据是各种质量法规和产品技术标准。

③质量监督的范围包括从生产、运输、储存到销售流通的整个过程。

④质量监督的目的是保护消费者、社会和国家的利益不受侵害，维护正常的社会经济秩序，促进市场经济的发展。

5.3.2　汽车维修质量监督

1）汽车维修质量监督的概念

汽车维修质量监督是国家汽车维修行业行政管理部门和汽车维修企业按照相关汽车维修质量法规和质量标准的规定，对车辆维修质量和质量保障体系进行监督、检查的相关活动。

2）汽车维修质量监督的作用

汽车维修质量监督实质上是对汽车维修质量进行调控的一种手段，其具有如下作用：

①它是贯彻实施汽车维修质量管理规定、制度和标准不可缺少的重要手段。

②它是维护消费者利益,保障人体健康和生命安全的需要。

③它有利于提高汽车维修企业的竞争能力,促进企业健康、有序的发展。

④它有利于解决汽车维修中存在的质量问题,调解质量纠纷,维护市场经济的正常秩序。

⑤它有利于全面质量管理和更好地实现质量目标。

3)汽车维修质量监督的形式

①汽车维修行业质量监督。这是国家的相关部门为确保国家政策、法规的贯彻和实行而采取的一种行政行为。汽车维修行业质量监督是汽车维修质量监督的主要形式。

②汽车维修企业内部质量监督。这是汽车维修企业为提高自身的竞争力,确保汽车维修质量而采取的相应措施。

4)汽车维修质量监督的主要职责

①宣传、贯彻国家有关质量管理的方针、政策和法规。

②对汽车维修企业维修质量进行管理、监督、检查。

③指导、监督、检查汽车维修企业,建立健全内部质量保障体系和质量检验制度,执行汽车维修技术标准和工艺规范。

④组织汽车维修质量检查评比。

⑤收集交流汽车维修质量信息,开展技术咨询和质量诊断。

⑥组织汽车维修企业质量管理人员及质量检验人员的培训、考核。

⑦受理汽车维修质量问题的申诉,负责进行纠纷调解。

本 章 小 结

本章主要介绍了质量管理、全面质量管理、质量管理体系、质量检验以及质量监督的基本概念,讲述了质量管理的发展阶段,全面质量管理的基本观点、工作程序,以及全面质量管理的推行,如何建立质量管理体系和汽车维修质量管理体系,质量检验和汽车维修质量检验的目的、步骤及方法,汽车维修质量检验分类及内容,质量监督、汽车维修质量监督的形式,汽车维修质量监督的作用及其工作职责。

质量管理是一门综合性的学科,涉及的内容涵盖面较广。本章取其基本概念及定义,结合到汽车维修质量管理中,并运用部分图表,使之具有相对的专业性、学习性和实际操作性。

课 业 训 练

一、名词解释

1. 全面质量管理
2. 质量监督
3. 汽车维修质量检验

二、填空题

1. 质量的全面管理，就是进行________的管理、________的管理和________的管理。

2. 自检是指维修人员对________操作完成的工作，认真地对照汽车维修工艺规范及维修技术标准，进行自我质量评定。自检是汽车维修中的________、________检验。

3. 专职检验是指________对汽车维修全过程或关键点（即________）进行预防性检验。汽车故障中的________主要是________加专职检验。

4. 检验误差是汽车维修维护质量检验中，由于存在主客观因素，因此检验有一定的误差，维修质量检验人员对缺陷的漏检率有时可高达15%～20%。检验误差可分为________误差、________误差、________误差、________误差。

5. 互检是维修人员相互进行检验，主要是________对________进行检验，班组质检员或班组长对________的维修质量进行抽检等。

6. 汽车维修质量监督实质上是对________进行调控的一种手段。

7. “为________服务”和“________”是全面质量管理的一个基本观点。

三、判断题

1. 全面质量管理基本特点是全面的、全过程的、全员的，且管理方法多样。（　）

2. 汽车维修质量检验的方法，为传统的经验测试方法和借助各种仪具、仪器、设备对参数进行测试的方法。（　）

3. 过程检验是指维修人员对自己操作完成的工作进行质量评定。（　）

4. 最终检验是指车辆维修竣工后，由质检员对维护、修复、更换的项目逐项进行质量检验，并记录相关检验结果。（　）

四、简答题

1. 简述汽车维修质量检验的步骤。

2. 简述汽车维修质量检验分类及内容。

3. 简述质量监督的特点。

4. 什么是内部返修？什么是外部返修？

第6章　汽车维修配件及设备管理

学习目标

知识目标

1. 描述汽车配件市场调查的概念、内容、方法及步骤；
2. 描述汽车配件的概念、分类、编码原则及检索方法；
3. 描述汽车订货管理内容，会分析汽车配件的库存品种与最低安全库存量；
4. 描述汽车配件的入库、仓库管理、出库及盘点的管理内容；
5. 描述汽车维修设备保管和维护的内容。

能力目标

1. 具有进行汽车配件市场调查的能力；
2. 具有检索汽车配件的能力；
3. 具有对汽车配件进行采购、入库、仓库管理、出库及盘点管理的能力，会操作汽车配件管理系统软件；
4. 具有对汽车维修设备进行保管、维护管理的能力。

学习时间

14 学时。

6.1　汽车配件市场调查

6.1.1　汽车配件市场调查概述

汽车配件市场调查就是指运用科学的方法，有目的且系统地收集、记录、整理有关汽车市场营销信息和资料，分析市场情况，了解市场的现状及其发展趋势，为市场预测和营销决策提供客观、正确的资料。

汽车配件市场调查的基本内容包括汽车配件市场环境调查、汽车配件市场需求调查、汽车配件竞争情况调查和企业自身营销组合要素调查等，汽车配件市场调查的主要内容如

图6-1所示。

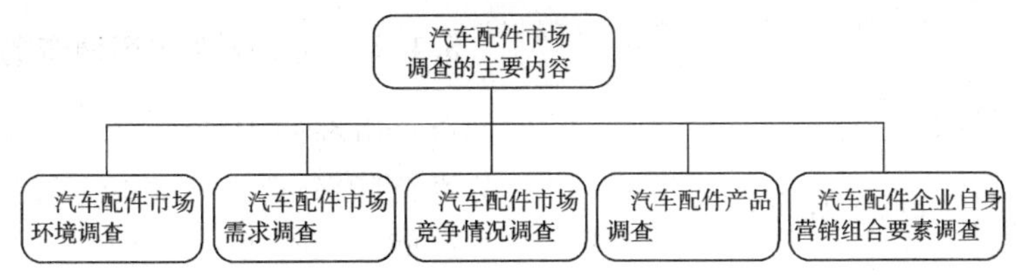

图6-1 汽车配件市场调查的主要内容

1)汽车配件市场环境调查

①政策法律环境。政府有关汽车及其配件产业方面的方针、政策和各种法令、条例等。例如,汽车产业调整政策、汽车价格政策、汽车税收政策、汽车配件经营管理政策、人口政策和产业发展政策、环境保护政策等。

②经济环境。地区宏观经济发展形势(如国民生产总值、固定资产投资规模、信贷规模、居民可支配收入水平等情况),各种等级的公路建设情况等,这些因素均与汽车及其配件的需求量有着密切关系。

③科技环境。汽车配件企业必须对国内外汽车行业的技术、车型的发展速度、变化趋势、应用和推广等情况进行全面调查,使配件企业快速地适应市场的变化,满足消费者不断变化的需求。

④汽车保有量。地区汽车保有量增长情况(包括车型、车数)。汽车保有量的增长与汽车配件需求量的增长是直接相关的。因此,汽车配件企业必须认真调查不同车型的保有量情况,以指导汽车配件经营企业确定目标市场。

2)汽车配件需求调查

汽车配件的需求调查主要是为了了解配件消费需求量、需求结构和需求时间。

①汽车配件需求量调查。对于汽车配件销售企业来讲,市场需求量的调查,不仅要了解企业所在地区的需求总量、已满足的需求量、潜在需求量,还必须了解企业的销售量在该地区销售总量中所占的比例,即市场占有率。

②汽车配件需求结构调查。汽车配件市场调查不仅要调查汽车配件需求总量,而且还要对不同车型汽车配件的需求量以及各品种、规格的配件需求量进行详细的调查。

③汽车配件需求时间调查。在不同的季节,用户对汽车配件的需求种类及需求数量会表现出一定的差异性,配件企业必须对配件的需求时间进行认真调查,使企业能根据用户需求的时间性特点安排企业要购进的配件品种、规格和数量。

3)汽车配件竞争情况的调查

汽车配件企业在制订各种重要的市场营销决策之前,必须认真调查和研究竞争对手的经营状况,并时刻注意竞争者的各种动向。具体的调查内容包括对竞争对手的优势、劣势、营销策略、销售情况、货源、销售方向、进销价格等的调查。

4)汽车配件企业自身营销组合要素调查

汽车配件企业自身营销组合要素调查内容如图6-2所示,汽车配件企业所销售的配件的市场潜量及市场占有率、影响汽车配件价格变化的因素、汽车配件营销渠道的选择、控制与调整情况、汽车配件企业内部的经营管理水平、员工素质及物资设备、经营场所等情况,还应调查

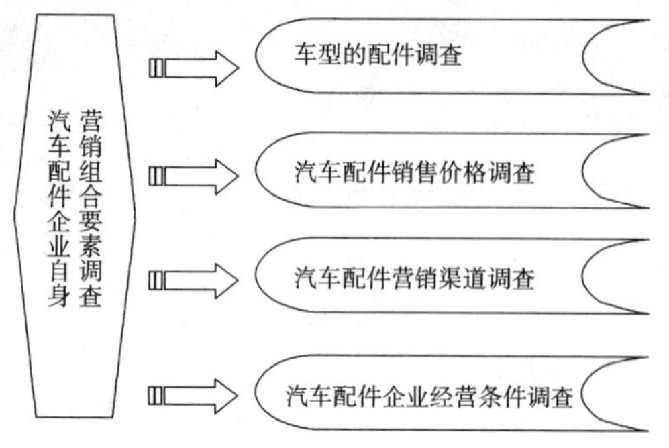

图6-2　汽车配件企业自身营销组合要素调查

企业每月的配件销售状况以及库存情况。

6.1.2　汽车配件市场调查的方法

进行市场调查的方法很多，按照调查的方式分类，可以分为间接调查法和直接调查法。

1）间接调查法

间接调查法又可称为文案调查法，是从各种文献档案中收集资料，获取信息的一种方法。因此，间接调查法获取的都是二手资料。其优点是调查费用低，速度快，调研的范围广，而且既不受时间、空间的限制，也不受调查人员主观的干扰，其反映的信息内容较为真实、客观。但它也有很明显的缺点，获得的资料时效性不强，而且获得的资料需要进行加工处理，其数量分析工作的难度也较大等。另外由于间接资料是各个企业都有可能获得的，因而在市场调查中，更多的是采用了直接调查的方法。

2）直接调查法

直接调查法即通过实际的调查活动来收集资料进行调查分析，因而获取的资料也称第一手资料。直接调查法又包括访问法、观察法和实验法等，其中最常用的是访问法。

访问法（又称询问法），它包括直接询问和间接询问。直接询问即直接向被调查者提出问题；间接询问则是迂回地向被调查者询问。访问法是收集原始资料最主要的方法，优点是调查范围广、费用低；缺点是回收率低、回收时间长、难以得到被调查者的配合。访问法有几种具体形式，分别是面谈、电话访问、邮寄问卷、留置调查等，访问法的几种具体形式各有优势，也有弱点，访问调查法几种具体形式的比较见表6-1。

访问调查法几种具体形式的比较　　表6-1

项　目	面　谈　法	电　话　法	邮　寄　法	留　置　法	日　记　法
调查范围	较窄	较窄	广	较广	较广
调查对象	可控可选	可控可选	一般	可控可选	可控可选
影响回答的因素	能了解控制和判断	无法了解控制判断	难了解控制和判断	能了解控制和判断	能了解控制和判断
回收率	高	较高	较低	较高	较高
回答速度	可快可慢	最快	慢	较慢	慢
回答质量	较高	高	较低	较高	较高
平均费用	最高	低	较低	一般	一般

观察法是调查人员直接到现场进行观察和记录的一种收集信息的方法。这种方法取得的情况直接、能反映实际，但花费大，需要对调查人员进行培训，适用范围有限。观察法有直接观察和测量观察两种基本类型，直接观察就是观察人员直接进行实地观察；测量观察就是运用电子仪器或机械工具进行记录和测量。观察法的主要缺点是观察不到内在的因素，有时需要作长时间的观察才能得到结果。

6.1.3　汽车配件市场调查的步骤

1）调查准备阶段

（1）确定调查问题与调查目标。由于市场调查的主要目的是收集与分析资料以帮助企业更好地做出决策，以减少决策的失误，因此，调查的第一步就要求决策人员和调查人员认真地确定和商定研究的目标。首先，要确定所要调查的问题既不可过于宽泛，也不宜过于狭窄，要充分考虑调查结果的实效性。其次，在确定问题的基础上提出特定的调查目标。

(2)制订调查计划。制订调查计划就是确定调查方案，包括确定调查项目、确定调查方式、估算费用、编制调查项目建议书和安排调查进度、编写调查计划书等。

①确定调查项目。从人力、时间、资金方面来综合考虑与调查目标有关的因素，根据各种因素的重要程度进行比较，来决定取舍。

②确定调查方式。包括确定调查地点、调查对象以及调查的具体方法。调查的地点选择要与企业的经营活动范围密切相关；对象的确定要以能客观、全面地反映消费者的看法和意见为宗旨；调查方法的选择要以最适合企业开展市场调查为原则。

③估算调查费用。用有限的调查费用，获得准确的调查结果，对调查所需的各项费用做出估算。

④安排调查进度。合理安排调查进度是调查工作能按质、按期完成的有力保证，将各个调查项目具体化，明确把每一阶段所要完成的工作内容以及所需人力、经费、时间限定等都在进度表中表现出来。

⑤编写调查计划书。在进行正式调查之前，应把前4个步骤的内容综合并编成调查计划书，以指导整个调查工作的进行。

2)调查实施阶段

进行实际调查工作是市场调查方案的执行阶段。为了保证调查工作按计划顺利进行，必须事先对有关工作人员进行培训，而且要充分估计到调查过程中可能出现的问题，并要建立报告制度。调查组织者应对调查进展情况了如指掌，做好控制工作，并对调查中出现的问题及时解决或采取补救措施，使调查按计划进行。

3)分析总结阶段

首先应对资料进行鉴别筛选，以保证资料的可靠性和准确性，经过筛选后的资料要按内容进行分类和编码，并编制相应的统计表，在汇总资料后一般采用计算机进行统计处理。

提交调查报告是市场调查的最后一步，在整理资料、统计分析资料之后提出的有关调查结论，它较全面地反映了调查的最终结果，调查报告将为企业的经营决策提供重要的参考依据。

调查活动结束后，调查工作小组还应对调查工作进行全面总结，交流有关经验，总结有关教训，便于以后能更好地开展市场调查工作。图6-3所示是汽车配件市场调查

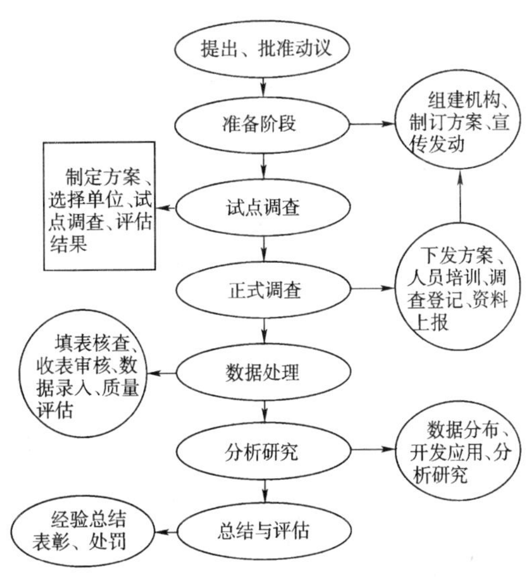

图6-3　汽车配件市场调查的具体实施流程图

的具体实施流程。

6.1.4 汽车配件市场调查报告的撰写格式与方法

汽车配件的市场调查报告撰写是调查任务的成果体现，基于科学地调研，周密地调查问卷设计，具有代表性的样本，高质量的数据收集、整理与分析，撰写出一份高质量的调查报告，为决策者提供有效地信息沟通，便于采取正确的营销行动。

汽车配件的市场调查报告根据提交的目的、对象不同，撰写结构会有所不同，但主要构成要素一般是不会省略的，主要包含介绍部分、正文部分和附件部分。

1）介绍部分

介绍部分是对汽车配件的市场调查报告的主要内容进行概括性介绍，主要目的是让那些不需要深入研究的人员通过介绍部分就可以了解调查的概况，同时也提供了深入阅读全文的检索方法和主要提示。

介绍部分一般包括封面、目录、摘要、调查概况和主要结论。

①封面。封面包括报告的题目、报告的使用者、报告的编写单位名称、地址、电话、报告提交的日期及呈报的单位等内容。

②目录。目录是整个报告的检索部分，便于读者了解报告结构，阅读某一部分内容。

③摘要。摘要从内容来讲，要求文字清楚、简洁和高度概括，摘要的目的是让阅读者通过摘要能了解项目调查的全貌，包括调查的结论。

报告摘要包括四个方面的内容：简要说明调查的目的；介绍调查对象和调查内容，包括调查时间、地点、对象、范围、调查要点及所要解决的问题；简要介绍调查的方法；简要说明结论与建议。

2）正文部分

正文是报告的核心部分，包括开头、主体、结束语三部分，正文部分必须准确阐明调查报告的有关论据，从问题的提出论证、到得出结论的全过程，分析研究问题的方法，全部调查结果和必要的市场信息，以及对这些情况和内容的分析评论。

正文中的内容应是数字、表格以及对数字、表格的解释和分析，结构严谨，推理具有逻辑性。

3）附件部分

附件是指调查报告正文包含不了或没有提及，但与正文有关必须附加说明的部分。附件通常包括调查方案、调查问卷、观察记录表、抽样调查方案、数据整理、分析表格、统计表和参考文献等支持性材料。

6.2 汽车配件的检索

6.2.1 汽车配件的概述

1）汽车配件的定义

在汽车商务和服务企业中，一般把汽车的零部件和耗材统称为汽车配件。

2)汽车配件的分类

汽车配件的分类比较复杂,由于它的品种繁多并且日新月异,全球各地各个机构对汽车配件的分类方法各有不同。一般来说有如下几种分类方法:

(1)汽车配件按照用途分类。汽车配件按照用途可以分为必装件、选装件、装饰件、消耗件四类。

必装件就是汽车正常行驶所需的配件,如转向盘、发动机等;选装件就是非汽车正常行驶所需的备件,但是可以由车主选择安装以提高汽车性能或功能的配件,如CD音响、氙气前照灯等;装饰件又称精品件,是为了汽车的舒适和美观加配的备件,一般对汽车本身的行驶性能和功能影响不大,如香水、抱枕等;消耗件是汽车使用过程中容易发生损耗、老旧,需要经常更换的备件,如润滑油、前风窗玻璃清洁剂、冷却液、制动液、刮水器等。

(2)汽车配件按照生产来源分类。汽车配件按照生产来源可以分为原厂件、副厂件、自制件三类。

原厂件是指与整车制造厂家配套的装配件;副厂件指的是由专业配件厂家生产的,虽然不与整车制造厂配套安装在新车上,但是按照制造厂标准生产的,达到制造厂技术指标要求的配件;自制件指的是配件厂家依据自己对汽车配件标准的理解而自行生产的,外观和使用效果与合格配件相似,但是其技术指标由配件制造厂自行保证,与整车制造厂无关。

需要说明的是,自制件是否合格,主要取决于配件厂家的生产技术水平和质量保障措施。不论副厂件,还是自制件,都必须达到指定标准水平。这里说的原厂件、副厂件和自制件,都是合格的配件。那些不符合质量标准的所谓"副厂"配件,不属于上述范畴。

另外,汽车配件按照使用周期和库存要求可以分为常备件和非常备件,或者快流件、中流件、慢流件等,除了上述分类方法,每一个国际大型整车制造厂,也都有自己的零配件分类方法。

6.2.2 汽车配件的原厂编码

汽车配件的制造厂编号代表汽车配件的型号、品种和规格,这对配件的采购和管理十分重要。编号和规格一般印在配件的包装物上,也有的打印或铸造在配件的非工作表面。

各个整车制造厂都会对制造汽车所用的配件进行统一编码,编码的规定各不相同,但都有相对固定的规则。这些固定的编码通称原厂编码,由英文字母和数字组成,每一个字符都有特定的含义。

下面以几个常见车系的编码为例说明:

(1)奥迪车系的配件编码。奥迪车系的配件编码一般是一个10位的字符串。可以使用英文字母或者阿拉伯数字。其分段规则是3-1-2-3-1,例如,奥迪A6的一款发动机电脑原厂编码如下所示:

型号			主组	子组		零件号			变更字母
4	A	0	9	2	7	1	5	6	A

奥迪汽车配件主组:

主组1——发动机

主组 2——油箱、油管、排气系统、制冷系统
主组 3——变速器
主组 4——前轴、差速器、转向器
主组 5——后桥
主组 6——车轮、制动系统
主组 7——手操纵系统、脚踏板系统
主组 8——车身
主组 9——电器
主组 0——附件

(2)丰田汽车公司零件编号体系和原则。零件编号并不是无意义的数字组合,而是有一定原则和含义的。丰田汽车零件编号一般由 10 个或 12 个数字或英文字母组成,各代表一定的含义。

①一般普通件编号。

●●●●●　●●●●●　●●

前 5 位基本编号表示零件的种类;中间 5 位是设计编号和变更编号,表示发动机类型及汽车种类;后两位是附属号,表示零件的颜色及其他,如发动机连杆轴承的编号为13041 - 75021 - 04。

②单一件编号。

●●●●●　●●●●●

前 5 位全部没有 0,如右后悬架衬套编号为 48725 - 30050。

③半总成件编号。

●●●●●　●●●●●

半总成件由 2 个以上的零件组成。第 3 位和第 4 位有一位为 0,或者这两位都为 0,但第 5 位不为 0。如车钥匙编号为 89073 - 30050。

④总成件编号。

●●●●●　●●●●●

总成件由单一件或半总成件所组成。第 5 位为 0,组成件数较多时,则第 3,4 位为 0。如门锁总成编号为 53510 - 33130。

⑤组件编号。

●●●●●　●●●●●

组件由中心件和几个其他小件组成。第 7 位为 9,最后一个数字由 5 ~ 9 的数字组成。如水泵组件的编号为 16100 - 29085。

⑥修理包编号。

●●●●●　●●●●●

修理包零件编号全部由 04 开头。如密封套编号为 04438 - 33021。

⑦专用工具编号。

●●●●●　●●●●●

专用工具零件编号一般都以 09 开头,但部分随车工具除外。

(3)其他汽车公司零件编号体系和原则。

五十铃汽车公司的零件编号采用10位数字表示,分成三段。例如,机油滤清器的编号为8－94456741－0;离合器总泵的编号为8－97167406－0。

日产汽车公司的零件编号采用10位数字加字母组合表示,分成两段。例如,火花塞(Y31车型用)的编号为22401－40V05;本田汽车公司的零件编号采用11位数字加字母组合而成,分成三段。例如,前风窗玻璃的编号为73111－SV4－405;左前照灯总成的编号为34350－SV4－A02。

6.2.3　汽车配件的检索方法

1)汽车配件检索工具

汽车配件检索工具一般有书本配件手册、微缩胶片配件目录和电子配件目录(CD光盘)三种形式。三者只是载体的形式不同,内容是一样的。

(1)书本配件手册。配件手册是汽车制造厂根据每一种车型编辑一本手册,内容包括该车型所有零件的名称、零件编号、单车用量及代用零件编号等详细信息,并附有多种检索方法,如按零件名称、零件编号、汽车总成分类及图形索引(爆炸图)等,配件手册使用方便,但体积大,需要较大的存放空间。汽车配件手册(封面)如图6-4所示。

图6-4　汽车配件手册(封面)

(2)微缩胶片配件目录。微缩胶片是把配件手册经微缩制成的,一张A4幅面的胶片上可以容纳96页A4幅面的手册内容,信息量较大。但需要使用“微缩胶片阅读机”的放大投影机来阅读,因而使用不方便,现在已经逐步被光盘所取代。

微缩胶片配件目录中包括索引和目录正文两部分,正文部分由插图和零件一览表组成,正文按厂家主组和分组的分类情况有机地组合,依次排列;索引部分是查询零件的向导,它包含内容指南、标记和缩略语一览表、零件编号变更一览表、插图索引、图号索引、零件编号索引、零件名称索引;目录包含的车型、特征、VIN(或车架号)等信息。

(3)电子配件目录(CD光盘)。计算机光盘容量大,一张光盘可以容纳多个车型甚至一家公司全部车型的配件手册内容。光盘系统查询方式灵活多样,非常方便。随着汽修、汽配企业计算机管理的普及,光盘应用越来越广泛。以光盘形式存储的电子目录具有信息承载量大、查询简单、更新方便、成本低的特点,因此在配件经销领域获得了广泛的应用。汽车配件检索工具发展趋势是:光盘应用越来越广泛,微缩胶片已被逐步淘汰。但目前配件手册与光盘仍然并存使用。电子配件目录(CD光盘)如图6-5所示。

a)

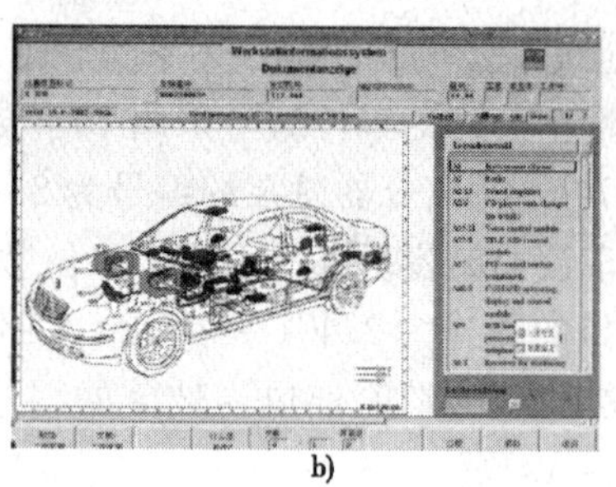

b)

图6-5 电子配件目录(CD光盘)

2)汽车配件的检索方法

(1)按汽车配件名称(字母顺序)索引。在进口汽车配件手册中均附有按零件名称(字母顺序)编排的索引,如果知道所需零件的英文名称,即使缺乏专业知识的人员,采用此种方法也能较快地查找到该零件的有关信息。

(2)按汽车总成分类索引。把汽车零件按总成分类列表,如发动机、传动系统、电器设备、转向系统、制动系统、车身附件等,根据零件所属总成,查出对应的地址编号(Address No.)或模块编号(Block No.),再根据编号查询出该零件的有关详细信息。

不同的汽车公司,车系分法也有所不同。捷达轿车零件分为9大类:发动机;燃油、排气及冷却装置;变速器;前轴、差动变速器及转向操纵装置;后轴;车轮及制动器;手操纵和脚踏板杠杆装置;车身;电气设备。本田汽车零件分12大类:发动机机构、燃油及发动机控制、排气系统及冷却系统、发动机电器、车身电器、传动系统、车桥、悬架、制动系统、转向系统、车身及其他。

因此,汽车总成分类索引适用于对汽车零部件结构较熟悉的专业人员使用,只有知道某一个零件属于哪个总成部分,才能够快速查询和确认客户所需要的配件。

(3)按零件图形(图号)索引。把汽车整车分解成若干个模块,采用图表相结合的方式,用爆炸图即立体装配关系展开图能直观、清楚地显示出各个零件的形状、安装位置及其装配关系,并在对应的表中列出零件名称、零件编号、单车用量等详细信息。按图形(图号)索引查询的特点是能直观、准确、方便迅速地确定所需配件。查询的顺序依次如下:

①图形索引;

②图号索引,查找某零件对应图号及页码;

③放大图;

④对应零件详细信息表。

(4)按汽车零件编号索引。一般汽车零件上均有该零件的编号,如果所需配件编号已知,则采用本方法能准确、迅速地查询到与该零件有关的信息。一个零件的名称可能因翻译、方言等叫法不同,但零件编号是唯一的。零件编号索引是根据零件编号大小顺序排列的,根据已知的零件编号,可以查出该零件的地址编码或所在页码,然后查询其详细信息。查询的顺序依次为:零件编号—索引—图号/页码—图/表。

①基于互联网的汽车配件目录。随着互联网技术的发展,基于互联网的配件目录也逐渐进入实用阶段。在国内,中车在线汽车服务网(www.713.com.cn)也将Mitchell(米切尔汽车维修数据库)配件目录实现了网络化,突破了存储容量的限制,降低了对计算机配置的

要求,更重要的是它可以及时更新,使用户获得最准确的配件信息。

②汽车配件变更通知。除了配件目录外,其他与配件相关的技术服务资料在配件管理与营销中也十分重要。配件目录发行后,有关的配件或型号有新的变化,厂家为调整售后服务市场,将随时发布相应的配件变更通知。

③替换件目录。经过技术改进或改型后,旧零件与新零件之间有互换性,需要用新零件号替换旧零件号。厂家一般在较大的改型之后都会发布相应的替换件目录,指导配件流通。

④通用互换手册。一个厂家的多个车型或者多个厂家的多个车型,可能都会采用相同的零件,它们的编号可能不同,但同样具有互换性。部分厂家或者由第三方出品的不同车型、不同厂家的配件通用互换手册,用以指导这部分的配件经营。

某一种车型推出以后,其沿袭车型的技术改进和零件变更是不断进行的,另外它的配件价格也随着市场在时刻变化,因此,配件目录维护是一件十分重要的工作。应与厂家建立良好的信息沟通渠道,在市场上建立良好的信息收集渠道,及时掌握零件的变更信息,实时更新自己的配件信息库是在配件目录维护中是必须做到的,它是进行配件经营的根本保障。

6.3 汽车维修企业的配件订货管理

因为汽车配件销售的随机性很大,所以无法对客户何时需要什么配件进行预测,无论是汽车维修企业还是汽车配件经销商,都希望通过对库存的控制,力图用最少的资金占用量,取得最大的经济效益。所以,用最少的资金保证供货及时是配件订货的原则。订货时间的早晚,订货数量的多少是关系到商家库存资金占用多少的重要因素,订货过早、数量过多则可能造成库存占用流动资金过多、存储成本加大;订货过晚、数量过少则库存缺货严重,可能影响生产、造成客户流失、减少销售利润。

6.3.1 库存配件品种与安全库存量的确定

为了确定库存配件的品种和库存量,需要对配件进行库存分析,确定哪些配件缺货,哪些配件库存过剩,需要订货量有多大,以便向采购部门提供采购计划的参考意见。

订货的品种与数量的确定,是根据汽车维修企业对配件的实际需要与现有库存的情况进行对比分析,确定最常用的数量参数:库存上限、库存下限、库存警戒线。

库存上限,就是正常情况下,商品在仓库里允许存放的最大数量,防止库存配件产生积压;库存下限,就是在正常情况下,库存中商品应该保持的最低数量,防止配件库存不足;库存警戒线是为了保证商品库存不低于下限,当商品在使用过程中,数量降低到一定限度时,就要进行补货采购,这个限度就是警戒线。

目前,采用库存管理的方法很多,有传统的库存管理方式,也有先进的库存管理方式。根据汽车配件库存管理的特点,我们选择ABC分类法指导我们对复杂的采购行为进行简单的规划和管理。这种方法在汽车配件的供应管理上,具有很强的实用性。

1）ABC 分类法的原理

ABC 分类法运用简单的数学模型，按照配件的价格和数量，把常见的配件分为以下三类，如图 6-6 所示：

A 类配件：占配件种类 10% 左右，金额占总金额的 65% 左右。

B 类配件：占配件种类 25% 左右，金额占总金额的 25% 左右。

C 类配件：占配件种类 65% 左右，金额占总金额的 10% 左右。

显然，这三类配件具有如下特点：A 类配件种类少、金额高；C 类配件品种多、金额少；B 类配件介于 A 类与 C 类之间。

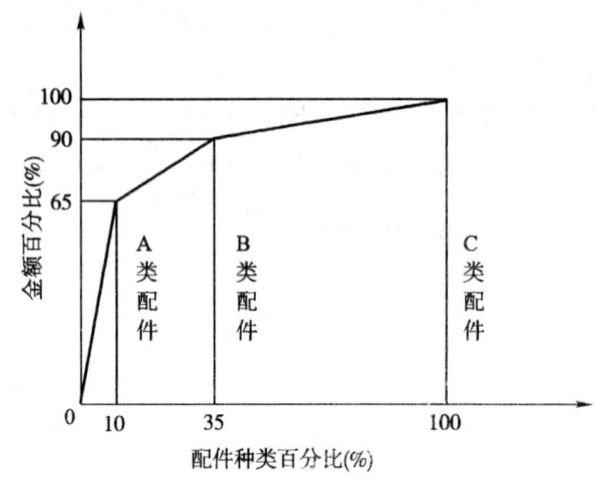

图 6-6　ABC 分类法图示

2）ABC 分类法的操作步骤

①进行配件的资料统计，将每一种配件在某一时间段的用量、单价、金额进行制表。

②按照金额大小进行排序，计算每种配件占配件总金额的百分比。

③按照金额大小顺序计算每一种配件的累计百分比。

④根据累计百分比绘制 ABC 分析表（柏拉图表）。

⑤进行 ABC 配件分类。

制订订货计划时，应该从 C 类配件入手，如机油、三滤等，这类配件需求量大，容易找到消耗的数量规律。在完善 C 类配件的订购计划的基础上，逐步制订 B 类配件的采购计划，由于 B 类配件的数量规律往往波动较大，所以没有办法全部严格定量计划，但是我们可以制订一个大致的计划。对于 A 类配件，一般不制订采购计划，而是按照需要随时订货。需要补充强调的是，制订采购计划时，还需要考虑配件的到货时间和付款条件。

3）汽车配件其他订货方法

汽车配件订货方法有很多，如定期订货、紧急订货、临时补货等。在管理规范的企业里，每隔一段时间，会定期对配件进行盘点，然后得出库存的准确数量，对前段时间的库存进行比较分析后，得出本次应该订货的商品数量。

（1）定期订货。定期订货是在掌握公司某段时间内配件平均需求的基本前提下，结合客户的预订品种及数量，同时参照现有库存数量品种进行订货的方法。定期订货要尽可能保证配件的订货需求能满足一段时间内的绝大多数可预测的需求。

（2）临时补货。临时补货指当库存的配件低于库存警戒数量的时候，要进行临时补货，保证有足够的库存数量以备使用。这类配件一般都是比较常用的，因此，在库房内备有足够的库存数量是十分必要的。

（3）紧急订货。紧急订货是指当客户来店时，所需配件的数量品种不能满足客户的需求，此时就要根据客户需求情况快速制订订货计划马上进货，这样既不影响维修与销售，同时还可以留住客户。

6.3.2　汽车维修企业配件采购管理

1)汽车维修企业配件采购管理程序

汽车维修企业应设置配件供应管理部门(或专职采购员)对汽车配件等物资的采购进行专项控制管理,并建立由财务部门对配件采购进行监督控制的监督机制。汽车配件采购程序如下:

(1)深入市场,了解供货行情。现代汽车厂家众多,车辆品种繁杂,汽车配件采购多属于小宗、零星和即时采购,而配件供应商也存在着经营单一或车辆配件品种少的弊端,所以采购部门(或采购员)一定要深入市场进行考察,了解供货行情,才能保证采购及时并确保车辆配件的质量。

(2)货比三家,动态定点。货比三家是指在采购时进行价格对比来采购,在保证质量的前提下,选择最低价位的配件采购,降低采购成本;动态定点是指依据企业维修的主要车型来选择几家质量好、品种多、信誉佳、合作好的供应商作为稳定的分供方。根据采购的需要和比价的结果,灵活调整在各商家的采购比例,保证采购的及时性。

(3)汇总审批。采购部门将考察合格后的供应商资料(品种、价格、信誉度等)汇总后上报企业经营者审批,使企业经营者及时掌握采购信息。

(4)财务监督。由财务部门负责对采购配件的价格进行定期或不定期的检查,以保证采购的最低价和杜绝营私舞弊现象。

2)采购进货方式和种类

汽车维修企业在组织进货时,要根据企业的各类汽车配件的进货渠道,以及汽车配件的不同特点,合理安排组织进货。汽车维修企业的进货方式一般有以下4种类型:

(1)集中进货。集中进货就是由企业设置专门机构或专职采购人员统一进货,然后分配给各汽车配件部销售。集中进货一般适宜于小型零售配件商店。

(2)分散进货。分散进货就是分别由企业内部的各个配件部自设采购人员,在核定的资金范围内自行采购。此类型一般适合于大型配件零售商店,以便做到进货品种齐全,适销对路,实现勤进快销。

(3)集中进货与分散进货相结合。集中进货与分散进货相结合的一般做法是,外地采购,与生产厂直接挂钩,以及向其他与之有不固定进货关系的供应商一次性采购,由各配件部提出采购计划,由企业职能业务机构汇总审核后集中采购。

(4)联合采购。联合采购就是几个配件零售、汽车维修企业联合派出人员,统一向汽车配件生产单位或到外地组织进货,然后给这几个配件零售企业分销,这种类型多适合小型配件零售企业之间或中型配件零售企业代小型配件零售企业联合组织进货。这样能够相互协作,节省人力,凑零为整,拆零分销,有利于组织运输。其困难在于组织工作比较复杂。

3)汽车配件的选择与鉴别

汽车配件质量的好坏,关系到修车质量和企业的信誉。采购管理中重要的一环就是要杜绝假货及伪劣产品入库。伪劣产品主要有组装配件冒充原厂配件、国内仿造(不是指定配套的生产企业生产的同类产品);冒充指定配套的生产企业生产的同类产品、旧件冒充新件。

(1)用简单技术手段鉴别汽车配件的方法。

①目视法。对于表面损伤的零件,如毛糙、沟槽、刮痕、明显裂纹、剥落、折断、缺口或破洞等损伤,以及零件的重大变形、弯曲、严重磨损、表面烧蚀、橡胶零件材料的变质等,都可以通过眼看或借助于放大镜观察、检验,以确定其是否需要修理或报废。

②敲击法。判定壳体及盘形零件是否有不明显的裂纹,用铆钉连接的零件间有无松动,轴承合金与钢片的结合情况如何时,可用小锤轻轻敲击并听其响声。如果发出的金属声音清脆,说明零件的状况很好;如果发出的声音沙哑,可以判定零件有裂纹、松动或结合不良。

③比较法。用作为标准的零件与被检验的零件作比较,从对比中鉴别被检验的零件的技术状况。虽然正品价格较高,但质量可靠,坚固耐用,故用户均愿采用。

(2)进口汽车配件的鉴别。凡是国外原厂生产的纯正品,在其包装盒上均印有英文"GENUINE PARTS"或中文"纯正品"字样。产品质量也可从包装、内在质量、产品价格和进货渠道来鉴别。

①根据包装进行识别,是检验进口配件真伪的重要程序。纯正进口配件外包装箱(盒)上都贴有厂家统一、印刷清晰、纸质优良,并印有"GENUINE PARTS"(纯正品)标记,且标有零件编号、名称、数量及生产厂和国家。

②根据产品质量来鉴别,从产品外表的加工是否精细,颜色是否正常来辨别,一般仿制品表面都比较粗糙,产品颜色也不正;纯正进口零件上都打印有品牌标记、零件编号和特定代码等。有些产品上还铭刻有制造厂;通过专用工具测量产品的尺寸,看其是否符合要求,有些厂商还专门为客户提供了测量工具以防假冒等。

③从产品价格上进行辨别,纯正品部件的价格最高,专业厂次之,国产件、仿制品价格最低。但要注意的是,进口环节中减税和中间经销商加价也会使价格偏离常规价格。

④根据进货渠道进行分析,一是直接从国外进口,二是从经销商那里购买。直接从国外整机厂和零部件配套厂进口的配件,质量都有保障。如果是从经销商那里购买或从境外转口进来的配件就要根据上述方法加以鉴别。

针对近年来汽配市场出现假冒进口汽车配件的实际问题,汽车维修企业必须详细了解并熟悉国外主机厂、配套厂等的商标、包装、标记及一般的检测方法和数据。到货后,一般应"由外到里,由大包装到小包装,由外包装到内包装,由包装到产品标签,由标签到封签,由零件编号到实物,由产品外观质量到内在质量"逐步进行详细检查验收。

6.4 汽车维修企业配件库存管理

汽车配件库存管理是指汽车配件采购后入库、出库、仓库管理等一系列管理过程,如图6-7所示。

6.4.1 汽车配件的入库程序

1)汽车配件的接运

汽车配件的入库是及时而准确地接收入库配件。在接运时,要对照货物单认真检查,做到交接手续清楚,证件资料齐全,为验收工作创造有利条件。应避免将已发生损失或差错的配件带入仓库,造成仓库的验收或保管出现困难。

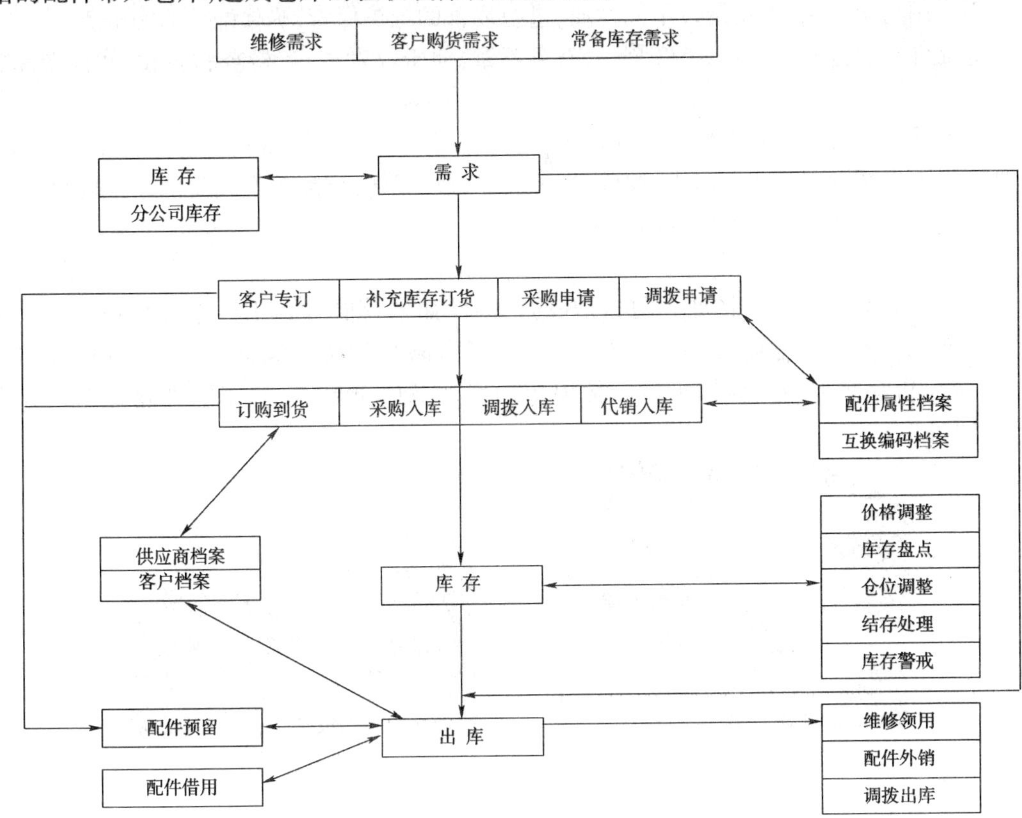

图6-7 汽车配件库存管理主流程图

2)汽车配件的验收

凡要入库的配件,都必须经过严格的验收。汽车配件的验收是按照一定的程序或手续,对物资的数量或质量进行检查,以验证它是否符合订货合同的一项工作。验收为配件的保管和使用提供可靠依据,验收记录是仓库对外提出换货、退货、索赔的重要凭证。因此,要求验收工作做到及时、准确、在规定期限内完成,严格按照“验收准备—核对资料—检验实物—填写验收记录”的验收程序进行。

3)汽车配件的入库

汽车配件经过验收后,对于质量良好、数量准确的汽车配件,应及时办理入库手续,进行登账、立卡、建立档案,妥善保管配件的各种证件、账单资料。登账是仓库对每一品种规格及不同级别的物资都必须建立收、发、存明细账;制作物卡;记录库存配件的名称、规格、型号、级别、储备定额和实存数量,一般直接挂在货位上;建立汽车配件档案,记录历年来的技术资料及出入库有关资料,以便查阅和积累配件保管经验。

6.4.2 汽车配件的仓库管理

汽车配件的库房管理是汽车维修企业管理的一个很重要的内容,负责库房管理的人员,应该受过严格的训练和系统的培训才能胜任。

1)配件仓库管理工作的基本要求

①采用科学方法,根据配件不同性质,进行妥善的维护保管,确保配件的安全。

②配件存放应科学合理,整齐划一,有条不紊,便于收发查点、检查和验收,并保持库容整洁。

③定期清仓、盘点,掌握配件变动情况,避免挤压浪费和丢失,保持账、卡、物相符。

④不断提高管理和业务水平,使验收、分类、堆放、发送、记账等手续简便、迅速和及时。

⑤搞好旧配件和废旧物资的回收利用。

2)货架布局的原则

货架布局要保证交通畅通无阻,再好的零部件如果仓储方式不当也会影响工作效率并可能使用户不满。仓储区必须留有一定的空间,防止货架爆满,防止损伤人员或损坏零件,货位更新必须纳入日常工作。货架布局应注意以下要点,汽车配件仓库布局如图6-8所示。

a)

b)

图6-8　汽车配件仓库布局

①货架中留有增加库存件的空间,避免进行大规模仓储重新安排。

②一般货架与特殊订购货架分开放置。

③零件必须编码存放。

④货架保持清洁。

⑤货架间员工可无障碍通过,其标准宽度为90cm;若要搬运辅料或钣金等大件时,要求标准宽度为130cm。

⑥至少设一个主通道,在此通道上能清楚地从一端看到另一端。

⑦可在货架间的通道内穿行寻找零件,通道端口不得封闭。

⑧光线充足。

⑨无零件伸出货架挡住通道。

⑩所有仓储区必须清洁、有序,不能只有用户看到的地方才干净。

⑪仓储区必须有安全保障,未经许可不得入内。

⑫贵重物品和易燃易爆物品(如油漆)应特殊储存。

⑬发运和接收区必须清洁、有序。

⑭所有到货件必须立即按装箱单核对。

⑮检查后的入库件必须尽快录入库存系统。

⑯紧急订货必须优先验货,以便通知用户或等件的维修车间。

3）仓位编号

为了快速、准确地找到所需零件，需要对零件存放位置进行定位。一般采用仓位编号J来表示，仓位编号包括货架号、层号、列号。图6-9所示为货位编号。

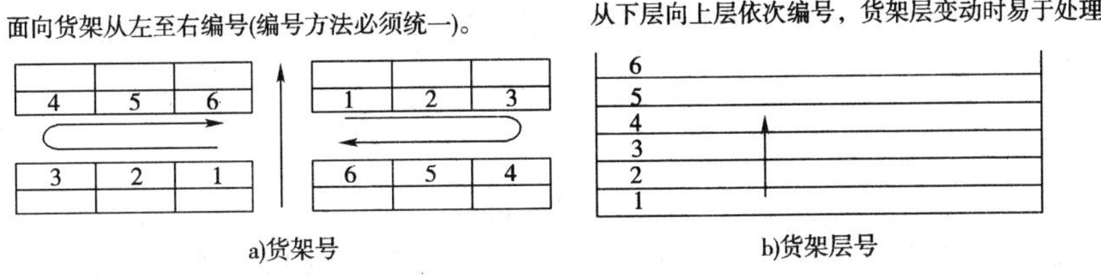

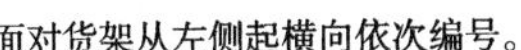

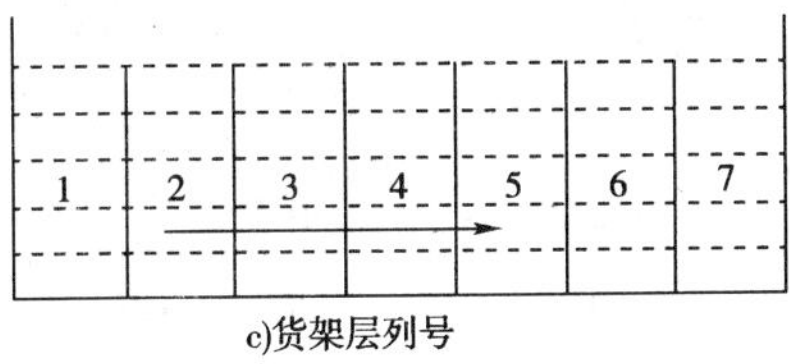

图6-9　货位编号

4）汽车配件存放遵循原则

（1）按周转速度存放。根据零件流通级别，快流件存放于靠近作业区且易于取放的货位，以缩短出入库作业路线，提高工作效率。

（2）重物下置。从出入库作业的安全性和工作效率方面考虑，重的零件应放置在下面。若重物上置可能导致落下伤人、货物损坏、上架取放不方便等。

（3）竖直存放。扁长或细长件如车门、排气管等竖直存放可以节省空间，保证安全，如图6-10所示。

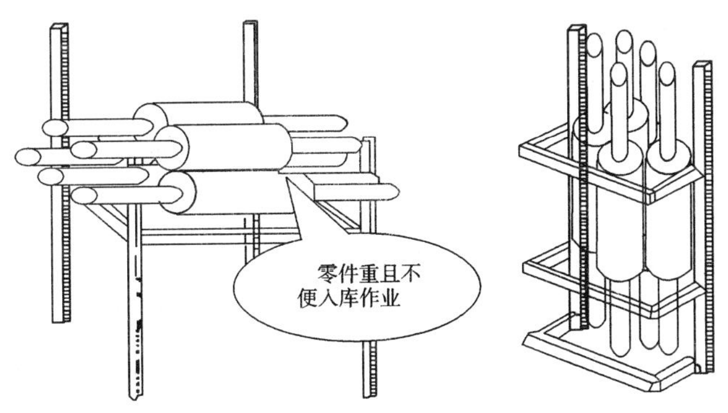

图6-10　竖直件的存放

（4）一个零件号一个货位。把不同编号的零件分别存放，零件混放容易导致寻找困难或找不到。根据销售人员打印的出库票单A03－01－04，说明该零件的货位是A区03货架的由下向上数第4层第一列的位置。如果该货位只存放这一种零件，即使没有经验的人也能准确无误地找到，所以要严格实行一个零件号一个货位，如图6-11所示。

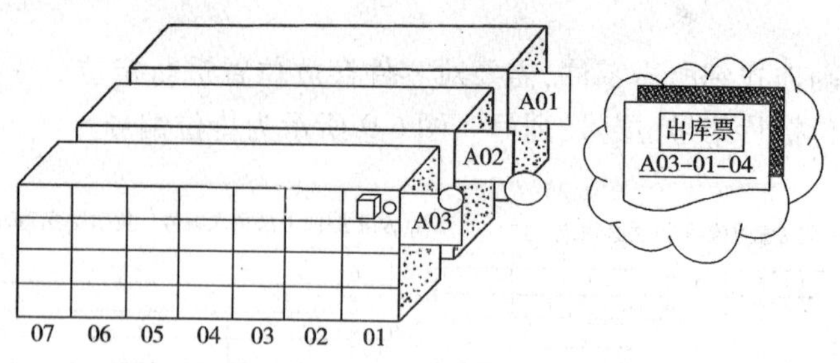

图 6-11 配件货位的确定

(5)按零件类型存放。把相类似的零件排放在一起,以提高货位的空间利用率,如图6-12所示。

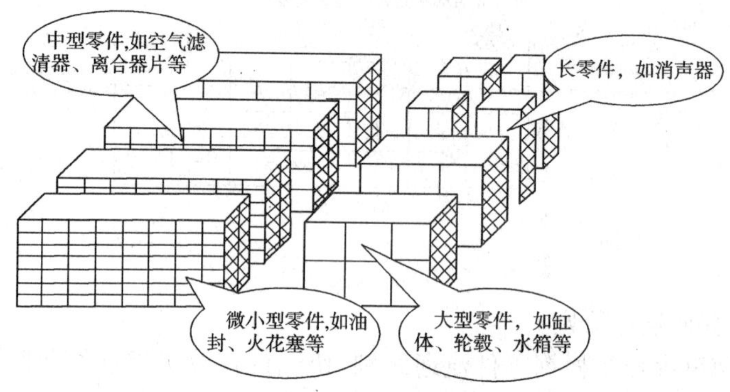

图 6-12 相类似零件的摆放

根据零部件的形状和数量选择合适的货架,小的零件要放在硬质纸盒或料盒里。

5)汽车配件的保管与保养

汽车配件品种繁多,在储存中要重视各种配件的储存期限。因为使用的材料和制造方法的不同而各具特点,有的怕潮、有的怕热、有的怕光、有的怕压等,根据汽车配件的物理特性和化学特性不同,把储存条件相近的配件安排适当的库房和货位。凡是忌潮配件需要加垫,并加强仓库内温度、湿度的控制。在汽车配件的管理上,还要建立严格的配件进出库和配件保养等制度。

6.4.3 库存零件盘点

为了及时掌握库存配件的变化情况,避免配件的短缺丢失或超储积压,必须对配件进行经常和定期的盘点。为了保证账、卡、物一致,需要建立每日销卡,定期盘点库存零件制度。每种零件对应有一张卡片,放在相应货架上的卡片袋中,卡片上记录有零件名称、零件编号、适用车型、仓位、库存量等,用于详细记录零件的入库、出库时间及数量等信息。计算机台账中、卡片上记录的零件数量应与实物数量相一致。如果发现有误,要及时查处并更正。

1)盘点的内容

盘点的目的是查明实际库存量与账、卡上的数字是否相符;检查收发有无差错;查明有无超储积压、损坏、变质等情况。

2)盘点的形式

盘点主要有永续盘点、循环盘点、定期盘点和重点盘点等形式。

①永续盘点是指保管人员每天对有收发动态的配件盘点一次,并汇总成表,以便及时发现和防止收发差错。

②循环盘点是指保管人员对自己所管物资分别按轻、重、缓、急,做出月盘点计划,按计划逐日盘点。

③定期盘点是指在月、季、年度组织清仓盘点小组,全面进行盘点清查,并制作出库存清册。

④重点盘点是指根据季节变化或工作需要,为某种特别目的而对仓库物资进行的盘点和检查。

3)盘点中出现问题的处理

对于盘点后新出现的盈亏、损耗、规格串混、丢失等情况,应组织复查落实,分析产生的原因,及时处理。

①储耗。对易挥发、潮解、散失、风化等物资,允许有一定的储耗。凡在合理储耗标准以内的,由保管员填报"合理储耗单",经批准后,即可转财务部门核销。储耗的计算,一般一个季度进行一次,计算公式如下:

$$合理储耗量=保管期平均库存量\times合理储耗率$$

$$实际储耗量=账存数量-实际数量$$

$$储耗率=(保管期内实际储耗量/保管期内平均库存量)\times100\%$$

实际储耗量超过合理储耗部分作盘亏处理,凡因人为的原因造成物资丢失或损坏,不得计入储耗内。

②盈亏和调整。在盘点中发生盘盈或盘亏时,应反复落实,查明原因,明确责任。由保管员填制"库存物资盘盈盘亏报告单",经仓库负责人审签后,按规定上报审批。

③报废和削价。由于保管不善,造成霉烂、变质、锈蚀等配件,在收发、保管过程中已损坏并已失去部分或全部使用价值的或因技术淘汰需要报废的配件,经有关方面鉴定后,确认不能使用者,由保管人员填制"物资报废单"上报审批。由于上述原因需要削价处理者,经技术鉴定,由保管人员填制"物资削价报告单",按规定报上级审批。

④事故。由于被盗、火灾、水灾、地震等原因及仓库有关人员失职,使配件数量和质量受到损失,应视作事故向有关部门报告。

在盘点过程中,还应清查有无本企业多余或暂时不需用的配件,以便及时把这些配件调剂给其他需用单位。

6.4.4　汽车配件的出库程序

配件出库是仓库业务的最后阶段,它的任务是把配件及时、迅速、准确地发放到使用者手中。出库工作的好坏直接影响企业的生产秩序,影响到配件经营的盈亏、损耗和周转速度。

为保证配件出库的及时、准确,应使出库工作尽量一次完成。同时,要认真实行"先进先出"的原则,减少物资的储存时间,特别是有保存期限的配件,应在限期内发出,以免配件变质损坏，应严格按照出库程序进行工作。

①开具零件取货单。由营业员接待顾客或修理部员工，根据要求开出“零件取货单”。

②清点所需配件。仓库管理人员按照“零件取货单”上仓位编号、零件名称、数量清点出有关零件，在“零件取货单”上签字，表示所需配件确实有货，并将该单返回给营业员。

③顾客查验配件。由顾客或修理部职员查验是否是所需配件，核实后即可提货。

④办理交款提货手续。顾客要当场交款并提货，若是修理部职员，则签字提货。

6.5 汽车设备管理

6.5.1 设备管理的组成

汽车维修企业的设备管理包括设备的技术管理和经济管理。设备从研究、设计、制造或从选购进厂验收投入生产领域开始，经使用、维护、修理、更新、改造直至报废退出生产领域的全过程，称为设备的技术管理。设备从最初投资、运行费用、折旧、收益以及更新改造的措施和运用等，称为设备的经济管理。设备的技术管理与经济管理是有机联系、相互统一的。

6.5.2 设备管理的内容

1)设备凭证管理

(1)设备凭证管理的含义：在设备的技术管理和经济管理中，用于记录设备管理和技术活动以及经济核算，并明确管理各方责任的书面证明，就是设备管理凭证。

(2)凭证设置要求：凭证一般设置成表格形式，一张表格有固定栏目和每次要填写栏目，固定栏目包括标题、表头、各种线格和文字说明等，标题要意思明确，语言简练；填写栏目要求数据来源可靠、易于收集，并要考虑最大的可能值，留有足够的空格余地。

凭证是随着设备物流和价值流的流向而传递的。传递过程中，有的环节需要保留作为依据，所以凭证的联次设计要合理，并在每一联上注明所缴存的部门。凭证格式一旦确定下来，就要保持相对的稳定性。

(3)凭证的具体管理要求：要明确凭证的管理部门(科、组)，明确凭证的设置单位和设置程序，明确凭证的启用、检查、监督办法，明确凭证的填写、使用部门和人员，明确凭证的审核，以及明确凭证的传递和保存办法。

2)设备数据管理

(1)设备数据管理的含义。数据管理是指通过对数据收集、处理加工和解释，使其成为对管理决策有用的信息(有的信息仍是以数据表示的)。它包括对数据进行收集、分类、排序、检索、修改、存储、传输、计算、输出(报表或图形)等整个过程。

(2)设备数据管理的作用。其作用是通过对物质运动形态的管理，保证设备管理与维修工作正常进行，保证设备完好，为企业完成生产经营任务提供可靠保证；通过对价值流(设备采购、维修等费用)的数据管理，使各级人员及时了解设备各项费用的发生及流向，进行费用控制；同时，通过对凭证上的数据与实物核对，避免资产流失；通过统计与分析，计算和输出各种数据值与目标值对照,采取措施控制超标指标,并为管理部门制订设备管理工作目标、工作计划、维修决策等提供依据。

(3)数据管理程序。数据管理程序为:数据收集→数据存储→数据传输→数据处理→数据输出。

3)设备定额管理

(1)设备定额管理的含义。汽车维修企业设备定额是产品生产过程中消耗量的一种数量标准,是指在一定时期内和一定的生产技术组织条件下,为完成单位合格产品或任务所规定的物化劳动和活劳动的消耗量。

(2)设备的主要定额内容。汽车维修企业设备管理与维修中主要设备的主要定额内容由日常维护时间定额、设备维修时间定额、设备修理停歇时间定额、设备维修材料消耗定额、设备维修费用定额和设备配件储备定额等指标体系构成。

4)设备档案与资料管理

(1)档案与资料的含义。设备技术档案是指在设备管理的全过程中形成,并整理应归档保存的图纸、图表、文字说明、计算资料、照片、录像、录音带等科技文件与资料,通过不断收集、整理、鉴定等工作归档建立的设备档案。

设备资料是指设备选型安装、调试、使用、维护、修理和改造所需的产品样本、图纸、规程、技术标准、技术手册以及设备管理的法规、办法和工作制度等。

设备档案与资料的管理是指设备档案与资料的收集整理、存放保管、借阅传递、修改更新等环节的管理。

(2)档案与资料管理内容。设备档案一般包括设备前期与后期两部分。前期档案包括设备订购、随机供给和安装验收的材料,后期档案包括使用后各种管理与修理的材料。设备管理资料包括为加强设备管理,各级设备管理部门及企业所制订或编写的法规、制度、规程、标准等资料。

5)设备规章制度管理

设备管理规章制度是指指导、检查有关设备管理工作的各种规定,是设备管理、使用、修理各项工作实施的依据与检查的标准。设备管理规章制度可分为管理和技术两大类。管理类包括管理制度和办法,技术类包括技术标准、工作规程和工作定额。

规章制度的管理是指规章制度的制订、修改与贯彻。

(1)规章制度的制订。规章制度的制订是按照各部门的业务范围,将设备使用时间进行科学分段,确定每一段的管理范围和管理对象,编写相应的规章制度。确定有关的职能部门,如设备、供应、财务等部门在该项管理中的责任和权限。一般按照设备物流、价值流的流动方向或管理工作程序规定各职能部门的管理工作内容、方法、手段、相应的凭证及凭证的传递路线、应具备的资料等,同时要制订相关部门之间业务上的衔接、协调和制约方式。规定管理业务所应达到的标准、要求,对相关管理人员的考核内容、考核时间、考核方法及奖惩办法等。

(2)规章制度的贯彻执行。规章制度只有在企业实践中认真贯彻执行才能发挥其应有的效能。同时,通过贯彻执行也是对规章制度的全面验证,其中不够科学或脱离实际的部分被发现,经组织修订后,才能使规章制度更加完善。

(3)规章制度的修改。各项规章制度,应根据具体情况,事先规定一个试行的期限。试用期满后,根据试行中暴露出的问题,集中研究,综合平衡,统一修订。规章制度正式颁布执行以后,要在一个阶段保持相对稳定,一般当国家或行业的设备管理方针、政策有重大改变或企业生产规模、管理组织机构有重大变化,原有的规章制度已不适用时,才进行修改;如某项制度不适用,也可进行单项修改。规章制度的修改要经审批,审批级别及审批程序同规章制度的制订。

6.5.3 汽车维修设备的分类

汽车维修设备分类如表6-2所示。

汽车维修设备分类　　表6-2

设备类别	设　　备
汽车检测诊断设备	汽车侧滑检测仪、汽车车轮定位检测仪、汽车行驶制动参数检测仪、汽车轴(轮)重及制动力检测仪、汽车制动力及车速表检测仪、汽车前照灯检测仪、汽车排放气体检测仪、柴油车烟度计、汽车底盘性能检测仪、汽车转向器及悬架系统间隙检查仪、汽车密封性试验装置等
汽车发动机检测诊断设备	汽油机性能检测仪、发动机燃烧室容积检测仪、发动机转速量表、汽缸压力量表、汽油机点火正时仪、发动机皮带张紧力量表、发动机内窥镜、柴油机燃油喷射压力量表、发动机进气歧管真空度表、进气歧管真空度及燃油压力量表、散热器盖密封性检测仪等
汽车发动机检修设备及工具	汽缸量表、连杆校验器、曲轴平衡机、气门弹簧试验机、柴油机调速器试验台、发动机电控燃油喷射检测仪、柴油机燃油喷射泵试验台、柴油机喷油器检验器、发动机零件磁粉探伤机等
汽车发动机维修作业设备及工具	常见的有发动机维修作业台、发动机翻转架、活塞环拆装器、气门弹簧拆装钳、柴油机燃油喷射泵清洗机等
汽车发动机维修加工设备及工具	常见的有发动机汽缸珩磨机、汽缸镗磨机、汽缸口可调铰刀、活塞销孔铰刀、连杆衬套铰压机、连杆衬套铰刀、活塞销孔及连杆衬套铰刀、曲轴磨床、凸轮轴磨机、气门座镗铰机、气门座铰刀等
汽车底盘检测诊断设备及工具	常见的有变速器试验台、传动轴检测校正机、汽车车轮平衡机、轮胎气压表、轮胎磨损量表、制动防抱死装置检测仪等
汽车底盘维修作业设备及工具	常见的有离合拆装作业台、汽车车轮拆装车、汽车车轮螺母拆装机、轮胎拆装机、轮胎充气装置、汽车制动装置维修成套工具等
汽车底盘维修加工设备及工具	常见的有半轴套管螺纹修正器、转向节主销衬套铰刀、制动鼓切削机、制动鼓及制动蹄摩擦片切削机、制动盘切削机等
汽车电气设备及车用辅助装置检修设备及工具	常见的有电气设备试验台、发电机及起动机试验台、蓄电池检测仪、蓄电池电解液密度计、汽车点火模拟装置、分电器试验台、起动机故障检测仪、车用空调设备维修检查器、车用空调设备制冷剂泄漏检查器等

续上表

设备类别	设　　备
汽车电气设备及车用辅助装置维修作业设备及工具	常见的有蓄电池充电器、蓄电池放电叉、火花塞拆装扳手、车用空调制冷剂自动更换器、车用空调制冷剂回收再生装置等
汽车车身维修整形设备及工具	常见的有车身检测校正机、车身校正外形检测器、车身校正装置、车身钣件校正焊接拉器、车身钣件校正工具、车身钣件延伸工具、车身钣焊剪钳、车身点焊打孔器、车身整形焊斑切除器、车身整形敛缝胶充填枪等
汽车维修喷涂电镀设备及工具	常见的有车身维修涂装成套设备、汽车喷漆烤漆房、汽车静电涂装机、汽车喷漆红外线干燥装置、车身底部喷涂装置、汽车维修喷砂设备、汽车喷漆调色设备、汽车维修电刷镀机等
汽车清洗除尘设备及工具	常见的有汽车清洗机、汽车清洗刷、汽车打蜡机、汽车零件清洗机、发动机不解体燃烧室清洁器、油箱清洗机等
汽车举升吊运设备及工具	常见的有柱式汽车举升机、菱架式汽车举升机、汽车底盘检查升降台、汽车千斤顶、发动机拆装架、变速器拆装架、后桥差速器拆装架、钢板弹簧拆装架、发动机吊架、变速器吊架、汽车救援拖运装置等
汽车润滑加注设备及工具	常见的有汽车软管卷盘加注成套设备、汽车润滑油分配成套设备、汽车润滑脂加注器、汽车润滑油更换机等
汽车过盈配合件拆装设备及工具	常见的有汽车零件拆装压力机、汽车零件拆装成套拉器、转向横拉杆球头拆卸器、扭杆轴瓦拆装器、制动蹄支承销拉器、发电机轴承拉拔器、发电机电枢轴承拉拔器等
汽车检测维修设备微机控制系统	常见的有汽车故障诊断仪、汽车电子检测设备、汽车维修设备微机控制系统、发动机检测设备微机控制系统、汽车喷涂设备微机控制系统等

本章小结

汽车配件市场调查，包括汽车配件市场环境调查、汽车配件市场需求调查、汽车配件竞争情况调查和汽车配件企业自身营销组合要素调查等，分析了市场调查方式中间接调查法和直接调查法的优势和弱点，要求学会按照市场调查的准备阶段、实施阶段、分析总结阶段等重要步骤完成汽车配件的市场调查及市场调查报告的撰写。

汽车配件的概念，按照不同的分类标准将汽车配件进行的分类，以奥迪、丰田等汽车制造厂为例介绍了编码原则，以及采用不同的检索工具和检索方法对汽车配件进行检索。

汽车配件订货、入库、仓库管理、出库及盘点的管理内容，分析了汽车配件的库存品种与最低安全库存量，介绍了运用软件进行订货、入库、仓库管理、出库及盘点的操作程序。

汽车维修设备管理的具体内容以及汽车维修设备的分类。

课业训练

一、填空题

1. 汽车配件是指____。

2. 根据汽车配件的生产来源可以分为原厂件、____________、____________三类。

3. 对于易吸潮生锈的配件,除应保持仓库地面干燥外,还应在配件堆垛的底层设置离地面至少有____________ cm 空隙的架空地板,使空气得以流通。

4. 汽车配件零售企业的进货方式一般有以下四种类型:____________、____________、____________和____________。

5. 盘点主要有____________、____________、____________和重点盘点等形式。

6. 对于盘点后新出现的____________、____________、____________、丢失等情况,应组织复查落实,分析产生的原因,及时处理。

7. 设备从研究、设计、制造或从选购进厂验收投入生产领域开始,经____________、____________、____________、更新、改造直至报废退出生产领域的全过程,称为设备的技术管理。

二、判断题

1. 根据汽车零件寿命周期长短可以把它们分为慢流件、中流件、快流件三类。 (　　)

2. 自制件是否合格,主要取决于是否达到配件厂家的生产技术标准。 (　　)

3. 汽车配件的制造厂编号代表汽车配件的型号、品种和规格,主要有利于配件的分类储存。 (　　)

4. 汽车配件检索工具发展趋势是光盘应用越来越广泛,微缩胶片已被逐步淘汰,但目前配件手册与光盘仍然并存使用。 (　　)

5. 以 ABC 分类法划分的配件具有如下特点:C 类配件种类少、金额高;A 类配件品种多、金额少;B 类配件介于 A 类与 C 类之间。 (　　)

6. 临时订货是指当客户来店时,所需要的配件的数量品种不能满足客户的需求,此时就要根据客户需求情况快速制订订货计划马上进货,这样既不影响维修与销售,同时还可以留住客户。 (　　)

7. 联合采购就是几个配件零汽车维修企业联合派出人员,统一向汽车配件生产单位或到外地组织进货,然后给这几个配件零售企业分销。 (　　)

8. 在配件的仓储保管中,凡是忌潮配件需要加垫,并加强仓库内温度、湿度的控制。 (　　)

三、简答题

1. 什么叫汽车零配件?什么样的配件可作为库存件?

2. 配件仓库管理工作的基本要求有哪些?

3. 用简单技术手段鉴别汽车配件的方法有哪些?
4. 汽车配件企业的进货方式一般有哪四种类型?
5. 汽车配件的入库程序包括哪几个环节?
6. 仓位编号是怎样编制的?
7. 仓库保管的原则是什么?
8. 汽车零配件编号和规格的识别方法?
9. 汽车配件的常用检索工具有哪些? 各有什么特点?
10. 汽车配件的检索方法分类有哪些?

第7章　政府采购与保险车辆维修管理

学习目标

知识目标

1. 解释政府采购车辆招标、投标程序；
2. 描述签订政府采购维修合同的标准和程序；
3. 熟悉保险车辆维修管理的基本内容。

能力目标

1. 具有对政府采购进行投标的能力；
2. 具有保险车辆维修管理的能力。

学习时间

10学时。

7.1　政府采购

7.1.1　政府采购

政府采购是指各级国家机关、事业单位和团体组织，使用财政性资金并依据《中华人民共和国政府采购法》及有关规定采购货物、工程和服务的行为。

政府采购招投标流程如图7-1所示。

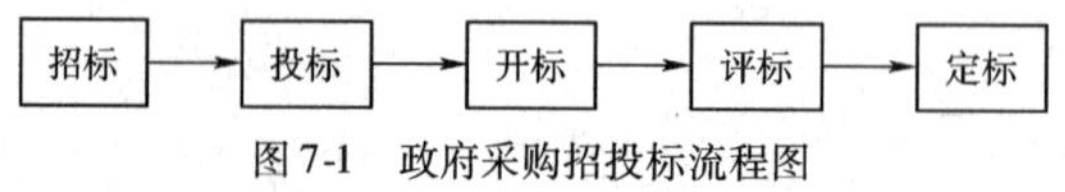

图7-1　政府采购招投标流程图

7.1.2　政府采购的范围、特点和方式

1）政府采购的范围

《中华人民共和国政府采购法》从采购主体、采购资金、采购类别、采购形式、采购地域

等多方面,对政府采购的范围作了界定。

①主体范围。政府采购活动中的采购主体包括各级国家机关、事业单位和团体组织。

②采购资金范围。采购人全部或部分使用财政性资金进行采购的,属于政府采购的管理范围。财政性资金包括预算资金、预算外资金和政府性基金。

③标的范围。政府采购标的范围包括货物、工程和服务,但对政府采购工程进行招标投标的,适用《中华人民共和国招标投标法》。

④契约形式。政府采购是指政府以合同形式有偿取得货物、工程和服务的行为,包括购买、租赁、委托、雇佣等。

⑤地域范围。我国政府采购法律管辖的地域范围是指在中华人民共和国境内从事的政府采购活动。

2)政府采购的限额标准

政府采购的限额标准包括纳入政府采购管辖的最低限额标准和公开招标的标准,超过此标准就应依法纳入政府采购管理程序。

政府采购管辖的最低限额标准和公开招标限额标准,属于中央预算的政府采购项目,由国务院规定;属于地方预算的政府采购项目,由省、自治区、直辖市人民政府规定。

《中华人民共和国政府采购法》实施以来,国务院办公厅公布的中央预算单位政府采购管辖的最低限额标准为:货物和服务单项或批量为50万元,工程为60万元;公开招标限额标准为:货物和服务单项或批量为120万元,工程为200万元。

3)政府采购管理

各级人民政府财政部门依法履行对政府采购活动的监督管理。其中,政府采购工程的招标投标监督管理依据《中华人民共和国招标投标法》及其相应的监督管理规定执行。

4)政府采购基本原则

政府采购具有公开透明、公平竞争、公正和诚实信用的原则。这与《中华人民共和国招标投标法》的原则是一致的,是建立和规范市场经济秩序的要求,也是政府采购资金来源于社会公众并接受社会公众监督的特性决定的。

5)政府采购的特点

(1)政府采购资金来源的公共性。一是政府采购的资金来源于政府财政收入,或需要由财政资金进行偿还的公共借款,这些资金最终来源于公众的纳税、公共事业服务和其他公共收入;二是政府采购的目标具有公共性,即政府采购的产品或服务是为了向社会提供公共服务。

(2)政府采购的强制性。为了规范政府采购行为,提高资金使用效益,维护国家利益和社会公共利益,我国颁布了《中华人民共和国政府采购法》以及一系列相关法律法规。属于政府采购范围的项目采购计划方案、程序、方式及其资金使用等,必须严格按照有关法律、法规组织实施和规范管理。

(3)政府采购的政策性。政府采购有责任维护国家和社会公共利益,促进社会经济协调平衡发展,体现社会责任感。政府采购对平衡社会有效需求和供给、推动经济产业结构调整升级、保护和扶持民族产业、促进地区经济发展、扶植中小企业发展、支持科技创新、支持环境生态保护和节约能源等社会经济、公益事业都能发挥显著的促进作用。

(4)政府采购的经济性和非盈利性。政府采购活动必须遵循市场经济规律,追求财政资金使用效益的最大化。同时,政府采购活动不以盈利为目标,而是以追求社会公共利益为最终目标。

6)政府采购的方式

《中华人民共和国政府采购法》规定了政府采购方式包括公开招标、邀请招标、竞争性谈判、单一来源采购、询价和国务院政府采购监督管理部门认定的其他采购方式。

①公开招标。公开招标是指采购人以招标公告的方式广泛邀请不特定供应商(或承包商,下同)参加投标。公开招标是政府采购的主要采购方式。

②邀请招标。邀请招标是指采购人依法从符合相应资格条件的供应商中随机邀请3家以上供应商,并以投标邀请书的方式邀请其参加投标。

③竞争性谈判。竞争性谈判是指采购人通过与不少于3家符合相应资格条件的供应商分别谈判,商定价格、条件和合同条款,最后从中确定成交供应商的采购方式。

④询价。询价是采购人从符合相应资格条件的供应商名单中确定不少于3家的供应商,向其发出询价通知书让其报价,最后从中确定成交供应商的采购方式。

⑤单一来源采购。单一来源采购是指采购人直接与唯一的供应商进行谈判,签订合同的采购方式。

⑥其他政府采购方式。其他政府采购方式是指国务院政府采购监督管理部门认定的除以上五种采购方式以外的其他政府采购方式。

7.1.3 政府采购的条件、组织形式

1)政府采购的实施条件

政府采购项目及其资金计划必须编入年度政府预算,并经本级财政部门和人大审核批准方可实施。未编报政府采购实施计划的临时性采购项目或追加预算的采购项目,由采购人提出申请说明,经财政部门按照职责权限批准后,才能组织实施。

2)政府采购的组织形式

我国政府采购实行集中采购和分散采购相结合的组织形式。其中,集中采购是政府采购的重要组织形式。

集中采购分为集中采购机构代理采购和部门集中采购。采购《政府集中采购目录及标准》中的集中采购项目,必须统一委托依法设立的集中采购机构代理采购;采购《政府集中采购目录及标准》中的部门集中采购项目,由中央部门或地方部门实行部门集中采购。中央部门和地方部门的集中采购可以自行组织采购,或委托采购代理机构代理采购。

分散采购是指采购《政府集中采购目录及标准》以外的,且在政府采购限额以上的采购项目。分散采购项目可以由采购人自行采购,也可以委托采购代理机构代理采购。

政府集中采购的范围。属于中央预算的政府采购项目,其集中采购目录由国务院确定并公布;属于地方预算的政府采购项目,其集中采购目录由省、自治区、直辖市人民政府或者其授权的机构确定并公布。

7.1.4　政府采购的程序

1)确定采购需求

(1)政府采购预算。政府采购预算是政府在一个年度内,为各预算单位实施采购的计划。它反映各预算单位年度采购项目及资金使用计划,是部门预算的组成部分,是开展政府采购的前提。

政府预算编制部门在编制下一财政年度部门预算时,单独列出该财政年度政府采购的项目及资金预算,并作为财政预算的一部分报本级财政部门汇总。

政府采购预算一般包括采购项目、采购资金来源、采购项目数量、采购规格和采购项目时间等内容。

(2)政府采购计划。政府采购计划是指财政部门依据政府采购预算,按采购目录或采购品日汇编的,反映各采购单位需求情况及实施要求的计划。政府采购计划是政府采购预算的具体实施方案。采购人应按照批复的政府采购预算按月编制政府采购计划,作为年度内政府采购预算的具体执行标准。条件成熟的单位可按季或按年编制政府采购计划。政府采购计划应包括具体采购项目、数量及采购预算等内容。采购人应根据工作需要和资金的安排情况,合理确定实施进度,提前提出采购申请。

(3)进口产品审核。

①《中华人民共和国政府采购法》第 10 条规定,采购人应当采购本国货物、工程和服务,但是以下情形除外:

a. 需要采购的货物、工程或者服务在中国境内无法获取或者无法以合理的商业条件获取的;

b. 为在中国境外使用而进行采购的;

c. 其他法律、行政法规另有规定的。按照财政部《政府采购进口产品管理办法》和《关于政府采购进口产品管理有关问题的通知》的规定,如果确需采购进口产品且符合以上情形时,开始采购前须到设区的市、自治州以上人民政府财政部门办理进口产品审核手续。

②采购人报财政部门办理进口产品审核手续,应按规定格式填写《政府采购进口产品申请表》和相关证明材料。相关证明材料的要求根据进口产品的不同情况有所区别。

a. 进口产品属于国家法律法规政策明确规定鼓励进口的,应出具国家关于鼓励进口产品的法律、法规、政策文件复印件;

b. 进口产品属于国家法律、法规、政策明确规定限制进口的,由进口产品所属行业的设区的市、自治州以上主管部门出具《政府采购进口产品所属行业主管部门意见》和专家组出具《政府采购进口产品专家论证意见》;论证专家应从采购人以外的单位聘请,专家组由 5 人以上单数组成,其中必须包括 1 名法律专家;

c. 进口产品属于国家限制进口的重大技术装备和重大产业技术的,应当出具国家发展和改革委员会的意见;

d. 属于国家限制进口的重大科学仪器和装备的,应当出具科学技术部的意见;

e. 属于其他进口产品的,由进口产品所属行业的设区的市、自治州以上主管部门出具《政府采购进口产品所属行业主管部门意见》或专家组出具《政府采购进口产品专家论证意见》。

采购进口产品的申请经财政部门批准后，才能采购进口产品。

2）确定采购组织形式

《政府集中采购目录》的采购项目实行集中采购；《政府集中采购目录》之外的项目，达到采购限额标准的，实行分散采购；没有达到政府采购限额标准的，采购人可以采用《政府采购法》以外的其他采购方式。

3）确定采购方式

①公开招标。政府采购项目达到公开招标限额标准的，应采取公开招标方式采购。

应公开招标项目因特殊需要而采用其他采购方式的，采购人应在采购活动开始前获得设区的市、自治州以上人民政府采购监督管理部门的批准。

②邀请招标。当供应商数量有限或采用公开招标方式的成本费用占政府采购项目总价值比例过大而不值得时，可以采用邀请招标方式采购。

③竞争性谈判。当出现以下情况时，采购人可以采用竞争性谈判方式采购：招标公告发布后没有足够的合格供应商投标；重新招标未能成立；技术复杂、性质特殊，事先不能确定详细规格和具体要求或事先不能计算出标的价格总额；招标所需时间不能满足采购人紧急需要。

④询价。采购的货物规格、标准统一、现货货源充足且价格变化幅度小的政府采购项目，可以采用询价方式采购。

⑤单一来源采购。符合以下条件之一的，采购人可以采用单一来源采购方式：采购项目只有唯一的供应商；发生不可预见的紧急情况不能从其他供应商处采购；必须保证原有采购项目的一致性或者服务配套的要求，需要继续从原供应商处添购，且添购资金总额不超过原合同采购金额10%。

凡未达到政府采购限额标准的项目，可以根据采购项目特点选择适当的采购方式。

4）组织采购活动

各种政府采购方式应遵循以下程序。

（1）采用公开招标和邀请招标方式的具体流程如图7-2和图7-3所示。其中：

①政府采购货物和服务的公开招标大多数采用资格后审方法。当投标人不足3家或通过评标，实质响应招标文件的投标人不足3家时，采购人及其采购代理机构应当报告财政部门，经财政部门批准后按照以下原则处理：

a. 招标文件没有不合理条款、招标公告时间及程序符合规定的，采取竞争性谈判、询价或者单一来源方式采购；

b. 招标文件存在不合理条款的，招标公告时间及程序不符合规定的，应予废标（招标无效），并重新招标。

②邀请招标，应该从资格评审合格的投标人名单中采用随机抽取方式选择邀请3家以上的投标人。政府采购项目公开招标和邀请招标如果出现以下特定的情形，应予废标（招标无效）：

a. 符合专业条件的供应商或者对招标文件作实质响应的供应商不足3家；

b. 出现影响采购公正的违法、违规行为；

c. 投标人的报价均超过了采购预算，采购人不能支付；

d. 因重大变故，采购任务取消的情况。

政府采购项目的废标规定为采购人在特殊情况下保护公共利益和维护自身权益提供了保障手段。废标后，采购人应当将废标理由通知所有投标人。

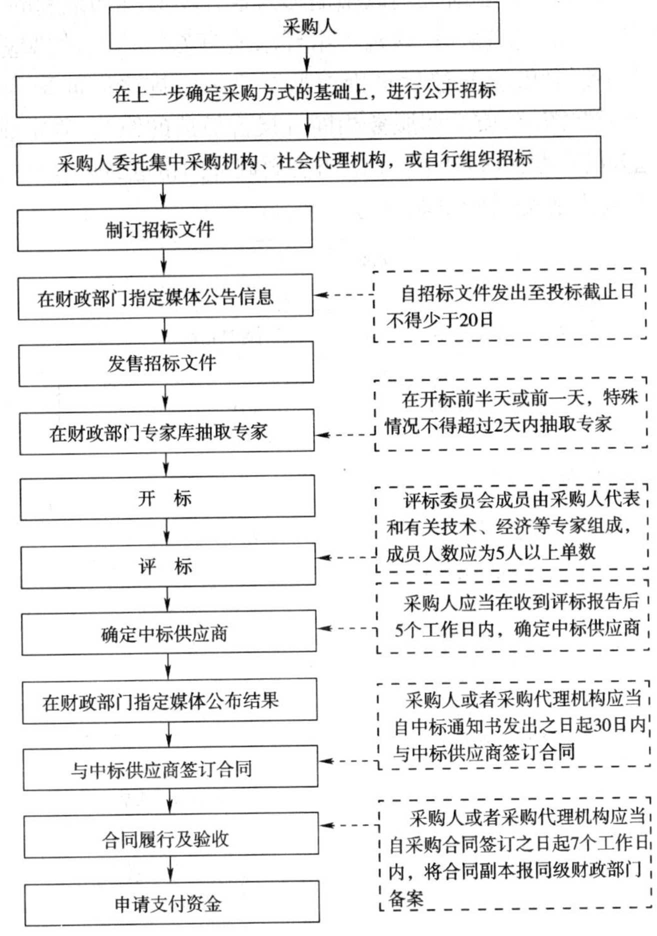

图 7-2　公开招标采购流程图

(2) 采用竞争性谈判方式的程序，包括竞争性谈判前，采购人及其采购代理机构应根据采购特点和需求选好符合相应资格条件的候选供应商。供应商候选名单可以由采购人直接确定，也可以采用资格审查的方式确定。资格审查的具体程序如下：在财政部门指定媒体上发布资格预审公告，公布供应商资格条件；供应商按公告要求提交资格证明文件；对供应商资格进行评审，确定合格供应商候选名单。然后，进入以下竞争性谈判程序，如图 7-4 所示。

①成立谈判小组。谈判小组由采购人的代表和有关专家共 3 个以上的单数组成，其中专家的人数不得少于成员总数的 2/3，专家应从财政部门设立的专家库中随机抽取。

②制订谈判文件。谈判文件应明确谈判程序、谈判内容、合同草案的条款、评定成交的标准等事项。

③确定邀请参加谈判的供应商名单。谈判小组从符合相应资格条件的供应商候选名单中确定不少于3家供应商参加谈判,并向其发出谈判文件。

④谈判。谈判小组应给供应商合理的时间准备应谈文件以参加谈判。谈判应在谈判文件规定的时间和地点进行。谈判时,全体谈判小组成员集中,逐一与供应商分别谈判。谈判文件有实质性变动的,谈判小组应当以书面形式通知所有参加谈判的供应商。

⑤确定成交供应商。谈判结束后,谈判小组要求所有参加谈判的供应商在规定时间内进行最后报价。谈判小组对供应商最后报价由低至高进行排序后向采购人推荐成交候选人。采购人根据符合采购需求、质量和服务相同且报价最低的原则,确定成交供应商。

⑥将成交结果通知所有参加谈判的供应商,并在财政部门指定的媒体上公布成交结果。

⑦向成交供应商发出成交通知书和签订采购合同。

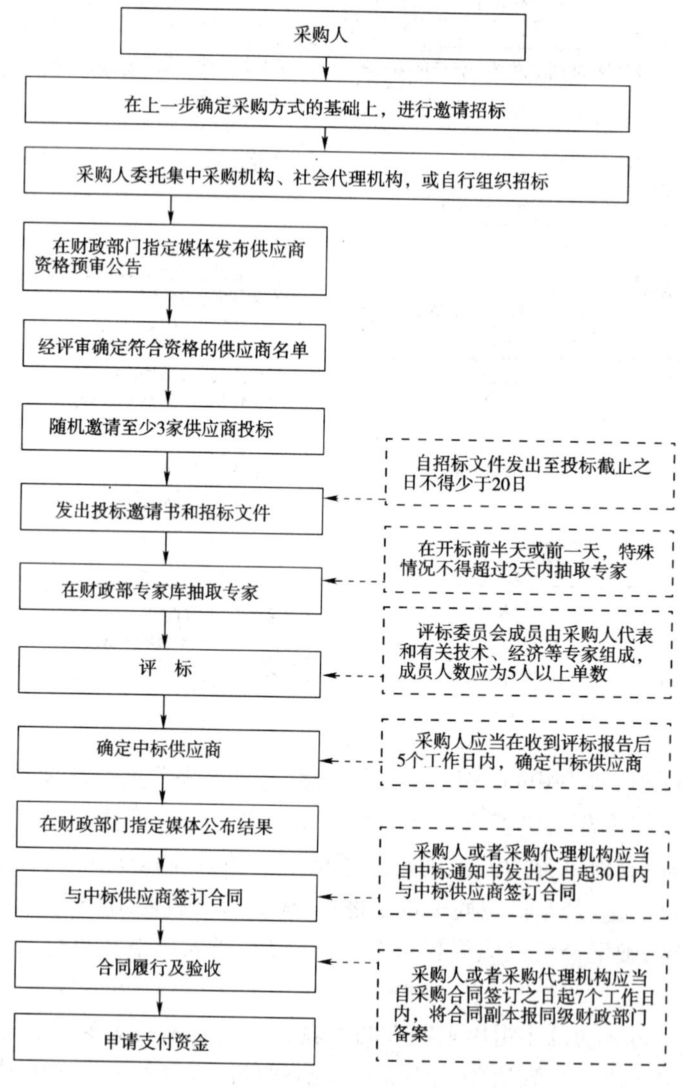

图7-3 邀请招标采购流程图

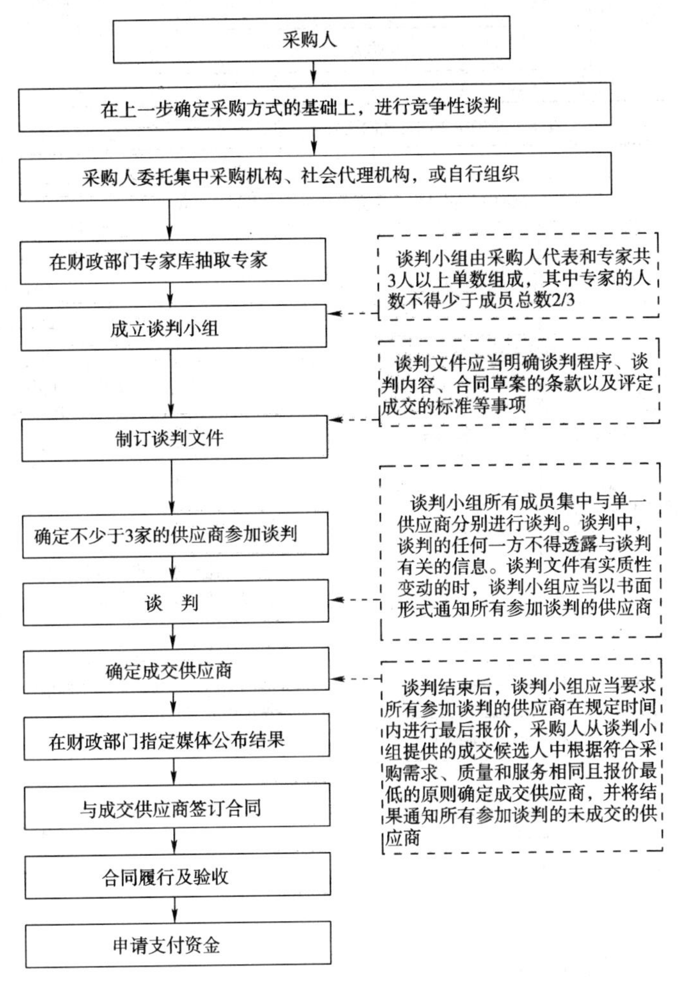

图 7-4　竞争性谈判采购流程图

(3)采用询价采购方式的程序,包括采购人及其采购代理机构在进行询价前应根据采购特点和需求选好符合相应资格条件的候选供应商。具体程序与竞争性谈判完全相同,不再赘述。然后,开始进入询价程序,如图 7-5 所示。

①成立询价小组。询价小组由采购人的代表和有关专家共 3 个以上的单数组成,其中专家的人数不得少于成员总数的 2/3,专家应从财政部门设立的专家库中随机抽取。

②准备询价文件或询价通知书。准备询价文件或询价通知书应对采购项目的价格构成、报价要求和评定成交的标准等事项做出规定。

③确定被询价的供应商名单。询价小组从符合相应资格条件的供应商候选名单中确定不少于 3 家供应商参加询价。

④询价。询价小组向确定被询价的供应商发出询价文件或询价通知书,要求其报价;询价小组应给供应商合理的时间准备报价。

⑤报价。供应商提交报价文件或报价书,价格一次报出,不得更改。

⑥确定成交供应商。询价小组对供应商报价由低至高进行排序后向采购人推荐成交候选人。采购人根据符合采购需求、质量和服务相同且报价最低的原则,确定成交供应商。

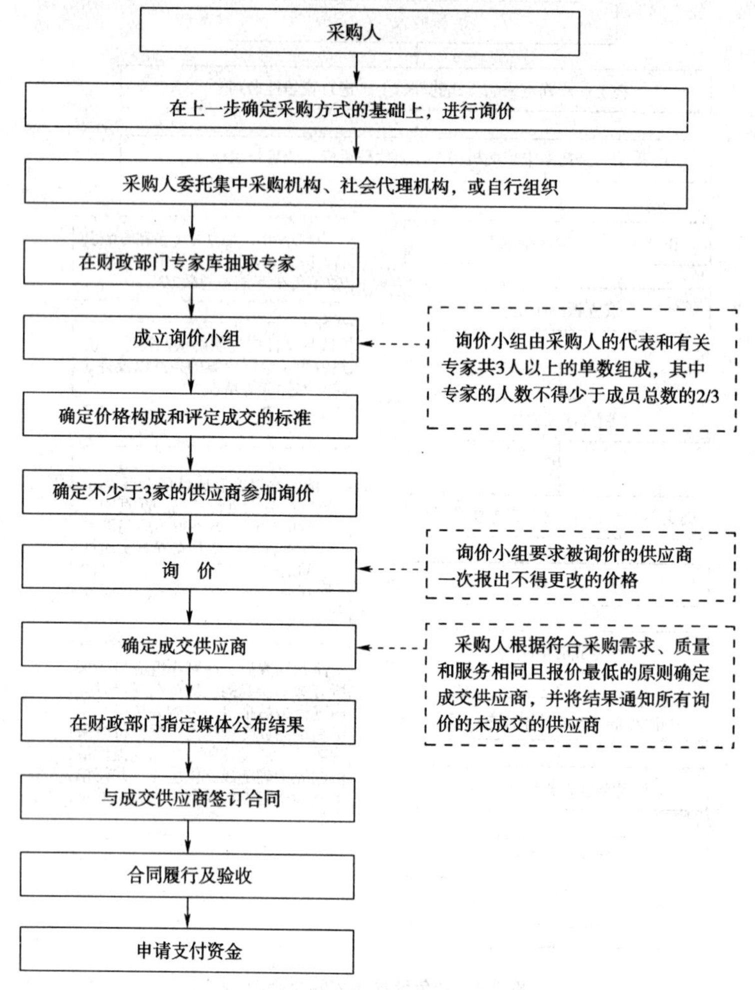

图 7-5　询价采购流程图

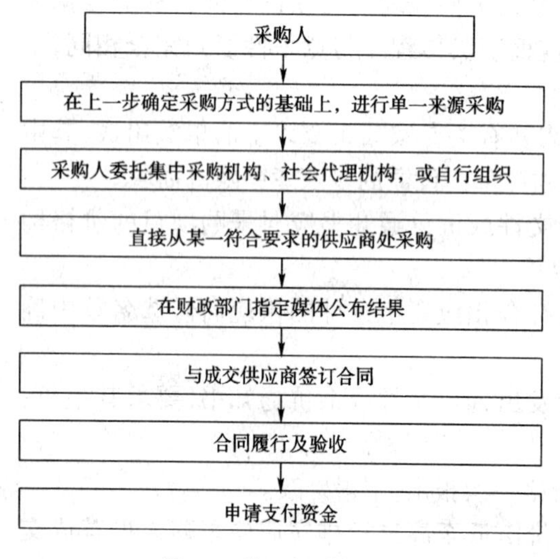

图 7-6　单一来源采购流程图

⑦将成交结果通知所有被询价的供应商，并在财政部门指定的媒体上公布成交结果。

⑧向成交供应商发出成交通知书，签订采购合同。

(4)采用单一来源采购方式的程序，包括采购人与单一供应商就采购合同涉及的事项进行直接谈判，在保证采购项目性能、质量标准的前提下，合理商定合同价格及有关合同条件；在财政部门指定的媒体上公布采购结果；签订合同，如图 7-6 所示。

5)采购合同的签订、履约和验收

采购人或采购代理机构应于中标、成交

通知书发出之日起30日内,与中标或成交供应商签订书面合同,明确采购人和中标或成交供应商之间的权利和义务,并严格按照采购合同的约定履行。政府采购合同自签订之日起7个工作日内,采购人应当将合同副本报同级政府采购监督管理部门和有关部门备案。

政府采购合同履行中,采购人需追加与合同标的相同的货物、工程或者服务的,在不改变原合同其他条款的前提下,可以与供应商协商签订补充合同,追加与合同标的相同的货物、工程或服务,所有补充合同的累积增加的采购金额不得超过原合同采购金额的10%。补充合同的副本也应报同级财政部门和有关部门备案。

政府采购合同执行完毕后,采购人或受委托的采购代理机构应该按照规定和要求组织合同履行情况的验收。采购人应组织验收小组,对供应商履约情况及合同执行结果进行检验和评估,大型或者复杂的采购项目,采购人还应请专业机构参加验收。验收完成后,验收方成员应当在验收书上签字,并承担相应的法律责任。

《中华人民共和国政府采购法》第四十三条规定:"政府采购合同适用合同法。采购人和供应商之间的权利和义务,应当按照平等、自愿的原则以合同方式约定。采购人可以委托采购代理机构代表其与供应商签订政府采购合同。由采购代理机构以采购人名义签订合同的,应当提交采购人的授权委托书,作为合同附件。"

6)申请支付采购资金

政府采购履约验收后,采购人向财政部门报送合同履行报告等资料,申请支付采购资金,财政部门负责审核和支付资金。

政府采购合同价款的支付方式有国库直接支付和采购人支付。国库直接支付的,财政部门将采购合同价款直接付给供应商。

7)政府采购文件的保存

采购人、采购代理机构应妥善保存政府采购文件,保存期限为从采购结束之日起至少15年。

政府采购文件包括采购活动记录、采购预算、采购人与采购代理机构签订的委托代理协议书、招标文件及其澄清文件、投标文件、评标标准、评标报告、定标文件、合同文本、验收证明、质疑和质疑答复、投诉处理决定等。

7.2　开标、评标、定标程序

7.2.1　投标的程序

1)编制投标文件

投标人应当按照招标文件的规定编制投标文件,投标文件应载明的事项有:投标函;投标人资格、资信证明文件;投标项目方案及说明;投标价格;投标保证金或者其他形式的担保以及招标文件要求具备的其他内容。

2)投标文件的密封和标记

投标人对编制完成的投标文件必须按照招标文件的要求进行密封、标记。如果文件的密封或标记不规范会被拒绝接受投标。

3)送达投标文件

投标文件应在规定的截止时间前密封送达投标地点。招标人对在提交投标文件截止日期后收到的投标文件,应不予开启并退还。招标人应当对收到的投标文件签收备案,投标人有权要求招标人或者招标投标中介机构提供签收证明。

投标人可以撤回、补充或者修改已提交的投标文件,但是应当在提交投标文件截止日之前书面通知招标人,撤回、补充或者修改也必须以书面形式。

招标公告发布或投标邀请函发出之日到提交投标文件截止之日,一般不得少于20天,即等标期最少为20天。

7.2.2 投标文件的组成

投标文件是投标人根据招标文件的要求所编制的,向招标人发出的要约文件。

1)工程投标文件的组成

工程投标文件一般由下列内容组成:

①投标函及投标函附录;

②法定代表人身份证明或授权委托书;

③联合体协议书(如有);

④投标保证金;

⑤已标价的工程量清单;

⑥施工组织设计(包括管理机构、施工组织设计、拟分包单位情况等);

⑦资格审查资料(资格后审)或资格预审更新资料。

2)货物投标文件的组成

货物投标文件一般由下列内容组成:

①投标函;

②投标一览表;

③技术性能参数的详细描述;

④商务和技术偏差表;

⑤投标保证金;

⑥有关资格证明文件;

⑦招标文件要求的其他内容。

3)服务投标文件的组成

服务投标文件一般由下列内容组成:

①投标函及投标函附录;

②法定代表人身份证明或授权委托书;

③联合体协议书(如有);

④投标保证金;

⑤技术建议书(不同类型的服务项目,其技术建议书内容有所区别);

⑥投标报价文件;

⑦资格审查资料(资格后审)或资格预审更新资料。

7.2.3　开标程序

招标人应按照招标文件规定的程序开标，一般开标程序分为如下几条：

(1)宣布开标纪律。主持人宣布开标纪律，对参与开标会议的人员提出会场要求，例如，开标过程中不得喧哗；通信工具调整到静音状态；约定的提问方式等。任何人不得干扰正常的开标程序。

(2)确认投标人代表身份。招标人可以按照招标文件的约定，当场核验参加开标会议的投标人授权代表的授权委托书和有效身份证件，确认授权代表的有效性，并留存授权委托书和身份证件的复印件。法定代表人出席开标会的要出示其有效证件。

(3)公布在投标截止时间前接收投标文件的情况。招标人当场宣布投标截止时间前递交投标文件的投标人名称、时间等。

(4)宣布有关人员姓名。开标会主持人介绍招标人代表、招标代理机构代表、监督人代表或公证人员等，依次宣布开标人、唱标人、记录人、监标人等有关人员姓名。

(5)检查投标文件的密封情况。依据招标文件约定的方式，组织投标文件的密封检查。可由投标人代表或招标人委托的公证人员检查，其目的在于检查开标现场的投标文件密封状况是否与招标文件约定和受理时的密封状况一致。

(6)宣布投标文件开标顺序。主持人宣布开标顺序。如招标文件未约定开标顺序的，一般按照投标文件递交的顺序或倒序进行唱标。

(7)公布标底。招标人设有参考标底的，予以公布，也可以在唱标后公布标底。

(8)唱标。按照宣布的开标顺序当众开标。唱标人应按照招标文件约定的唱标内容，严格依据投标函(或包括投标函附录，货物、服务投标一览表)，并当即做好唱标记录。唱标内容一般包括投标函及投标函附录中的报价、备选方案报价(如有)、完成期限、质量目标、投标保证金等。

(9)开标记录签字。开标会议应当做好书面记录，如实记录开标会的全部内容，包括开标时间、地点、程序，出席开标会的单位和代表，开标会程序、唱标记录、公证机构和公证结果(如有)等。投标人代表、招标人代表、监标人、记录人等应在开标记录上签字确认，存档备查。投标人代表对开标记录内容有异议的可以注明。

机电产品国际招标应根据规定在开标后将开标记录上传至中国国际招标网；外资项目招标，应根据贷款机构要求在开标后将开标记录报送贷款机构。

(10)开标结束。完成开标会议全部程序和内容后，主持人宣布开标会议结束。

(11)开标注意事项。

①在投标截止时间前，投标人书面通知招标人撤回其投标的，无需进入开标程序。

②依据投标函及投标函附录(正本)唱标，其中投标报价以大写金额为准。

③开标过程中，投标人对唱标记录提出异议，开标工作人员应立即核对投标函及投标函附录(正本)的内容与唱标记录，并决定是否应该调整唱标记录。

④开标时，开标工作人员应认真核验并如实记录投标文件的密封、标志以及投标报价、投标保证金等开标、唱标情况，发现投标文件存在问题或投标人提出异议的，特别是涉及影响评标委员会对投标文件评审结论的，应如实记录在开标记录上。但招标人不应在开标现

场对投标文件是否有效做出判断和决定,应递交评标委员会评定。

7.2.4 评标程序

(1)向评标委员会移交投标文件。开标仪式结束后,由招标人召集评标委员会,向评标委员会移交投标人递交的投标文件。

(2)评标委员会独立评标。评标应当按照招标文件的规定进行。评标由评标委员会独立进行评标,评标过程中任何一方、任何人不得干预评标委员会的工作。

(3)评标流程。

①审查投标文件的符合性。

②对投标文件的技术方案和商务方案进行审查,如技术方案或商务方案明显不符合招标文件的规定,则可以判定其为无效投标。

③询标。评标委员会可以要求投标人对投标文件中含义不明确的地方进行必要的澄清,但澄清不得超过投标文件记载的范围或改变投标文件的实质性内容。

④综合评审。评标委员会按照招标文件的规定和评标标准、办法对投标文件进行综合评审和比较。综合评审和比较时的主要依据是招标文件的规定和评标标准、办法以及投标文件和询标时所了解的情况。这个过程不得也不应考虑其他外部因素和证据。

⑤评标结论。评标委员会根据综合评审和比较情况,得出评标结论,评标结论中应具体说明收到的投标文件数、符合要求的投标文件数、无效的投标文件数及其无效的原因,评标过程的有关情况,最终的评审结论等,并向招标人推荐1~3个中标候选人(应注明排列顺序并说明按这种顺序排列的原因以及最终方案的优劣比较等)。

7.2.5 定标程序

(1)审查评标委员会的评标结论。招标人对评标委员会提交的评标结论进行审查,审查内容应包括评标过程中的所有资料,即评标委员会的评标记录、询标记录、综合评审和比较记录、评标委员会成员的个人意见等。

(2)定标。招标人应当按照招标文件规定的定标原则,在规定时间内从评标委员会推荐的中标候选人中确定中标人,中标人必须满足招标文件的各项要求,且其投标方案为最优,在综合评审和比较时得分最高。

(3)中标通知。招标人应当在招标文件规定的时间内定标,在确定中标后应将中标结果书面通知所有投标人。

(4)签订合同。中标人应当按照中标通知书的规定,并依据招标文件的规定与采购人签订合同(如采购人委托招标人签订合同的,则直接与招标人签订合同)。中标通知书、招标文件及其修改和澄清部分、中标人的投标文件及其补充部分是签订合同的重要依据。

7.3 保险车辆维修管理概述

7.3.1 机动车保险基础知识

机动车辆保险属于财产保险的一种,它是以机动车辆本身及机动车辆的第三者责任为保险标的的一种运输工具保险,它能够切实保证机动车辆保险的被保险人和交通事故受害者在机动车辆发生保险责任事故,造成车辆本身损失及第三者人身伤亡和财产损坏或损失时,得到经济补偿,最大限度地减少因事故所造成的损失,能够促使交通事故损害赔偿纠纷的及时解决,促进社会的稳定。

《中华人民共和国保险法》规定,机动车辆保险合同中承保的标的包括汽车、电车、蓄电池车、摩托车、拖拉机、各种专用机械车以及特种车。其中,双燃料汽车(又称清洁燃料车辆)归属汽车范畴,例如,清洁燃料公共汽车;大型联合收割机属专用机械车;摩托车包括两轮或三轮摩托车、轻便摩托车、残疾人三轮、四轮摩托车;只有企业自行编号、仅在特定区域内使用的其他车辆,视其使用性质和车辆用途确定其是属于汽车还是专用机械车、特种车范围。

1)我国汽车保险的种类

随着机动车辆的出现及使用中各种风险的存在,机动车辆保险已成为一项专门的保险业务,而在机动车保险业务中,汽车保险占据着主要的地位,是我国财产保险中的一大险种。

机动车辆保险包括机动车强制责任保险及机动车商业保险。其中商业保险又分为基本险和附加险两部分。大部分保险公司的基本险险种有车辆损失险、第三者责任险、全车盗抢险及车上人员责任险四种。保险的出现总是因风险的存在而产生。机动车辆在静止或移动的过程中,往往会出现的风险有机动车辆本身所面临的风险,它包括车辆本身受自然灾害和意外事故的威胁,可能导致车辆自身损毁的直接损失和车辆停驶时引起的间接经济损失。为了转移这种风险,世界各国为机动车辆设立了机动车辆损失险。另外,还有机动车辆本身所创造的风险,它指车辆在使用过程中所造成的社会公众的人身伤害和财产损失。为了转移这种风险,各国保险公司设立了第三者责任险,机动车辆保险险种包括:

(1)机动车辆损失险。机动车辆损失险是指保险车辆因遭受保险责任范围内的自然灾害或意外事故,造成保险车辆本身的损失,保险人依照保险合同的规定给予赔偿。

(2)机动车辆第三者责任险。机动车辆第三者责任险是指保险车辆因意外事故致使第三者遭受人身伤亡或财产的直接损失,保险人依照保险合同的规定给予赔偿。第三者责任险实行强制保险。

(3)全车盗抢险。它是指保险车辆(含投保的挂车)因遭受保险责任范围内的全车被盗窃、被抢劫、被抢夺以及在此过程中所造成的损坏,保险人依照保险合同的规定给予赔偿。

(4)车上人员责任险。它是指保险车辆因发生保险责任范围内的意外事故,造成保险车辆上人员人身伤亡的损失,保险人依照保险合同的规定给予赔偿。

(5)机动车辆保险的附加险。机动车辆保险的附加险是指各保险公司为了满足机动车保险客户的需求,扩大市场份额和占有率,提高服务质量而推出的新险种。此险种不能独立投保,必须在投保基本险之后方能投保的险种。机动车辆保险的附加险主要有以下几种:

①玻璃单独破碎险。它是车辆损失险的附加险,指保险的机动车辆在停放或使用过程中,因遭受保险责任范围内的本车玻璃单独破碎的损失,保险人依照保险合同的规定给予赔偿。

②车身划痕损失险。它是车辆损失险的附加险，指已投保车辆损失险的家庭自用或非营业用，使用年限在3年以内、9座以下的客车，因遭受保险责任范围内的无明显碰撞痕迹的车身划痕的损失，保险人依照保险合同的规定给予赔偿。

③不计免赔特约条款。经特别约定，保险事故发生后，按对应的投保险种，应由被保险人自行承担的免赔金额，保险人负责赔偿。例如，车辆损失保险中应当由第三方负责赔偿而确实无法找到第三方的免赔金额；因违反安全装载规定增加的免赔金额；同一保险年度内多次出险，每次增加的免赔金额；非约定驾驶人员使用保险车辆发生保险事故增加的免赔金额；附加盗抢险或附加火灾、爆炸、自燃损失险或附加自燃损失险中约定的免赔金额。

④自燃损失险。它是车辆损失险的附加险，指被保险的机动车辆在使用过程中，因遭受保险责任范围内的由本车电器、线路、供油系统发生故障及运载货物自身原因起火燃烧而造成的损失，保险人依照保险合同的规定给予赔偿。

⑤火灾、爆炸损失险。它是车辆损失险的附加险，指被保险车辆因遭受保险责任范围内的火灾、爆炸的损失，保险人依照保险合同的规定给予赔偿。

⑥车辆停驶损失险。它是指被保险车辆因车辆发生车辆损失保险的保险事故，致使保险车辆停驶的损失，保险人依照保险合同的规定给予赔偿。

⑦车上货物责任险。它是指被保险车辆因发生保险责任范围内的意外事故，致使被保险车辆所载货物遭受直接损毁的损失，保险人依照保险合同的规定给予赔偿。

⑧无过失责任险。它是指被保险车辆与非机动车辆或行人发生交通事故，造成对方的人身伤亡或财产直接损毁的损失，被保险车辆无过失，保险人依照保险合同的规定给予赔偿。

2）机动车保险的免赔责任

(1)下列原因造成损失，保险人不负责赔偿：

①地震；

②战争、军事冲突、恐怖活动、暴乱、扣押、收缴、没收、政府征用；

③竞赛、测试、教练，在营业性维修、养护场所修理、养护期间。

(2)驾驶人有下列情形之一，保险人不负责赔偿：

①违法驾驶；

②利用被保险机动车从事违法活动；

③驾驶人饮酒、吸食或注射毒品、被药物麻醉后使用被保险机动车；

④事故发生后逃逸，或故意破坏、伪造现场、毁灭证据；

⑤非被保险人允许使用被保险机动车的驾驶人。

(3)车辆违法上路行驶的。

3）我国汽车保险的业务流程

我国汽车保险的业务流程包括承保和理赔两个环节。

(1)承保的作业流程（图7-7）。

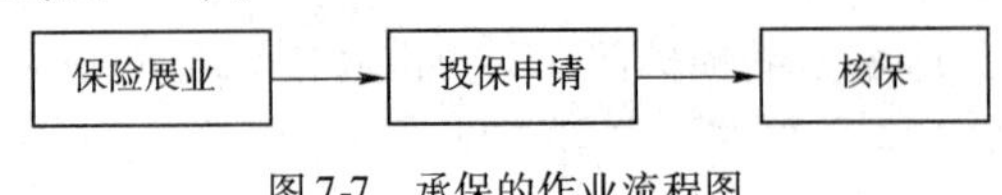

图7-7　承保的作业流程图

①保险展业。保险展业即是保险人争取保户,推销保险单的过程,是保险人开展保险业务的一项重要组织工作。它包含准备工作、保险宣传、保险方案设计等。

②投保申请。投保单是投保人向保险人申请订立保险合同的书面要约,由投保人在申请保险时填写。投保人根据保险公司提供的一些资料,如条款和费率等填写保险单并将其交付给保险人,这一行为就是保险合同订立过程中的要约,而保险人根据投保人提交的投保单,进行审核认为其符合保险条件并在投保单上签章就做出了对于投保人要约的承诺。在完成以上步骤之后,保险合同即成立。

③核保。保险核保是指保险人对投保人的投保申请进行审查核实,对具体投保标的进行风险评估,决定是否接受投保,以及确定承保条件和承保费率的过程。核保是经营过程中最重要的环节之一。

(2)核保运作的基本流程如图7-8所示。

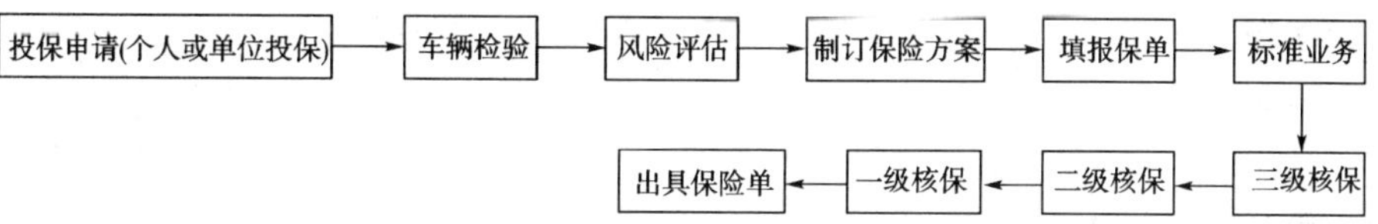

图7-8 核保运作的基本流程图

(3)理赔。保险事故的理赔程序包含报案与立案,施救与查勘定损,申请给付与理算赔款。其工作流程如图7-9所示。

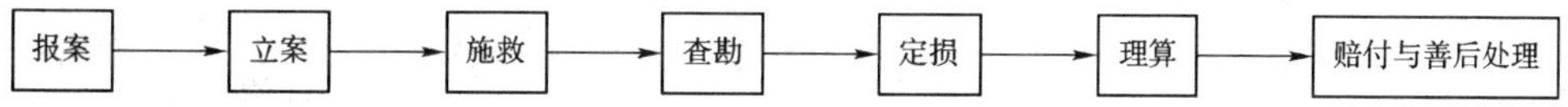

图7-9 保险事故理赔工作流程

①报案。报案是指被保险人在发生了保险事故之后通知保险人。它是被保险人履行合同义务的一个重要内容。

②报案登记。报案登记是指保险人在获悉被保险人发生保险事故后进行的备案工作。它包括报案记录、查验保险情况、填写出险通知书。在受理报案的同时,应向被保险人提供保险车辆出险通知书和"索赔须知",并指导被保险人根据实情详细填写。

③立案。对于不符合保险合同条件的案件,业务人员应在出险通知书、机动车辆报案、立案登记簿上签注不予立案的原因和"不予立案",并向被保险人做出书面通知。对于符合保险合同条件的案件,应进行立案登记,正式确立案件。

④施救。施救是指当被保险人发生保险事故时,为了防止损失扩大而采取的控制的措施。施救的目的是将危险控制在萌芽状态,将损失降至最低。根据《中华人民共和国保险法》第四十二条的规定,施救的主体为被保险人,但在很多情况下,由于报案、立案较快,保险人在施救过程中已经介入,而施救的本意是为了减少损失,其直接的结果是可以减少保险人的赔付金额,因此,保险人往往与被保险人一起,制订施救方案,完成施救过程。在施救过程中,发生必要的、合理的费用由保险人承担,这在《中华人民共和国保险法》中也有明确的规定。因为保险人应是施救结果的最大受益人。

⑤查勘。查勘包括出险后保险人对各种保险单证的核查以及对出险现场的查勘。其中,对出险现场进行查勘是很重要的一环,对保险人来说,只有进行实地查勘,掌握第一手

证据,才能做出正确的判断,以便确定责任及赔偿范围。

查勘是为了确定保险人是否应该承担保险责任以及承担多大的责任。即通常所说的责任审核和核算给付。保险人承担保险责任必须具备一定的条件，查勘时必须根据事实和保险合同条款，认真思考，全面分析，对各项条件逐一进行审核，做出正确的判断。

⑥定损。定损也就是确定损失。损失确定的关键是确定赔偿标准,即对于产生的损失按照何种标准进行赔偿。通常情况下损失赔偿方式有两种:一种是第一损失赔偿方式,即在保险金额限度内,按照实际损失赔偿;另一种是比例赔偿方式,即按照保障程度比例计算赔偿金额。对一些特定的情况也应采取一些特殊的赔偿方式,如定值保险和重置价值保险。

⑦理算。理算的基本程序主要可以分为对赔案文件的形式审核、实质审核和赔款计算三个基本步骤。形式审核是对赔案文件在形式上的符合性进行审核,确定这些文件是否具有形式上的合法性,是否符合保险合同以及理赔的要求。实质审核是对赔案文件的内容进行审核,包括判断文件真实性、合法性和合理性。

⑧赔款计算书。赔款计算书是支付赔款的正式凭证。各栏应根据保险单、现场查勘报告、理算报告及有关证明单证详细核对后填写。

⑨赔款支付和权益转让。在完成了赔款计算工作之后,就转入向被保险人支付赔款的程序。主要包括赔款的支付方式,赔款收据和权益转让书等方面。

a. 赔款支付方式。赔款支付方式是指保险人向被保险人给付赔款的方式和对象。支付的方式通常可以用银行转账、现金支票和现金的方式;支付的对象通常是被保险人或者投保人,有时经过被保险人的授权直接将赔款支付给修理厂,涉及第三者责任的案件,根据《中华人民共和国保险法》的规定可以直接支付给受害的第三者。

b. 赔款收据。赔款收据是被保险人或者赔款受益人接收赔款的证明。

c. 权益转让书。益转让书是指在保险公司向被保险人支付了赔款之后,被保险人将其在保险事故中可能拥有的权益转让给保险人,以便保险公司代位追偿。

⑩赔付与善后处理。保险人经核算确定给付金额后,应办理结案手续,并向投保人、被保险人或者受益人发出领取赔款的通知,按合同约定或法律规定的时间,迅速予以给付,如果赔付迟延,保险人将承担违约责任。

7.3.2 保险车辆维修管理

车辆如果在汽车销售服务与维修企业的保险代理点投保汽车保险,那该企业可以代客户处理保险车辆的维修理赔手续,具体流程如图 7-10 所示。

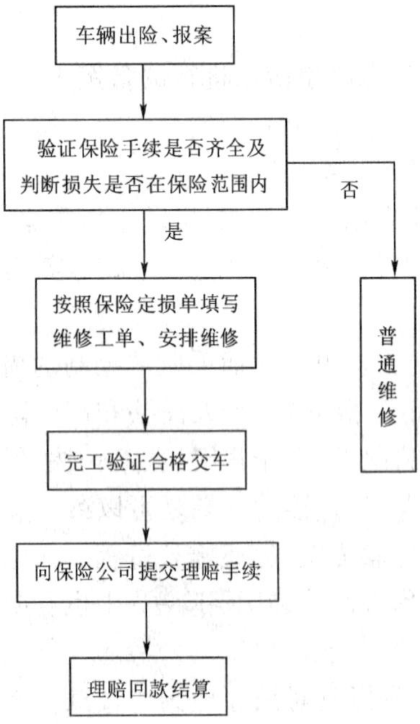

车辆出险、报案
→ 验证保险手续是否齐全及判断损失是否在保险范围内
是 → 按照保险定损单填写维修工单、安排维修 → 完工验证合格交车 → 向保险公司提交理赔手续 → 理赔回款结算
否 → 普通维修

图 7-10　保险车辆维修管理流程图

图 7-10 中,“车辆出险、报案”这项工作由客户完成,

"验证保险手续是否齐全及判断损失是否在保险范围内"这一工作由保险人完成,如果不属于保险责任,保险人则不理赔,进入普通维修的程序。如果属于保险责任,保险人负责赔偿,那么维修服务顾问要安排保险车辆进行维修,并在完工后验证交车,最后代客户提交理赔单证和结算理赔的回款。

本章小结

本章主要介绍了政府采购车辆的招标知识;企业参与投标的相关知识;开标、评标与定标的程序以及保险车辆的维修管理知识。通过本章学习应能描述政府采购车辆招标、投标程序;能描述签订政府采购维修合同的标准和程序;熟悉保险车辆维修管理的基本内容。具有对政府采购进行投标的能力;具有保险车辆维修管理的能力。

课业训练

一、判断题

1. 政府招标采购标的范围包括货物采购招标、工程采购招标和服务采购招标。( )

2.《中华人民共和国政府采购法》实施以来,国务院办公厅公布的中央预算单位政府采购管辖的货物和服务单项或批量采购最低限额标准为60万元。( )

3. 询价小组由采购人的代表和有关专家共5个以上的单数组成,其中专家的人数不得少于成员总数的1/3。( )

4. 招标公告发布或投标邀请函发出之日到提交投标文件截止之日,一般不得少于30天,即等标期最少为30天。( )

5. 被保险车辆在保险期间内,在修理厂内造成的车辆损失保险人负责赔偿。( )

二、选择题

1. 在邀请招标时,应该从资格评审合格的投标人名单中采用随机抽取的方式选择邀请( )家以上的投标人。

A. 2　　B. 3　　C. 4

2. 编制投标文件时,应载明的事项有:投标函;( );投标保证金或者其他形式的担保;招标文件要求具备的其他内容。

A. 投标人资格、资信证明文件　　B. 投标项目方案及说明　　C. 投标价格

3. 在保险车辆维修管理过程中"验证保险手续是否齐全及判断损失是否在保险范围内"这一工作由( )完成。

A. 保险人　　B. 被保险人　　C. 维修服务顾问

4. 投保单是( )申请订立保险合同的书面要约,由投保人在申请保险时填写。

A. 投保人向保险人　　B. 保险人向被保险人　　C. 被保险人向投保人

5.《中华人民共和国政府采购法》实施以来,国务院办公厅公布的中央预算单位政府采

购公开招标限额标准为:货物和服务单项或批量为(　　)万元,工程为200万元。

A. 100　　B. 120　　C. 150

三、简答题

1. 简述政府采购的程序。
2. 简述投标的程序。
3. 简述服务投标文件的组成。

第8章　汽车维修企业财务管理

学习目标

知识目标

1. 了解汽车维修企业财务管理的对象、内容、职能；
2. 理解汽车维修企业筹资管理的目的和方法；
3. 掌握汽车维修企业收入、成本等会计要素核算的知识。

能力目标

1. 具有对汽车维修企业的投资资金、流动资金、固定资产、收入、支出费用、成本控制等会计要素进行管理和分析的能力；

2. 具有理解汽车维修企业每月财务报表编制及分析财务报告的能力，并向企业股东提出实现财务管理目标的建议。

学习时间

8学时。

8.1　汽车维修企业财务管理概述

8.1.1　汽车维修企业财务管理的对象

汽车维修企业财务管理的对象是指在汽车维修企业的生产过程中，需要通过企业财务会计反映和监督的具体内容，即汽车维修企业会计核算和监督的内容。因此，汽车维修企业财务管理的对象可概括为汽车维修的生产成本和经营管理费用，生产成本包括汽车维修企业的生产成本和辅助费用；经营管理费用包括销售费用、管理费用、财务费用等期间费用。

(1)生产成本。生产成本是指汽车维修过程中直接消耗的人工、材料、配件费用及其他费用。

(2)辅助费用。辅助费用是指汽车维修企业间接发生的除直接成本之外的人工、材料费用及其他费用，包括以下几个方面：

①非直接生产人员的办公费、差旅费、工资奖金、津贴补贴、职工福利费、保险费、计算制图费、试验检查费、劳动保护费等。

②生产厂房维修费、取暖费、水电费、运输费、停工损失费；机具设备的租赁费、固定资产折旧费与修理费，物料消耗费、低值易耗品费以及其他费用，还包括辅助性机修车间费用。

(3)销售费用。企业在维修汽车的过程中，发生各种各样的经营费用支出。如维修订单及维修完成交付使用过程中应由企业负担的运输费、装卸费、包装费、保险费、展览费、广告费，以及为销售本企业配件材料而发生的各种费用等。

(4)管理费用。汽车维修企业的行政管理部门为组织和管理生产经营活动发生的各种各样的费用。如企业行政管理部门人员的工资、差旅费、固定资产折旧、业务招待费、坏账损失等。

(5)财务费用。企业为筹集生产经营所需资金发生的一些费用，如利息净支出、汇兑净损失、金融机构的手续费等。

8.1.2 汽车维修企业财务管理的内容

汽车维修企业对资金运动的管理称为汽车维修企业财务管理，汽车维修企业财务管理的原则是以生产经营管理为中心，增产节约，增收节支，提高企业经济效益。其内容主要包括建立机构，健全管理制度；筹集资金，保证生产；控制耗费，提高经济效益；依法缴纳税，合理分配利润；维护财政纪律，实行财务监督。汽车维修企业必须设立企业财务管理机构，并遵循国家有关企业财务管理制度，建立健全汽车维修企业财务管理制度，制订汽车维修企业财务人员的岗位职责，包括财务总监、会计、出纳等岗位。

8.1.3 汽车维修企业财务管理的职能

1)基本职能

汽车维修财务核算是发挥其他职能的基础。没有汽车维修财务核算，汽车维修财务的预测、决策、计划、控制、分析和考核等职能都无法进行。

2)派生职能

财务预测、决策、计划、控制、分析及考评职能。汽车维修企业财务管理的各种职能是一个相互联系、相互配合、相互补充的有机整体。财务预测是财务决策的前提和依据；财务决策是财务预测的延伸和结果，又是制订财务计划的依据；财务计划是财务决策所确定财务目标的具体化；财务控制是对财务计划的实施进行监督，是实现财务决策既定目标的保证；财务核算是对财务决策目标是否实现的检验；通过运用财务核算资料和财务计划资料对比进行财务分析，才能对财务决策的正确性做出判断；把财务决策目标进行层层分解，落实责任，才能调动各部门和职工完成财务决策目标的积极性，是实现财务决策目标的重要手段。

8.2 汽车维修企业的筹资与投资管理

汽车维修企业通过不同筹资渠道和运用不同筹资方式筹集的资金，由于其来源、方式、期限等不同,就形成了不同的筹资类型。不同类型的筹资组合,就构成了企业的筹资结构。企业所筹集资金,按不同的标志可分为自有资金与借入资金、长期资金与短期资金、内部筹资与外部筹资、直接筹资与间接筹资等类型。

8.2.1 自有资金与借入资金

企业的全部资金来源按其权益性质的不同,分为自有资金与借入资金。合理安排自有资金与借入资金的比例关系,既要控制财务风险,又要获取财务杠杆利益,这是筹资管理的核心。

1)自有资金

自有资金亦称自有资本或权益资本,是企业依法筹集并长期拥有、自主调配运用的资金来源。根据我国《企业会计制度》规定,企业的自有资金包括实收资本、资本公积、盈余公积和未分配利润。作为自有资金具有下列属性:

①自有资金的所有权归属于企业的所有者,所有者凭其所有权参与企业的经营管理和利润分配,并对企业的经营状况承担有限责任。

②企业对自有资金依法享有经营权,在企业持续经营期间,除管理者依法转让外,一般不得以任何方式抽回其资本金。

③企业自有资金可以采取吸收直接投资、发行股票、留存收益等方式进行筹措。

2)借入资金

借入资金亦称借入资本或债务资本,是企业依法筹措并依约使用、按期偿还的资金来源。借入资金包括各种借款、应付债券、应付款项等。作为借入资金具有下列属性:

①借入资金体现了企业与债权人的债权、债务关系,它属于企业的债务,是债权人的权益。

②债权人有权按期索取其权益,但无权参与企业的经营管理,对企业的经营状况不承担任何责任。

③企业对借入资金在约定期限内,享有使用权,但要承担按期付息和到期还本的义务。

④借入资金的来源主要来自于银行和非银行金融机构、社会等渠道,一般采用银行借款、商业信用、发行债券等方式进行筹措。

银行借款是企业筹资的主渠道,但是银行借款一般采用担保方式。银行借款根据有无担保分为抵押担保借款和无担保借款,由于银行为降低信贷风险一般要求贷款人提供担保,所以企业一般都是采用担保借款。担保分为抵押担保和信用担保,信用担保主要是由有一定实力的企业作为担保人,所以很受限制。中小企业一般采用抵押担保,但由于受抵押物的限制(主要是需要不动产),这种筹资限制了一些企业的融资能力。

商业信用是指在商品交易中以延期付款或预收货款进行购销活动而形成的借贷关系,它是企业间直接的信用行为。商业信用对于中小企业来说一般包括应付账款和应付票据。

应付账款是指通过双方的,商业交易形成后,在一定时间内延期付给供货商的货款,以减轻自己资金压力的一种短期筹资方式。

应付票据是一种较便捷的短期筹资方式。应付票据分为商业承兑汇票和银行承兑汇票。由于商业承兑汇票要求高,适用范围受到一定的限制,所以一般不采用这种筹资方式,主要采用银行承兑汇票进行筹资。

银行承兑汇票是由银行签发的,期限不超过6个月的,到期后由承兑行无条件支付的票据,它具有携带方便,流通性好的特点,很受企业推崇。银行承兑汇票在办理时需要企业支付一定的保证金,存入指定的银行,银行将保证金专户管理,同时作为定期存款处理,这样在承兑到期的时候企业还可得到一定数量的利息。

8.2.2 长期资金与短期资金

企业的资金来源,按期限的不同可分为长期资金和短期资金,两者构成企业全部资金的期限结构。合理安排资金的期限结构,有利于实现企业资金的最佳配置和筹资组合,降低筹资风险。

(1)长期资金。长期资金是指期限在一年以上的资金。长期资金通常采用吸收直接投资、长期借款、发行股票、发行债券、融资租赁等方式来筹措的。

(2)短期资金。短期资金是指期限在一年以内的资金。短期资金一般是通过商业信用、短期借款等方式来筹措的。

8.2.3 其他筹资方式

汽车维修企业的其他筹资方式主要采用企业内部留存和民间借贷。我国中小企业业主资本和内部留存收益分别占中小企业资金来源的30%和26%,在外源性融资渠道中,由于证券市场门槛高,创业投资体制不健全,企业债发行的准入障碍,中小企业难以通过资本市场公开筹集资金,中小企业缺乏外部股权融资渠道。而亲友借贷、职工内部集资以及民间借贷等非正规金融方式在中小企业融资中占相当比例。

企业进行筹资期限决策,主要取决于企业筹资的用途。如果筹资是用于企业流动资产,则根据流动资产具有周期快、易于变现、经营中所需补充数额较小及占用时间短等特点,一般选择各种短期筹资方式;如果筹资是用于长期投资或购置固定资产、无形资产等,由于这类用途要求资金数额大、占用时间长,因而适宜选择各种长期融资方式。

另一方面,作为汽车维修企业的投资者,其出资方式主要有现金投资、实物投资、工业产权投资、土地使用权投资等。投入资本的出资方式除国家规定外,应在企业成立时经批准的企业合同、章程中有详细规定。

吸收直接投资的优点是有利于尽快形成生产经营规模,增强企业实力;有利于获取先进设备和先进技术,提高企业的生产水平;吸收直接投资根据企业经营状况向管理者进行回报,财务风险较小。

吸收直接投资的缺点是资本成本较高,特别是企业经营状况较好和盈利较多时,向管理者支付的报酬是根据其出资的数额多少和企业实现利润的多少来计算的;容易分散控制权,采用吸收直接投资,管理者一般都要求获得与投资数量相适应的经营管理权,如果达到一定的比例,就能拥有对企业的完全控制权。

8.3 汽车维修企业的流动资金、收入及收益分配管理

汽车维修企业成立之初,企业筹集到的资本金就是企业经营启动资金,要注意资本金

的筹集方式、时效、期限、货币、固定资产及无形资产所占份额、资本金确认、管理者违约责任等。

企业筹集到的股东投资必须进行工商和税务注册登记，同时将股东投资作为法定注册资本金登记，会计上作为所有者权益记账。

汽车维修企业的财务管理主要涉及收入、费用、利润、资产、负债、所有者权益等会计要素的核算。汽车维修收入及费用的核算首先要根据收入原始凭证填制记账凭证，并确认汽车维修企业营业收入，结合汽车维修费的折扣与折让，并根据支出原始凭证填制记账凭证，对支出费用进行核算与结算，之后对收入记账凭证、支出记账凭证及转账凭证进行审核，并按期编制会计科目明细分类账和总分类账，最后核算本期税前利润。在财务管理及会计核算过程中，特别注意收入及支出的监督管理。

8.3.1　汽车维修企业的流动资金管理

汽车维修企业的流动资金包括库存现金、银行存款及其他货币资金。

(1)库存现金。财务人员可以在规定范围内使用现金，如工资、津贴、奖金，个人劳务报酬，差旅费，结算限额(1000元)内的零星支出，总经理批准的其他开支等；除前款规定外，财务人员支付款项应当以支票方式支付；确需全额支付现金的，经会计审核、总经理批准后方可支付现金。日常开支所需库存现金限额为2000元，超额部分应存入银行。

企业购置固定资产、办公用品、劳保、福利及其他工作用品必须采取转账结算方式，不得使用现金。

财务人员支付现金，可以从本企业库存现金限额中支付或从银行存款中提取，不得从现金收入中直接支付(即坐支)。因特殊情况确需坐支的，应事先呈报总经理批准。

出纳人员应当建立健全现金账目，逐笔记载现金支付。现金账目应当日清月结，每日结算，账款相符。

现金的清查，主要采用实地盘点法，即通过清点祟数来确定现金的实存数，然后以实存数与现金日记账的账面余额进行核对，以查明盈亏情况。

库存现金的盘点应当由清查人员会同出纳人员共同负责，一般在当天业务结束或开始之前进行，注意清查时不得以"白条子"抵充库存现金，盘点结果填入"现金盘点报告表"，并由清查人员和出纳人员签章。

"现金盘点报告表"兼有盘存单和账存实存对比表的作用，是反映现金实有数和调整账簿记录的重要原始凭证。其一般格式如表8-1所示。

现金盘点报告表　　表8-1

实存余额	账存余额	对比结果		备　注
		盘盈	盘亏	

(2)银行存款。银行存款的管理主要是清查与对账，是采用与开户银行核对账目的方法进行的，即将本单位的银行存款日记账与开户银行转来的对账单逐笔进行核对，检查账账是否相符。

银行对账单上的余额，常与企业银行存款日记账上的余额不一致，其原因主要有以下两点：

①由于某一方记账有错误。如有的企业同时在几家银行开户，记账时会发生银行之间串户的错误，同样，银行也可能把各存款单位的账目相互混淆。

②存在未达账项。所谓未达账项是指企业与银行之间对于同一项经济业务，由于取得凭证的时间不同，导致记账时间不一致，即发生的一方已取得结算凭证并登记入账，另一方由于尚未取得结算凭证还未入账的款项。产生未达账项的原因有四种情况：企业已收，银行未收款；企业已付，银行未付款；银行已收，企业未收款；银行已付，企业未付款。以上任何一种未达账项的存在都会使企业银行存款日记账余额与银行对账单余额不一致。因此，在与银行核对对账单时，应首先检查是否存在未达账项，如确有未达账项存在，即编制"银行存款余额调节表"，待调整后，再确定企业与银行之间记账是否一致，双方账面余额是否相符。

银行存款余额调节表的编制方法有多种，现以补记式为例，说明如下：

【例1】 某企业2010年4月30日银行存款日记账余额为65000元，而银行对账单余额为58000元，经过逐笔核对，发现有下列未达账项：

①企业送存银行转账支票一张，系销售收入25000元，银行尚未入账。

②企业开出现金支票一张，支付办公费3000元，银行尚未收到支票，未入账。

③银行代企业收取前欠销售款17000元，已入账，而企业尚未收到银行收款通知，未入账。

④银行代企业支付本月水电费2000元，银行已付款入账，而企业尚未收到付款通知，未入账。

根据上述资料，编制"银行存款余额调节表"，调整双方余额，如表8-2所示。

银行存款余额调节表

表8-2

2010年4月30日　　　　单位：元

项　目	金　额	项　目	金　额
企业存款日记账余额	65000	银行对账单余额	58000
+③收回前欠销售款	17000	+①销售收入款	25000
-④水电费	2000	-②办公费	3000
调整后余额	80000	调整后余额	80000

该补记法是企业与银行都在本身账面余额的基础上，补记上对方已记账、而本身尚未记账的未达账项，登记后看双方余额是否一致。如调整后余额相等，则说明双方记账无错，否则说明双方记账有误，应进一步查找。

需说明的是，该调节表只起调节试算企业与银行之间账目是否相符的作用，而不能作为调整账面余额的凭证，不能据此更正账面记录。至于产生的未达账项，需等双方接到有关凭证后，才能据以登账。该调节表上调整后的存款余额，为企业存放在银行的可实际动用的存款数额。

8.3.2 汽车维修企业的营业收入及收益分配管理

1)营业收入

汽车维修企业的营业收入分为如下两类：

①主营业务收入也叫汽车维修收入，包括工时费收入、配件材料费收入、代垫外加工费收入等。

②副营业务收入包括汽车销售收入、配件销售收入、汽车保险费收入、旧车交易及设备租赁收入等。

2）汽车维修企业的利润和分配

企业利润计算：

经营税后利润 = 主营业务利润 + 副营业务利润 + 营业外收支净额 − 税金

其中：

主营业务利润 = 主营业务收入 − 职工薪酬 − 配件及材料费用 − 辅助费用 − 营业费用 − 管理费用 − 财务费用

副营业务利润 = 副营业务收入 − 产品成本 − 营业费用 − 管理费用 − 财务费用

营业外收支净额 = 营业外收入 − 营业外支出

3）企业利润分配

企业利润分配的顺序依据国家有关规定，应按照下列顺序分配：

①缴纳企业所得税。

②弥补以前年度尚未弥补的亏损。

③提取法定盈余公积。企业法规定，企业应按净利润的10%提取法定盈余公积，作为企业的发展和后备基金。企业制企业还可以按照股东大会的决议提取任意盈余公积。任意盈余公积的用途与法定盈余公积的相同。

④向管理者分配利润（或股利）。税后利润的分配要注意影响财务收益分配的因素，诸如法律因素、股东因素、企业因素、汽车维修企业的收益分配政策、剩余股利的分配政策、固定或持续增长的分配政策以及低于正常股利加额外股利的分配政策等。表8-3为典型汽车维修企业的收入支出利润表。

利　润　表　　表8-3

编制单位：××××有限公司　　20××年　　单位：元			
项　　目		本期金额	本年累计
一、营业收入			
扣除	营业成本		
	营业税金及附加		
	销售费用		
	管理费用		
	财务费用		
	资产减值损失		
增加	公允价值变动收益（损失以"－"号填列）		
	投资收益（损失以"－"号填列）		
	对联营企业和合营企业的投资收益（损失以"－"号填列）		
二、营业利润（亏损以"－"号填列）			

续上表

项目		本期金额	本年累计
扣除	营业外支出		
增加	营业外收入		
三、利润总额(亏损总额以"－"号填列)			
扣除	所得税费用		
四、净利润(净亏损以"－"号填列)			

8.4 汽车维修企业成本管理与控制

随着市场竞争日益加剧,市场需求增长放慢,来自同行企业前后向的双重挤压和竞争使汽车维修企业经营收益不断下滑,营销成本不断上升,盈利减少,汽车维修企业承受着比以往更大的生存竞争压力。因此,强化经营成本意识,有效降低营销成本,增加企业利润,就成了汽车维修企业的当务之急。

汽车维修企业成本管理存在的问题主要包括采购成本高,生产成本高,销售成本高,对成本的地位认识不足,成本管理战略观念缺乏,成本管理方法手段陈旧,成本管理人才专业性不强等。因此,现有的成本管理模式已不能满足市场竞争的需要,必须树立新的成本观,选择适合企业自身特点的成本管理模式。

8.4.1 汽车维修企业的成本与费用管理

汽车维修企业成本管理的对策是提高汽车维修企业的员工素质,针对性地建立和完善企业各部门全员成本核算制度;加强汽车维修企业财务管理,建立完善的现代成本控制体系,建立企业成本管理的信息平台;将成本控制意识作为企业文化的一部分,更新观念,强化成本意识,采取积极措施降低汽车维修企业经营成本;形成有效会计控制与即时监控机制,减少不必要的经营成本。如前所述,汽车维修企业成本与费用的内容主要包括:

汽车维修企业总支出(成本与费用) = 营业成本 + 期间费用

汽车维修企业的营业成本 = 直接成本 + 辅助费用

式中,直接成本是汽车维修直接消耗的人工、材料、配件费用及其他费用,辅助费用是汽车维修企业间接发生的除直接成本之外的人工、材料费用及其他费用。

汽车维修企业的期间费用包括营业费用、管理费用、财务费用。

8.4.2 汽车维修企业的成本费用控制

科学的汽车维修企业成本与费用管理要求企业必须加强经济责任制、加强定额、编制计划、严格开支,加强汽车维修企业内部经济核算,特别是工时核算、单车核算、班组核算等措施。根据汽车维修企业成本与费用的控制要求做好以下各项基础工作:

①各种维修工作原材料和员工工时定额的制订和修订。

②各种库存维修材料、配件物资的计量、收发、领退和盘点的原始纪录。

③维修工时核算、维修单车核算、维修班组核算价格的制订和修订。

④适应维修特点和管理要求，采用适当的维修成本和费用计算方法。

企业在进行成本核算时，应根据本企业的具体情况，选择适合于本企业特点的成本费用计算方法进行成本核算。成本费用计算方法的选择，应同时考虑企业生产类型的特点和管理要求两个方面。在同一企业里，可以采用一种成本计算方法，也可以采用多种成本计算方法，即多种成本计算方法同时使用或多种成本计算方法结合使用。成本计算方法一经选定，一般不得随意变更。

8.5　汽车维修企业的固定资产和库存物资管理

汽车维修企业的固定资产和库存物资管理是企业维修业务成本核算和成本控制的主要部分，汽车维修企业的固定资产管理主要涉及汽车维修设备、企业办公设备、动力设备等固定资产的管理。汽车维修企业的库存物资管理主要涉及汽车维修所需的库存材料及配件的管理。

8.5.1　汽车维修设备管理的内容

汽车维修设备管理的任务涉及设备的技术管理与经济管理，包括择优选配、合理使用、维护修理、适时改造、报废和更新，设备管理人员的岗位职责等。

维修设备的合理选择与配置遵循一般原则与基本程序结合；安装调试与交付使用结合；技术状况与分类标准结合。在合理使用中应注意宣传教育，合理使用，操作规范，文明生产；在设备的维护修理中，依照机械设备维修要求，强制维修维护、根据设备状况进行修理，并严格鉴定与评估。投入使用的设备，应建立汽车维修企业固定资产设备的台账、卡片与技术档案。必要时，应对设备进行合理的改造、报废与更新。

8.5.2　汽车维修设备固定资产的折旧

汽车维修设备作为固定资产每月必须进行固定资产折旧核算，汽车维修设备的折旧首先要根据相关财务管理制度与设备技术寿命、经济寿命确定车辆与设备等固定资产的合理使用寿命，再选定合理的折旧方法，通常汽车维修设备的折旧方法包括平均年限法（直线法）、工作量法、加速折旧法等。汽车维修企业会计人员应采用合理的固定资产折旧方法定期计算确定每月折旧额并进行固定资产折旧的核算。图 8-1 展示了汽车维修企业固定资产的折旧方法。

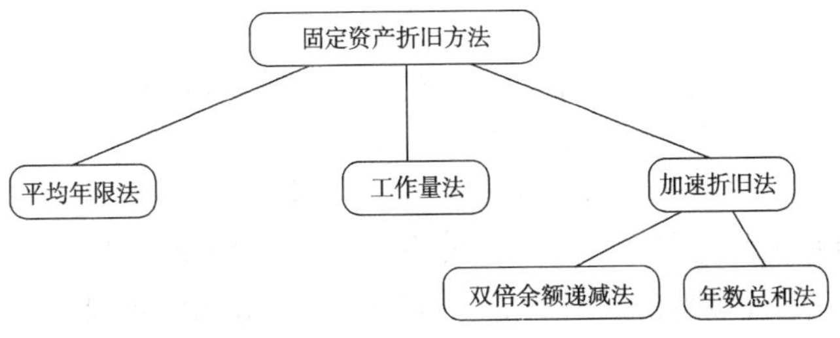

图 8-1　固定资产的折旧方法

1)平均年限法

平均年限法又称为直线法,是将固定资产的折旧均衡地分摊到各期的一种方法。采用这种方法计算的每期折旧额均是等额的。计算公式如下:

年折旧率=(固定资产年折旧额/固定资产原值)×100%

=[(1-预计净残值率)/预计使用年限]×100%

月折旧率=年折旧率/12

月折旧额=固定资产原价×月折旧率

上述计算的折旧率是按个别固定资产单独计算的,称为个别折旧率,即某项固定资产在一定期间的折旧额与该固定资产原价的比率。如果企业按分类折旧来计算折旧率,计算公式如下:

某类固定资产年折旧额=(某类固定资产原值-预计残值+清理费用)/该类固定资产的使用年限

某类固定资产月折旧额=某类固定资产年折旧额/12

某类固定资产年折旧率=(该类固定资产年折旧额/该类固定资产原价)×100%

采用分类折旧率计算固定资产折旧,计算方法简单,但准确性不如个别折旧率。

采用平均年限法计算固定资产折旧虽然简单,但也存在一些局限性。例如,固定资产在不同使用年限提供的经济效益不同,平均年限法没有考虑这一事实。又如,固定资产在不同使用年限发生的维修费用也不一样,平均年限法也没有考虑这一因素。因此,只有当固定资产各期的负荷程度相同,各期应分摊相同的折旧费时,采用平均年限法计算折旧才是合理的。

2)工作量法

工作量法是根据实际工作量计提折旧额的一种方法。这种方法可以弥补平均年限法只重使用时间,不考虑使用强度的缺点,计算公式为:

单位工作量折旧额=固定资产原值×(1-残值率)/预计总工作量

某项固定资产月折旧额=该项固定资产当月工作量×单位工作量折旧额

3)加速折旧法

加速折旧法也称为快速折旧法或递减折旧法,其特点是在固定资产有效使用年限的前期多提折旧,后期少提折旧,从而相对加快折旧的速度,以使固定资产成本在有效使用年限中加快得到补偿。常用的加速折旧法有两种:

(1)双倍余额递减法。双倍余额递减法是在不考虑固定资产残值的情况下,根据每一期期初固定资产账面净值和双倍直线法折旧额计算固定资产折旧的一种方法。计算公式如下:

年折旧率=(2/预计的折旧年限)×100%

月折旧率=年折旧率/12

月折旧额=固定资产账面净值×月折旧率

这种方法没有考虑固定资产的残值收入,因此不能使固定资产的账面折余价值降低到它的预计残值收入以下,即实行双倍余额递减法计提折旧的固定资产,应当在其固定资产折旧年限到期的最后两年,将固定资产净值扣除预计净残值后的余额平均摊销。

【例2】　某企业一固定资产的原价为10000元，预计使用年限为5年，预计净残值200元，按双倍余额递减法计算折旧，每年的折旧额为：

$$双倍余额年折旧率=(2/5)\times 100\%=40\%$$

$$第一年应提的折旧额=10000\times 40\%=4000(元)$$

$$第二年应提的折旧额=(10000-4000)\times 40\%=2400(元)$$

$$第三年应提的折旧额=(6000-2400)\times 40\%=1440(元)$$

从第四年起改按平均年限法(直线法)计提折旧。

$$第四年、第五年的年折旧额=(10000-4000-2400-1400-200)/2=980(元)$$

(2)年数总和法。年数总和法也称为合计年限法，是将固定资产的原值减去净残值后的净额和以一个逐年递减的分数计算每年的折旧额，这个分数的分子代表固定资产尚可使用的年数，分母代表使用年数的逐年数字总和。计算公式为：

$$年折旧率=尚可使用年限/预计使用年限折数总和$$

$$月折旧率=年折旧率/12$$

$$月折旧额=(固定资产原值-预计净残值)\times 月折旧率$$

汽车维修企业的办公设备及动力设备管理主要包括企业的办公设备维护与维护及用电管理、燃油管理等。汽车维修企业的办公设备及动力设备作为固定资产的折旧核算与以上汽车维修设备的折旧方法与核算相同。

8.5.3　汽车维修企业库存物资管理

汽车维修企业的库存物资管理主要涉及汽车维修所需的库存材料及配件的管理。

汽车维修企业库存物资管理的任务主要是保证汽车维修正常进行，提高汽车维修企业管理水平；加强维修流动资金周转，提高企业经济效益，节约物资，减少资源消耗，提高宏观社会效益。

汽车维修物资的分类包括以下几个方面：

①汽车配件：易损件、一般配件、重要基础件及贵重总成。

②维修辅助材料：通配料、辅杂料、油润料、漆料。

③原材料及其他：金属、非金属、燃料动力、工具等。

汽车维修企业库存物资管理工作主要是：

①物资采购：定点采购、合同采购。

②入库验收：库房保管要遵循库管职责、采购入库验收、库房管理、清仓查库、统计与核算。

配件采购与库房管理的基本要求是：

①把好数量、质量、单据三关。

②坚持凭证不全、手续不齐、数量不符、质量不合格的"四不收"制度。

③基本方法有：分类分区、四号定位、立牌立卡、五五摆放；ABC管理法。

④库存物资清仓盘点和回收利用包括清仓盘点与信息反馈；回收利用，修旧利废。

汽车维修物资的消耗定额管理是了解汽车修理材料消耗定额的作用、种类、制订、修订，并确定汽车维修物资的需要量与储备量，通常来说：

经常库存储备定额 =(最大储备量 + 最小储备量)/2

汽车维修库存物资发放制度包括汽车配件的核料制度和交旧领新发放制度;汽车维修辅助材料的发放;工具、量具及刃具的管理;库存物资的发放要登记出库领料单和库存物资材料明细账等。

8.6 汽车维修企业财务报告

汽车维修企业的财务报告通常包括会计报表及其附注,会计报表一般由资产负债表、利润表、现金流量表和会计报表附注组成。通过分析资产负债表,可以了解企业的财务状况,对企业的偿债能力、资本结构是否合理、流动资金是否充足做出判断;通过分析利润表,可以了解分析企业的盈利能力、盈利状况、经营效率,对企业在行业中的竞争地位、持续发展能力做出判断;通过分析现金流量表,可以了解企业运营资金管理能力,判断企业合理运用资金的能力以及支持日常周转的资金来源是否充分并且有可持续性;通过会计报表附注,可以了解企业使用的会计政策以及会计报表中的一些重大变化与重大事项。

8.6.1 汽车维修企业的会计报表

1)汽车维修企业的资产负债表

资产负债表是反映企业某一时期财务状况的会计报表,它根据"资产 = 负债 + 所有者权益"的等式,依照一定的分类标准和一定的次序,将企业的资产、负债和所有者权益项目予以适当排列、编制而成。分析企业的资产负债表,能正确评价企业的财务状况、偿债能力,这对于一个理性的或潜在的管理者而言是极为重要的。

资产负债表中的资产是企业因过去的交易或事项而获得或控制的能以货币计量的经济资源。资产负债表中的负债是企业负债状况的完全表露,是企业由于过去的交易或事项引起而在现在某一时期承担的将在未来向其他经济组织或个人交付资产或提供劳务的责任。企业要想获得高速发展,适当负担一些债务是情理之中的事,但如负债过大,则企业的资产质量就会不高,泡沫成分也就必然较大,这无疑蕴含着较大的经营风险。资产负债表中的所有者权益即企业的净资产,是资产与负债的差额,表明了企业的管理者对企业净资产的所有权,也称产权。一般由股本、资本公积、盈余公积、未分配利润组成。由于这一部分直接影响到投资收益,即分红送转,因此,特别值得管理者认真揣摩。

资产负债表是企业最主要的综合财务报表之一。它是一张平衡表,根据会计学上复式簿记的记账方法,企业的资产和负债双方在账面上必须平衡,所以资产负债表也就是资产和负债的平衡表,资产作为会计上的借方,列在表的左边,负债作为会计上的贷方,列在表的右边,两边的总金额必须相等。假设一家企业的资产,如现金、银行存款、存货、机器设备等,一共价值5000万元。这5000万元的资产并不完全归这家企业的股东所拥有,因为企业在经营过程中总会有贷款或欠款。如果这家企业从银行取得1500万元的贷款,并发生赊购价值500万元的商品业务时,那么,这家企业一方面有资金(资产)5000万元,另一方面欠银行和其他单位的债务(负债)2000万元。作为企业5000万元资产的来源渠道,一是靠2000万元的负债,二就是靠股东的投资和企业的累积盈余,即3000万元的股东权益(净资产)。

下面我们对资产负债表的主要项目分别进行介绍。

(1)资产。企业的资产额在一定程度上反映了一家企业的规模和实力。从理论上讲，资产规模大的企业，发展相对稳健，经营成本与风险都小。当然，实际中不仅要看企业的资产规模，而且还要看资产质量。资产分为四大类，共30多项财务指标，从上至下按变现程序排列，变现最快的排在最上方，变现最慢的排在最下方。

①流动资产。流动资产是指企业日常经营所需的资金，以及那些在较少时间内能换成现金的短期资产。流动资产是最容易变现的资产，按变现快慢又有如下几种：货币资金、短期投资、应收票据和应收账款、预付账款、其他应收款、存货、其他流动资产等。一般来说，分析流动资产状况，要重点考察其中的应收账款及期末存货。应收账款的余额过大，发生坏账的风险会相应增加，企业的正常运转可能会因此而受影响，风险也可能因此而出现；存货比例过大(即存货周转率过低)，将不可避免地占用企业的资金，影响企业的资金流动和付现偿债能力，降低企业的活力。

②长期投资。长期投资指的是一年以上才能收回的投资。国内上市企业的长期投资主要是股权投资和联营投资两部分。要考察企业长期投资的资产质量，就要对长期投资的回报作最基本的评价。管理者应十分注意的是，一些企业一味注重规模、外延的扩大，不断向外投资，其子企业又投资孙企业，形成巨额的长期投资，但与之相应的投资回报率却很低。而合并报表往往将其中很大的部分抵消，表现为集团的存货和其他资产，淡化、掩盖了母企业长期投资中存在的问题。

③固定资产。固定资产指的是厂房、设备等实物资产，包括已经建好并投入使用的固定资产和在建工程。一般来说，工业企业和基础设施类公共事业企业固定资产比例较高，商贸类企业固定资产比例较小。

④无形资产。无形资产反映企业各项无形资产的原价扣除摊销后的净额。流动资产、长期投资、固定资产属于有形资产，土地、房屋的使用权，商誉，专利等则属于无形资产。我国宪法规定，城镇土地属国家所有，农村土地属集体所有，因而，作为有形资产的土地所有权不可能表现在企业的财务报表上，只有使用权才能转让，企业所拥有的地产就只能是作为土地使用权的“无形资产”。

(2)负债。负债即企业的债务，按偿债期是一年以内还是一年以上又可分为流动负债和长期负债。流动负债是指那些在一年内必须偿付的债务，如应付员工的工资、应付未付账款、应付未付银行和其他贷款人的票据、应交未交的税款等。长期负债是指那些在偿还期限一年以上的债务，主要是银行的长期贷款，还包括企业发行的长期债券，长期应付款以及其他长期负债等。

(3)股东权益。股东权益就是企业的自有资产，包括股本金、资本公积金、盈余公积金(含公益金)、未分配利润等项目。

2)汽车维修企业的利润表

对于企业管理者来说，利润表是他们最关注的问题。因为利润表犹如企业的“成绩单”，能集中反映该企业在一定时期中的收入、费用、利润或亏损，揭示企业获取利润能力的大小和潜力以及经营趋势。利润表由三个主要部分构成，第一部分是营业收入；第二部分是与营业收入相关的生产性费用、销售费用、管理费用、财务费用、其他费用；第三部分是

利润。

由于利润表的内容主要为企业各项收入与支出，因此，利润表的编制必须基于某一特定的期间，才能了解该特定期间内的收支情况，这是利润表与资产负债表编制上的显著差异之处。资产负债表为表示某一时点的静态报表，而利润表则为表示某一特定时期的动态报表。如果说资产负债表是企业财务状况的瞬时写照，那么利润表就是企业财务状况的一段录像，因为它反映了两个资产负债表编制日之间的企业财务盈利或亏损的变动情况。因此，利润表对企业的实力和前景具有特别重要的意义。通过分析利润表，可以了解分析企业的盈利能力、盈利状况、经营效率，对企业在行业中的竞争地位、持续发展能力做出判断。

利润表通常自年初为起始时间，然后按时间分为第一季利润表、上半年利润表、前三季利润表及全年度利润表。

3）汽车维修企业的现金流量表

在现金流量表中，重点是经营、投资、筹资三大活动所产生的现金流量。一般情况下，我们所关注的是现金流量净额，即现金流入减去现金流出的差额部分。如果有负数，需格外关注，并找出相应原因。一个企业是否有足够的现金流入是至关重要的，这不仅关系到其支付股利、偿还债务的能力，还关系到企业的生存和发展。因此，管理者、债权人在关心企业的每股净资产、每股净收益率等资本增值和盈利能力指标时，对企业的支付、偿债能力也应予以关注。在其他财务报表中，管理者只能掌握企业现金的静态情况，而现金流量表是从各种活动引起的现金流量的变化及各种活动引起的现金流量占企业现金流量总额的比重等方面去分析的，它反映了企业现金流动的动态情况。因此，管理者在研究现金流量表时，应与其他财务报表结合起来分析，就会对这一企业有更加全面的了解。

现金流量表主要由三部分组成，分别反映企业在经营活动、投资活动和筹资活动中产生的现金流量。每一种活动产生的现金流量又分别揭示流入、流出总额，使会计信息更具明晰性和实用性。经营活动产生的现金流量，包括购销商品、提供和接受劳务、经营性租赁、交纳税款、支付劳动报酬、支付经营费用等活动形成的现金流入和流出。由于商业信用的大量存在，营业收入与现金流入可能存在较大差异，能否真正实现收益，还取决于企业的收现能力。因此，了解经营活动产生的现金流量，有助于分析企业的收现能力，从而全面评价其经济活动成效。

投资活动产生的现金流量，主要包括购建和处置固定资产、无形资产等长期资产，以及取得和收回不包括在现金等价物范围内的各种股权与债权投资等收到和付出的现金。企业投资活动中发生的各项现金流出，往往反映了其为拓展经营所作的努力，可以从中大致了解企业的投资方向，一个企业从经营活动、筹资活动中获得现金是为了今后发展创造条件。现金不流出，是不能为企业带来经济效益的，当然错误的投资决策也会事与愿违，所以特别要求投资的项目能如期产生经济效益和现金流入。

筹资活动产生的现金流量，包括吸收投资、银行贷款、偿还债务、发行股票、分配利润、发行债券等收到和付出的现金。现金流可用于扩大再生产，可用于引进先进的技术设备，可用来补充流动资金短缺，可用来弥补亏损或还债等。

8.6.2 财务报表附注

会计报表附注说明是为了帮助理解会计报表的内容而对报表的有关项目等所做的解释,是企业对报表加以说明的补充资料,它与会计报表共同构成一个有机整体。管理者利用会计报表附注说明可以了解到许多从报表中无法找到的重要信息。其内容主要由以下三部分组成:

第一部分是企业经营业务情况和会计报表中有关项目的补充说明。

第二部分是企业执行会计制度的有关说明,主要包括:

①遵循的会计制度和财务制度。

②采用的主要会计处理方法。

③会计处理方法的变更情况、变更原因以及对财务状况和经营成果的影响。

第三部分为有关部门对企业情况的说明,其中主要是注册会计师的审计报告。按我国制度规定,企业的会计报表必须经注册会计师的审计,并提出审计报告。在审计报告中,要对企业的会计报表进行公证,对企业的增资扩股、长期负债、存货构成、应收账项和应付账项进行说明。

8.7 汽车维修企业的财务分析

汽车维修企业会计编制财务报告之后,企业管理人员就必须审查财务报告并进行必要的财务分析。汽车维修企业的财务活动分析,是根据财务报表,揭示收入、费用、利润、资产、负债、所有者权益六个会计要素之间的关系,借以评价企业财务状况和经营效果,为企业经营决策和经营管理提供依据。

(1)汽车维修企业财务分析的目的、依据、方法及指标。

财务分析的目的是评价企业经营效果、评价企业偿债能力、衡量企业经济能力、预测企业未来趋势。

财务分析的依据是企业财务报告(包括会计报表的主表、附表、附注和财务情况说明书等)。

财务分析的基本方法包括比较分析法、比率分析法、趋势分析法、因素分析法。

财务分析的常用指标是资产负债率、运营资本、流动比率、速动比率、现金比率、应收账款周转率、存货周转率、流动资产周转率、总资产周转率、营业毛利率、营业利润率、产品销售利润率、资本金利润率、税前利润率和成本费用利润率等。

(2)汽车维修企业财务分析的内容。

①企业偿债能力分析。企业偿债能力一般分为短期偿债能力与长期偿债能力,短期偿债能力分析指标包括流动比率、速动比率和现金比率;长期偿债能力分析指标包括资产负债率、应收账款周转率、存货周转率等。

②运营能力分析指标。运营能力分析指标包括流动资产周转率、固定资产周转率和总资产周转率。

③盈利能力分析。盈利能力分析包括营业利润率、成本费用利润率、资产总额利润率、

资本金利润率及所有者权益利润率。

④财务状况趋势分析。财务状况趋势分析包括计算和对比前后数年财务报告中主要财务指标及变化率,观察其变动数额和幅度,分析其变动趋势,并预测未来情况。

8.7.1 资产负债表的分析

资产负债表内容庞杂,数字繁多,在初步浏览一遍后,要对资产负债表的一些重要项目,尤其是期初与期末数据变化很大或出现大额红字的项目进行进一步分析。例如,企业总资产在一定程度上反映了企业的经营规模,而它的增减变化与企业负债、股东权益的变化有极大的关系,当企业股东权益的增长幅度高于资产总额的增长时,说明企业的资金实力有了相对的提高;反之则说明企业规模扩大的主要原因是来自于负债的大规模上升,进而说明企业的资金实力在相对降低、偿还债务的安全性亦在下降。又如,企业应收账款过多,占总资产的比重过高,说明该企业资金被占用的情况较为严重,而其增长速度过快,说明该企业可能因产品的市场竞争能力较弱或受经济环境的影响,企业结算工作的质量有所降低。再如,企业年初及年末的负债较多,说明企业每股的利息负担较重,但如果企业在这种情况下仍然有较好的盈利水平,说明企业产品的获利能力较佳,企业经营能力较强。

由于现代经营的多样性与财务报表的复杂性,有时候单纯看一两个数据还不能清楚地看清企业的状况,为此,可以运用一些基本财务指标进行比率计算,以便更好地阅读与分析财务报表。从资产负债表中我们可以获得以下几项主要财务指标:

(1)反映企业财务结构是否合理的指标。

①固定资产比率。

$$固定资产比率=(固定资产/总资产)\times 100\%$$

固定资产是衡量一家企业有没有稳定可靠家当的一个重要标志,有较多的固定资产,还可以以此作抵押或担保进行融资,扩大业务规模。不过,如果是第三产业,如金融、内外贸、科技咨询、房地产等,却并不需要很多的固定资产,特别是高科技企业,固定资产往往并不高。因此,这个比率应根据行业而定。

②净资产比率。

$$净资产比率=(股东权益总额/总资产)\times 100\%$$

该指标也叫股东权益率,主要用来反映企业的资金实力和偿债安全性,它的倒数即为负债比率。净资产比率的高低与企业资金实力成正比,一般应在50%左右,但对于一些特大型企业而言,该指标的参照标准应有所降低。

③资本化比率。

$$资本化比率=[长期负债/(长期负债+股东股益)]\times 100\%$$

该指标主要用来反映企业需要偿还的及有息长期负债占整个长期运营资金的比重,因而该指标不宜过高,一般应在20%以下。

④资产负债率。

$$资产负债率=(负债总额/资产总额)\times 100\%$$

资产负债率是一项衡量企业利用债权人提供资金进行经营活动的能力的指标,它也反映债权人发放贷款的安全程度。资产负债率不能够过高。因为企业的所有者即股东,一般只承担有限责任，而一旦企业清算时，资产变现所得很可能低于其账面价值，所以，如果资产负债率过高，债权人可能蒙受损失。当资产负债率大于100%，表明企业已资不抵债。

(2)反映企业偿还债务安全性及偿债能力的指标

①流动比率。

流动比率 = 流动资产/流动负债

该指标主要用来反映企业偿还债务的能力。一般来说，流动比率要大于1，最好在2到5之间。流动比率越大，表示企业拥有自有流动资产越多，借贷流动资产越少，资产流动性自然就高，偿债能力也就越强。但过高的流动比率也是反映企业财务结构不尽合理的一种信息，产生这种现象的原因有可能是企业某些环节的管理较为薄弱，从而导致企业在应收账款或存货等方面有较高的水平；企业可能因经营意识较为保守而不愿扩大负债经营的规模；股份制企业在以发行股票、增资配股或举借长期借款、债券等方式筹得的资金后尚未充分投入运营等。但就总体而言，过高的流动比率主要反映了企业的资金没有得到充分利用，而该比率过低，则说明企业偿债的安全性较弱。

②速动比率。

速动比率 = 速动资产(流动资产 − 存货 − 预付费用 − 待摊费用)/流动负债

在通常情况下，该比率应以1:1为好，但在实际工作中，该比率(包括流动比率)的评价标准还需根据行业特点来判定，不能一概而论。

(3)反映股东对企业净资产所拥有权益的指标。

每股净资产 = 股东权益总额/(股本总额 × 股票面额)

该指标说明股东所持的每一份股权在企业中所具有的价值，即所代表的净资产价值。净资产即股本、资本公积金、法定盈余公积金、任意盈余公积金、未分配利润诸项目的合计，它代表全体股东共同享有的权益，有人也称其为股票净值。净资产的大小是由企业经营状况决定的。企业的经营成果越好，净资产越高，股东所享有的权益就越多。

分析以上数据与指标，我们可以对汽车维修企业的财务结构、偿债能力等方面进行综合评价。因此，需要管理者能够以综合、联系的眼光进行分析和评价。举例来说，企业净资产比率很高，说明其偿还期债务的安全性较好，但同时就反映出其财务结构不尽合理。作为一个长期管理者，所关心的就是企业的财力结构是否健全合理；相反，如以债权人的身份出现，你就会非常关心该企业的债务偿还能力。另外，由于资产负债表仅仅反映的是企业某一方面的财务信息，因此，你要对企业有一个全面的认识，不能静态地看一个数据或一张报表的内容，而应将各种财务数据结合起来综合分析才能看出问题的实质，得出正确的结论。

8.7.2　利润表的分析

利润表是一张动态表，它反映了企业在某一时期的经营成果，是一个比较直观的经营状况表。其主要内容和分析方法如下：

根据利润表提供的数据，并结合年度报告中的其他有关资料，特别是资产负债表中的有关资料，汽车维修企业管理者可以从以下几个方面进行阅读和分析。

1)企业主营业务的盈利能力

毛利率的计算公式为：

毛利 =（主营业务收入 - 营业成本）/ 主营业务收入

如果企业毛利率比以前提高，可以说明企业生产经营管理具有一定的成效，同时，在企业存货周转率未减慢的情况下，企业的主营业务利润应该有所增加。反之，当企业的毛利率有所下降，则应对企业的业务拓展能力和生产管理效率多加注意。

2）企业的综合盈利能力

同资产负债表一样，对利润表的分析也不能静态地看一个数据或一张报表的内容，而应将各种财务数据结合起来综合分析才能看出问题的实质。管理者尤其应重视以下指标：

①净资产收益率。

净资产收益率 =（报告期净利润/报告期加权平均净资产）×100%

这个指标一方面反映出企业的盈利能力，另一方面也可以用来说明企业经营者在为所有股东拥有的资产争取充分收益的能力。虽然对股东来说，唯有税后利润才是实实在在的回报，可是对企业来说，其所创造的全部利润，包括上缴给国家的税收，均是其获利能力的标志。

②总资产收益率。

总资产收益率 =（利润总额/年初和年末的资产平均余额）×100%

年初和年末的资产平均余额 =（年初资产总额 + 年末资产总额）/2

该指标表明一家企业总共投入多少总资产（包括借来的资产），又创造了多少盈利，这是考核其投入产出比率的重要指标。一般而言，该指标越高越好。

③主营业务收入增长率。

主营业务收入增长率 = [（本期主营业务收入 - 上期主营业务收入）/上期主营业务收入] ×100%

该指标可以用来衡量企业的维修业务生命周期，判断企业发展所处的阶段。一般来说，如果主营业务收入增长率超过10%，说明企业维修业务处于成长期，将继续保持较好的增长势头，尚未面临产品更新的风险，属于成长型企业；如果主营业务收入增长率在5% ~ 10%之间，说明企业维修业务已进入稳定期，不久将进入衰退期，需要着手开发新业务；如果该比率低于5%，说明业务已进入衰退期，保持市场份额已经很困难，主营业务利润开始滑坡，如果没有已开发好的新业务，那么企业将步入衰落。

④成本费用利润率。

成本费用利润率 =（利润总额/成本费用总额）×100%

这是一项衡量企业成本费用与利润关系的指标，反映企业投入产出水平，即所得与所花费的比率。一般来说，成本费用水平低，则企业盈利水平高；反之，成本费用水平高，则企业盈利水平低。

3）企业的经营能力

汽车维修企业的盈利能力是以某一特定时点为基准的，有的企业在这个时点测算的盈利能力特别强，可能是因为突然接到一笔大生意，或有意外的营业外收入等；有的企业在这个时点测算的盈利能力较差，也可能是因为刚投下去的资本尚未发挥作用产生效益等。因此，在分析盈利能力的同时，还得看它的经营能力。分析经营能力主要是以下四个指标：

①销售利润率。

销售利润率 =（销售利润/销售收入）×100%

该指标实实在在地反映了销售出去的产品到底实现了多少利润。

②存货周转率。

存货周转率 =（销售成本/存货平均余额）×100%

存货周转率是衡量汽车维修企业销售能力和分析存货库存状况的一项指标。一般而言，存货周转率越高越好，因为存货周转率越高，说明企业对存货的利用率越高，存货积压少，因持有存货所支付的利息以及仓储费也低，表明企业的经营管理效果越好。存货周转率越低，说明企业的存货积压或滞销，由于存货的积压和滞销，将会给企业带来一系列隐患。

③应收账款周转率。

应收账款周转率 =（销售收入/应收账款）×100%

这个比率表示别人欠你的钱通过你的销售及服务在一年中能周转几次，当然是周转越快越好。一个企业收账迅速，可以减少坏账损失，既节约资金，又表明企业信用状况好。与此指标相关的还有应收账款周转次数和应收账款周转天数。总的来说，应收账款周转率越高，表明应收账款越少，一年中周转的次数越快，企业的经营状况与经营能力越好。

④总资产周转率。

总资产周转率 =（销售收入/总资产）×100%

该项指标反映资产总额的周转速度。周转越快，反映资产利用效果越好，销售能力越强，进而反映出汽车维修企业的偿债能力和盈利能力令人满意。企业可以通过薄利多销的办法，加速资产的周转，带来利润绝对额的增加。

汽车维修企业管理者在阅读利润表时，单纯看利润的多少，这显然是不全面的，实际上，我们在阅读与分析利润表时，要全面观察，客观分析。比如利润，我们就不能只看利润的多少，还要看利润的来源与构成。如前所述，企业利润主要由三部分构成，即营业利润（主业利润加上其他业务利润）、投资收益和营业外收入。营业利润是核心，比例一般应在70%以上。投资收益是多元化经营的需要，拿出一部分资金向其他行业和企业投资，既可让暂时不用的资金产生效益，又可产生多元化收益。

本章小结

汽车维修企业财务管理的对象是指在汽车维修企业的生产过程中，需要通过企业财务会计反映和监督的具体内容，即汽车维修企业会计核算和监督的内容。汽车维修企业对于资金流动的管理称为汽车维修企业财务管理，汽车维修企业财务管理的职能包括基本职能和派生职能。

汽车维修企业通过不同的筹资渠道和运用不同的筹资方式筹集的资金，由于其来源、方式、期限等不同，就形成了不同的筹资类型。不同类型的筹资组合，就构成了企业的筹资结构。

汽车维修企业的财务管理主要涉及收入、费用、利润、资产、负债、所有者权益等会计要素的核算以及汽车维修企业的流动资金、收入及收益分配管理。

汽车维修企业成本管理的对策应该提高汽车维修企业的员工素质，有针对性地建立和完善企业各部门全员成本核算制度；加强汽车维修企业财务管理，建立完善的现代成本控制体系。

汽车维修企业的固定资产管理主要涉及汽车维修设备、企业办公设备、动力设备等固定资产的管理。汽车维修企业的库存物资管理主要涉及汽车维修所需的库存材料及配件的管理。

汽车维修企业的财务报告通常包括会计报表及其附注，会计报表一般由资产负债表、利润表、现金流量表和会计报表附注组成。通过分析资产负债表，可以了解企业的财务状况；通过分析利润表，可以了解分析企业的盈利能力、盈利状况、经营效率；通过分析现金流量表，可以了解企业运营资金管理能力；通过会计报表附注，可以了解企业使用的会计政策，以及会计报表中的一些重大变化与重大事项。

课 业 训 练

一、填空题

1. 汽车维修企业财务管理的对象可概括为汽车维修的____________和____________费用。汽车维修企业的生产成本、辅助费用以及营业费用、管理费用、财务费用等期间费用。

2. 营业费用包括维修订单及维修完成交付使用过程中应由企业负担的____________、装卸费、____________、保险费、展览费、____________等，以及为销售本企业配件材料等而发生的各种费用等。

3. 管理费用是汽车维修企业的行政管理部门为组织和管理生产经营活动发生的各种各样的费用。如企业行政管理部门人员的____________、差旅费、____________、业务招待费、坏账损失等。

4. 汽车维修企业财务管理的职能包括：____________职能和____________职能。

5. 作为管理者，其出资方式主要有现金投资、____________投资、____________投资、土地使用权投资等。

6. 根据我国《企业会计制度》规定，企业的自有资金包括实收资本、____________、盈余公积和____________。

7. 借入资金的来源主要来自于银行和非银行金融机构、社会等渠道，一般采用银行借款、____________、发行债券等方式进行筹措。

8. 应付票据，是一种较便捷的筹资方式。应付票据分为商业承兑汇票和____________汇票。

9. 汽车维修企业的固定资产管理主要涉及____________、动力设备与能源、____________等固定资产的管理。

10. 汽车维修企业的营业收入分两类，其一为____________收入也叫汽车维修收入，其二为＿＿＿＿＿＿收入。

11. 汽车维修企业的库存物资管理主要涉及汽车维修所需的＿＿＿＿＿＿及配件的管理。

12. 配件采购与库房管理的基本要求是，把好＿＿＿＿＿＿、＿＿＿＿＿＿、单据三关，持凭证不全、手续不齐、数量不符、质量不合格的“四不收”制度。

13. 库房管理的基本方法有＿＿＿＿＿＿、四号定位、立牌立卡、＿＿＿＿＿＿、ABC 管理法。

14. 汽车维修企业总支出（成本与费用）=＿＿＿＿＿＿+ 期间费用。

15. 汽车维修企业财务分析的主要内容包括：企业偿债能力分析、营运能力分析、＿＿＿＿＿＿和财务状况趋势分析。

16. 汽车维修企业财务管理岗位，包括财务总监、＿＿＿＿＿＿、出纳。

二、判断题

1. 生产成本是汽车维修直接消耗的人工、材料、配件费用及其他费用。（　）

2. 辅助费用是汽车维修企业间接发生的除直接成本之外的人工、材料费用及其他费用。（　）

3. 营业费用是企业在维修汽车过程中，发生各种各样的经营费用支出。（　）

4. 管理费用是汽车维修企业的行政管理部门为组织和管理生产经营活动发生的各种各样的费用。（　）

5. 财务费用是企业为筹集生产经营所需资金发生的一些费用，如利息净支出、汇兑净损失、金融机构的手续费等。（　）

6. 汽车维修企业财务管理的基本职能即汽车维修财务核算，是发挥其他职能的基础。没有汽车维修财务核算，汽车维修财务的预测、决策、计划、控制、分析和考核，都无法进行。（　）

7. 自有资金的所有权归属于企业的所有者，所有者凭其所有权参与企业的经营管理和利润分配，并对企业的经营状况承担有限责任。（　）

8. 企业对自有资金依法享有经营权，在企业持续经营期间，除管理者依法转让外，一般不得以任何方式抽回其资本金。（　）

9. 借入资金体现了企业与债权人的债权、债务关系，它属于企业的债务，是债权人的权益。（　）

10. 利润分配原则要遵循如下分配顺序：交税，补亏，提成，分配。（　）

11. 主营业务利润 = 主营业务收入 − 职工薪酬 − 配件材料费用 − 辅助费用 − 经营费用 − 管理费用 − 财务费用。（　）

12. 汽车维修企业的经营成本 = 直接成本 + 间接成本。（　）

13. 科学的汽车维修企业成本管理要求企业必须加强经济责任制、加强定额、编制计划、严格开支，加强汽车维修企业内部经济核算，特别是工时核算、单车核算、班组核算等措施。（　）

14. 盈利能力分析包括销售收入利润率、成本费用利润率、资产总额利润率、资本金利

润率及所有者权益利润率。 ( )

15. 财务报告的种类包括资产负债表、利润表和现金流量表。 ( )

三、简答题

1. 简述汽车维修业务的主营业务收入、直接成本、辅助费用、管理费用、销售费用、财务费用。

2. 根据以上叙述，分析在汽车维修经营业务中如何进行成本费用的控制和收入的拓展。

第9章　汽车维修企业信息化管理

学习目标

知识目标

1. 了解汽车维修企业对信息资源的需求及信息资源的应用前景;
2. 了解企业信息化管理的作用;
3. 掌握汽车维修企业计算机管理系统的应用。

能力目标

1. 掌握计算机管理系统在汽车维修企业中的基本功能;
2. 了解汽车维修企业信息资源管理的现状和需求;
3. 了解运用计算机管理汽车维修企业的优点。

学习时间

4学时。

9.1　汽车维修企业信息化管理应用前景

9.1.1　计算机信息资源管理的必要性

随着社会经济的发展,信息对社会各个领域的渗透日益明显,社会的信息化和产业化是当今社会发展的潮流与趋势。信息在企业的经营活动中尤为重要,企业需要了解各种新技术、新设备、新材料产生和应用的信息,了解市场行情信息,对市场调查研究,运用最新的科学技术、最先进的设备,生产出适销对路的产品,从而在复杂多变的市场环境中生存和发展。

多年来,我国汽车维修业的落后表现在管理水平、技术水平、人员素质、设备装备等诸多方面,而信息资源方面的落后表现得尤为突出。传统的汽车维修资料信息查询主要借助于传统媒体(如图书、杂志、报纸等),信息量小,查询速度慢,资料更新迟缓。随着汽车高科技化程度的不断提高,世界各汽车制造厂商每年不断地推出新技术、新车型,对于加入世贸组织以后大量涌入国内的进口汽车，我国汽车维修企业因缺乏维修资料，给维修工作带来很大的困难，因此亟须提升汽车维修技术人员的知识、技术、经验以及对信息的全面掌握能力。

汽车维修企业对信息资源的需求日益强烈。20 世纪 80 年代末到 90 年代初，现代汽车维修企业中开始使用互联网，目前汽车维修行业技术资料查询、故障检测诊断、技术培训网络化已得到全面普及。以美国汽车维修业为例，维修信息综合管理、专家集体会诊、网上查询资料、网上解答疑难杂症、网上开展技术咨询、网上购买汽车维修资料已经成为维修行业的基本特征。

现代汽车维修企业有两个显著特点：一是先进的检测维修设备和维修资料的应用，二是计算机网络的应用与计算机管理。汽车维修行业业务过程复杂、数据信息量大，仅仅依靠人力往往难以对维修、配件、客户档案、车辆档案、员工及各部门工作进程监督；难以对企业经营数据进行准确的统计和分析。良好的服务将成为企业最有力的竞争手段，维修、售前及售后等服务，依赖于稳定的客户关系，需要建立客户信息和管理维修档案。而运用计算机管理企业，速度快、时间短、资料全、效率高，利用计算机技术建立维修企业的互联网络数据库将成为现代汽车维修企业发展的趋势。

运用计算机技术管理维修企业有如下优点：

①高层管理者可以通过计算机网络系统的图表分析功能，简单直观地查询企业的运作情况。对各部门的工作进行统筹安排。

②管理者可以从生产调度、统计报表中解脱出来，去争取更多的客户，带来更多更好的经济效益。

③准确及时地统计报表可以消除人为的错误，减少高层管理者主观判断上可能出现的失误。提高员工工作效率。

④迅速准确地对顾客提出的询问做出反应，尽可能少占用顾客时间。

⑤车辆、客户的动态跟踪可以让业务部具体掌握所有车辆以及客户的每一个细节，随时提醒客户进行维修、维护和零件的更换，更体现了服务的完整性。

⑥标准规范的计算机化管理能够提高维修企业在顾客心目中的形象，计算机管理下的客户及车辆档案为长期、灵活的客户服务奠定了基础。

⑦有效管理客户资料、维修记录、库存管理以及因此而产生的客户纠纷等事务，彻底改变维修企业手工作坊式的工作模式。

⑧合理调配零件，节省人力、物力，增强全体员工的工作积极性，形成良好的企业文化和企业凝聚力。

目前，汽车维修企业如何提高企业的竞争力，提高企业的生产利润，已成为现代汽车维修企业经营者和管理者所面临的主要问题。解决这一问题的关键主要在于两个方面：一方面在于提高企业的技术水平，而更重要的另一方面就是提高企业的管理水平。完善的管理制度，现代化的管理方法，精确的管理数据分析，特别是计算机技术在企业管理中的应用，对于现代化的汽车维修企业非常重要。

9.1.2　计算机信息资源管理的应用前景

目前，与发达国家相比，信息资源在我国汽车维修业的应用方面还存在许多问题。政府的政策扶持力度有限，汽车维修专业互联网站大多依靠自有资金、技术、人才进行发展。我国汽车维修企业长期处于落后的状态，计算机在许多汽车维修企业的应用不够，并没有真正成为生产力。维修企业对信息资源的应用不够重视，企业管理者更愿意将资金投入到厂房、设备等硬件设施方面，而对计算机、互联网、信息化管理等方面的投入的力度及对员工的培训力度很小。

尽管由于各种限制，但是信息产业化的浪潮正冲击着社会各领域，也必然会推动我国汽车维修行业的发展，因此，信息资源在汽车维修业的应用前景广阔。

①汽车维修专业网站应用到汽车维修企业中，使汽车维修技术人员方便、快捷地查询各种汽车维修资料，迅速排除故障，减少车辆维修时间并提高生产效率。

②电脑硬件的价格合理，软件的开发、设计很成熟，功能方面也越来越适合维修企业的实际运作，远程通信技术的诞生为软件的售后维护工作奠定了坚实的基础，计算机网络在信息资源上的应用日渐成熟。

③随着计算机的迅速普及，大批大中专汽车专业毕业生及掌握计算机和网络技术的人才不断地进入汽车维修企业，为企业的员工队伍注入新鲜的血液和活力。由于他们文化素质较高，求知欲强，对新生事物敏感，因此从企业内部产生了掌握现代信息技术的需求，这种需求将进一步推动信息资源在汽车维修业的应用。

综上所述，信息资源的应用将对我国汽车维修行业产生巨大的推动作用。我们要把握好这个难得的机遇，推动汽车维修企业技术与管理的全面提升，促进整个汽车维修行业快速、健康发展。

9.2　企业信息化管理的作用及功能

9.2.1　企业信息化管理的作用

1)优化作用

信息资源是指信息的生产、分配、交流(流通)、消费过程。信息资源除信息内容本身外，还包括与其紧密相连的信息设备、信息人员、信息系统、信息网络等。信息是一种宝贵的资源，它与物质、能源一起成为当今社会发展的三大战略资源。信息可通过优化生产要素，指导生产要素进行合理有效的配置，以促进生产力系统正常有序运行，主要表现为以下几点：

①信息通过与劳动力相互作用，增加了其他生产要素的信息含量，从而提高生产力系统的素质水平和利用效率。增加了信息含量的生产要素一旦再进入生产过程，可以缩短劳动者对劳动对象的认识及熟练过程，使生产要素以较快、较准的状态进入生产运行系统，从生产过程的时效上表现并且发挥生产力的功能；可以增强生产的有序性和安全性，带来机会收益；可以引发对生产过程、生产工具、操作方法和工艺技术的技术革新与发明创造。

②信息通过与管理层相互作用，增强管理者与管理对象的可知性和透明度，从而提高生产力系统运行的有序程度。生产力系统是由多个生产要素构成的整体，而生产需要通过一系列生产要素之间的信息来运行，准确的信息有利于管理者把握生产运行的尺度，可以使生产正常、有序、高效地进行。

③信息通过与生产组织者相互作用，引导生产要素进行最优组合，从而提高生产力。信息的导向功能是可以引导生产组织者注意力的转移。把注意力放到新的工作上去；可以引导生产组织者判断形势、制订正确决策，决策方案的形成过程是对信息综合处理的过程。

2）对资源起补充作用

物质、能源、人力和资金是社会发展的基本资源，而信息可以对这些社会的基本资源起到补充作用，它的表现有以下几点：

①信息可以节约社会经济活动中各种物质和能源的使用和消耗。

②信息可以替代和节约人力资源。以高度信息化、智能化的机器人装配线为基础，汽车公司生产出大量的汽车。节省了人力，还使汽车的成本大大降低。高度信息化的数据库，使人们可查到国内外的相关资料，大大节省了查询资料的时间，节约了人力资源。

③信息可以替代资本，从而使资金更方便、更快、更有效地为社会经济建设服务。电子货币的出现，以信息卡为载体的信用信息使现代社会经济活动由货物交换方式演变成信息交换方式。电子转账的出现，把货物流和票据流的资金运动变为信息流的运动，不但减少了运输资金的麻烦，而且加快了资金周转速度，提高了资金利用率，有效地解决了社会经济建设中资金不足的矛盾。

3）对财富起增值作用

信息不但对生产要素起优化作用和对社会资源起补充作用，而且可直接创造财富，对社会财富起增值作用。

①信息可缩短流通时间，从而创造财富。电报和电话所起的作用就是加快信息传递速度，缩短信息流动的时间，提高工作效率，从而达到创造财富的目的。通过信息和信息技术缩短流通时间给我们带来财富的例子很多，如通信、电话、传真、电子邮件、联机检索、电视会议等一系列先进技术设备，使信息流动时间由过去以周、日计算缩短为现在以分、秒计算，从而大大加快了财富的增值过程。

②信息可扩大增值空间，从而创造财富。由于信息技术具有很强的辐射能力，使现代的信息活动在更广泛的空间进行，从而创造财富。在信息化不断提高的今天，财富的增值空间不再仅限于某一自然地域或某一国家和地区，而且扩大到全球其他国家和地区。

③信息可直接出售，从而创造财富。在美国、日本等信息业发达的国家，信息服务业和信息产品制造业的直接收入都非常巨大。

④信息可使非资源转化为资源，投入相应的信息都会使其产生价值或增加价值。闲置的资本得到资本需求的信息就会变为盈利的投资。

汽车工业日益激烈的竞争，汽车制造商不断加快新车型、新款式的推出，不断采用高新技术，并尽量满足汽车消费者对汽车功能、结构、外形、颜色和内部装饰等方面的个性化要求，大大增加了汽车维修企业运行与管理的难度和复杂性。随着计算机技术在汽车工业中的广泛应用，零部件，尤其是中高档汽车的零部件包含越来越多的技术信息，越来越多的汽车，尤其是中高档汽车装备了一台甚至几台微型电脑。现代汽车构造中的零部件数目繁多，不同厂家、不同车型、不同款式汽车零部件的通用互换复杂。因此，过去那种依靠经验和手工技能维修汽车的时代已经结束，汽车的维修将更多地依靠技术，依靠资料，依靠信息，汽车维修行业已经成为技术性强、信息密集的行业。

9.2.2 计算机管理系统的基本功能

①接待报修。计算机管理系统自动报出各项修理费用，记录顾客及维修汽车的信息，确定车辆的维修历史，迅速报出初步的修理项目和总价，自动记录各接待员的接修车辆。

②维修调度。生产调度中心通过诊断故障，确定具体的修理工艺及项目，安排工作给各个班组，并进行跟踪检验。在车辆进行修理过程中，计算机管理系统跟踪记录各班组具体的维修工艺及材料、设备的使用情况。

③竣工结算。计算机管理系统在竣工结算时及时提供结算详细清单，提供与客户车辆有关的各项修理费用、材料领用情况，生成、记录并打印修理记录单，处理修理费用的支付；修理车辆出厂后，车辆修理记录转入历史记录以备用；跟踪车辆修理竣工后情况，及时提供车辆维护信息。

④配件管理。计算机管理系统能完成配件订货入库、出库及库存管理，对修理车辆领用材料进行跟踪，科学分析各种材料使用量，确定最佳订货量，确定配件管理部门的应收、应付账款，保存准确的零部件存货清单等。

⑤财务管理。计算机管理系统能对生产经营账目方便灵活地查询、汇总，如工资、库存总占有情况等；查询应收、应付账目，及时处理账款；生成当日的工作业绩表等。

⑥生产经营管理。企业负责人和管理人员可以随时查询各部门工作情况，对企业内各个工作环节进行协调、检查和监控，查看经营状况；对于网络运行环境进行设置，确定各部门和环节使用权限密码，保证未经过授权的人员不能使用不属于其范围的功能；对修理、价格及工艺流程进行监控并对竣工车辆及时进行车源分析。

9.2.3 计算机管理系统的效能

①及时监控零配件的入库、出库、销售情况，便于企业做好零配件销售管理，实现合理库存。

②对车辆维修和零配件销售统一标价，取代自由度大的手工打价，便于企业的标准化管理。

③详细准确地记录客户的基本情况和车辆的技术数据，记录维修的工艺流程，为车辆维修提供技术参考，便于企业做好客户服务管理和车辆维修管理。

④利用计算机管理系统和网络收集相关维修资料，对员工进行维修培训，在网上直接进行维修技术的求助及交流，解决了维修资料缺乏、技术手段落后的难题。

⑤量化员工绩效，使员工工资和本职工作挂钩，提高员工的工作积极性。

计算机管理系统特别适合汽车维修企业，运用计算机管理系统进行管理已成为现代汽车维修和汽车配件企业管理水平的重要标志。

9.3 汽车维修企业计算机管理系统的应用要点

9.3.1 计算机管理软件的先进性

软件可以帮助企业管理人员对企业中大量动态的、错综复杂的数据和信息进行及时、准确地分析和处理，对企业的各项生产经营活动进行事先计划、事中控制和事后反馈，从而达到合理利用企业资源、降低库存、减少资金占用、增强企业应变能力、提高企业市场竞争力和经济效益的目的，使企业管理真正由经验管理进入科学管理，使企业的管理手段和管理水平产生质的飞跃，跟上信息时代的步伐。

9.3.2 计算机管理软件的管理性

计算机管理软件是一个信息系统，它包括业务接待、维修过程、结算、配件进销存、应收应付、财务、账务和客户档案等方面的信息，并保证信息的完整、准确、及时，能够为企业领导的决策提供详实、充分的数据。

计算机管理软件还应是一个业务处理系统，能使企业从业务接待、派工、领料、修理、完工结算到应收应付账务管理等业务流程程序化、固定化，使业务处理标准化，降低业务差错率，提高工作效率。

计算机管理软件更应是一个管理系统，融入先进科学的管理思想，有助于企业业务流程和管理环节的优化，有助于企业经营管理者对企业经营进行精确的考核评价、正确的指挥和有效的控制，业务过程清晰流畅，管理控制点设置合理。

计算机管理软件也是一个通信系统，它能保证汽车维修企业内部，以及其与汽车生产厂家、零部件供应商和客户间准确、及时地进行交流和远程信息交换。

汽车维修企业计算机管理软件也应是采用先进的开发平台和数据库开发的管理软件，不仅能保证软件系统数据安全运行、高速可靠，还必须使软件的用户界面友好、操作使用简便。另外，随着汽车维修企业的业务发展和同业竞争的加剧，一些规模较大的汽车维修企业纷纷从单纯经营汽车维修向汽车销售、维护修理、零配件供应和业务技术培训等综合经营的方向发展，因而汽车维修企业计算机管理软件也应能满足企业进行“三位一体”、“四位一体”综合经营的需要。

(1)预约登记管理。维修预约主要是为到店维修客户进行更好的服务，节省客户等待时间。通常在业务比较繁忙的维修厂或者4S店，每位维修人员安排的修车数量有限，无法同时修理多台车辆，因此，很多客户来店后就需要长时间等待。为了避免这一情况，很多维修厂和4S店为客户提供预约服务，客户可以提前与店内维修顾问或者客户服务人员进行协商，约定维修时间，客户按约定时间到店维修时，无需等待即可安排车辆进厂维修。有的4S店还会根据客户的预约维修内容，提前将维修所需要的维修用料准备妥当，避免因维修需更换的配件不齐全而造成维修时间延长。如果客户的车辆有固定的维修人员，4S店还可以根据客户要求，安排专门的维修人员进行维修。预约管理界面如图9-1所示，预约登记界面如图9-2所示，车辆维修信息查询界面如图9-3所示。

(2)前台接待增加维修项目。车辆到店维修时，客户向维修顾问口述故障现象，维修顾问根据客户描述，协助技术人员检查车辆故障问题与技术人员和客户协商维修项目。维修项目确定后，由维修顾问将维修项目录入到计算机中。维修项目录入内容包括项目的编码、名称，工时，与客户协商后的工时费，维修项目所属的收费类别(包括：自费、保险、索赔、免费)，该项目是否返修等。如有特殊说明，需要在备注部分标明。维修项目查询(单据同)界面，如图9-4所示。

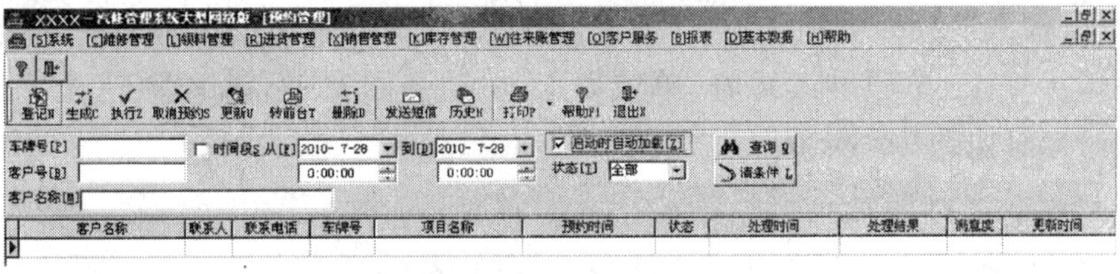

图9-1　预约管理界面

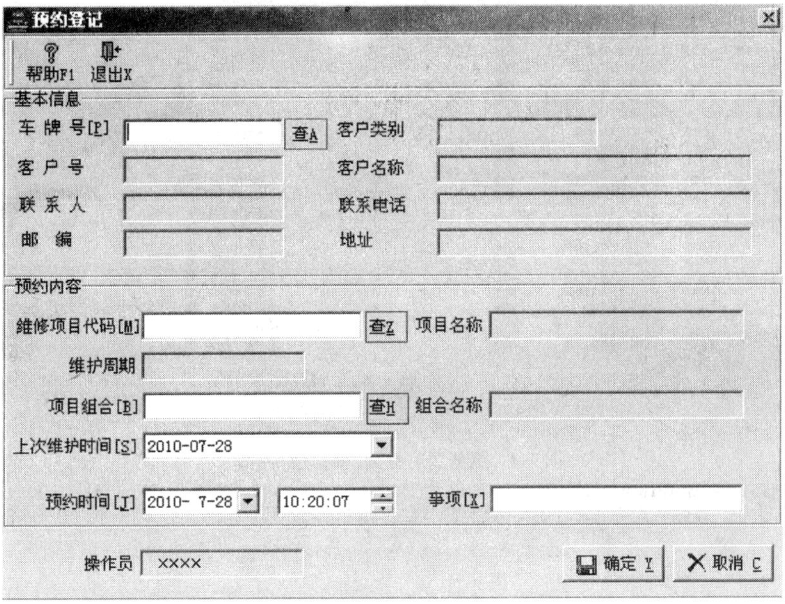

图9-2　预约登记界面

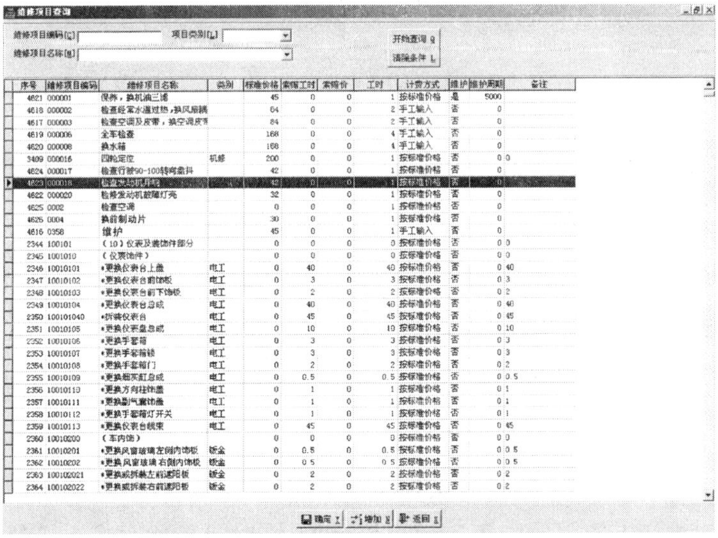

图9-3　车辆维修信息查询界面

(3)车间管理项目。车间管理项目派工,是维修顾问或者车间负责人给维修车辆需维修的项目分派维修工人的过程。根据维修项目的内容不同,维修人员技术水平,维修人员忙闲状态,可以将派工分为单项派工、合派、分派等。根据维修过程出现的问题又可以将派工分为取消单项停工、单项继续维修、单项完工、单项强制完工、单项返工、全完工等内容。车间管理项目界面如图9-5所示。

维修项目查询(单据用)

维修项目编码[C]　　项目类别[T]　　开始查询 Q

维修项目名称[M]　　注:可直接输入拼音简码进行查询　　清除条件 L

序号	维修项目编码	维修项目名称	类别	标准价格	索赔工时	索赔价格	工时	计费方式	保养	保养周期	备注
3689	11011212	*右侧B柱喷漆	喷漆	0	7	0	7	按标准价格	否	0	7
3690	11011213	*后箱底板喷漆	喷漆	0	15	0	15	按标准价格	否	0	15
3691	11011301	*车顶部喷漆	喷漆	0	30	0	30	按标准价格	否	0	30
3692	11011302	*车顶前部喷漆	喷漆	0	18	0	18	按标准价格	否	0	18
3693	11011303	*车顶后部喷漆	喷漆	0	18	0	18	按标准价格	否	0	18
3694	11011304	*车顶局部喷漆	喷漆	0	15	0	15	按标准价格	否	0	15
3695	11011305	*左侧流水槽或饰板喷漆	喷漆	0	10	0	10	按标准价格	否	0	10
3696	11011306	*右侧流水槽或饰板喷漆	喷漆	0	10	0	10	按标准价格	否	0	10
3697	11011307	*车顶行李架喷漆	喷漆	0	15	0	15	按标准价格	否	0	15
3698	11011401	*左侧大边喷漆	喷漆	0	12	0	12	按标准价格	否	0	12
3699	11011402	*右侧大边喷漆	喷漆	0	12	0	12	按标准价格	否	0	12
3700	11011403	*左侧大边饰板喷漆	喷漆	0	5	0	5	按标准价格	否	0	5
3701	11011404	*右侧大边饰板喷漆	喷漆	0	5	0	5	按标准价格	否	0	5
3702	1102	(11-2)钣金部分		0	0	0	0	按标准价格	否	0	0
3703	11020100	(前保险杠)		0	0	0	0	按标准价格	否	0	0
3704	11020101	*更换前保险杠总成	钣金	0	7.5	0	7.5	按标准价格	否	0	7.5
3705	11020102	*更换前保险杠皮	钣金	0	5	0	5	按标准价格	否	0	5
3706	11020103	*更换前保险杠衬杠	钣金	0	0	0	0	按标准价格	否	0	0
3707	11020104	*更换前保险杠支架	钣金	0	0	0	0	按标准价格	否	0	0
3708	11020105	*修校前保险杠	钣金	0	9	0	9	按标准价格	否	0	9
3709	11020106	*更换前保险杠缓冲器	钣金	0	0	0	0	按标准价格	否	0	0
3710	11020107	*更换前保险杠饰条	钣金	0	2	0	2	按标准价格	否	0	2

选中添加到单据 S　增加 N　返回 X

提示:双击选中项目行或按钮[选中添加到单据],所需要的项目都选完后按[返回]按钮回到单据。按Alt+D让光标进入表格中

图9-4　维修项目查询(单据用)界面

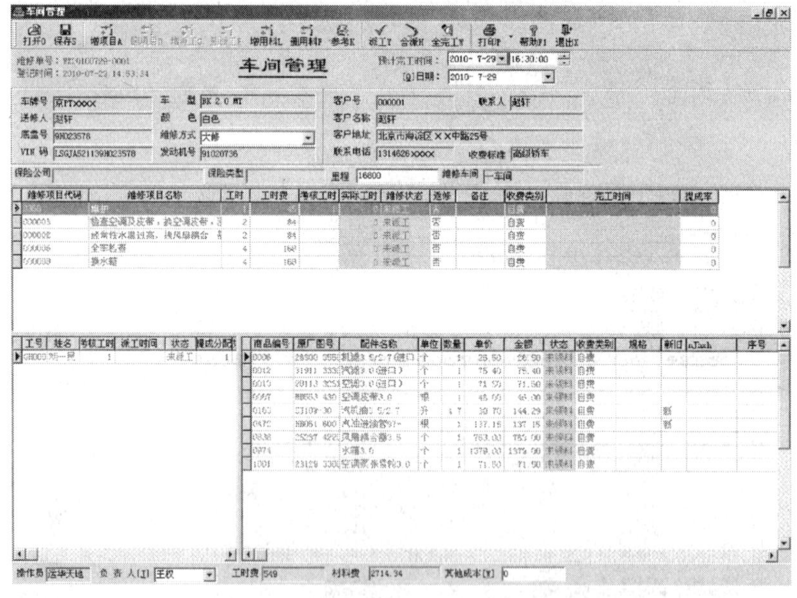

图9-5　车间管理项目界面

(4)维修领料单。车辆修理时,会用到一些零配件、漆辅料等,维修工会到库房申请领用,此时库房会对维修工领用的内容进行登记录入,同时更新库存情况。登记的维修领料单由维修工、库房以及财务各自留存,以备查询统计使用。维修领料单界面如图9-6所示。

(5)完工总检。当维修车辆需要修理、检查的项目全部完工后,需要车间负责人或者总检人对车辆维修结果进行总检。总检过程是保证车辆维修质量的一个重要环节。只有经

过总检的车辆才能算作正式完工并交付客户使用。维修项目明细界面如图9-7所示。

维修领料单

业务单号 WX20100729-0001　车牌号 京PTXXXX　单号：　日期[D] 2010-7-29

客户号 000001　车型 BK 2.0 MT　领料人[L]　仓库[C] 宝马

客户名称 赵轩　出库摘要[Y]

商品编号	原厂图号	配件名称	车型	规格	单位	数量	单价	金额	收费类别	成本	进货序号	配件品牌	进口	新旧	货位
0006	26300 35501	机滤3.5/2.7(进口)	BK 1.6LE AT		个	1	26.50	26.50	自费	0.00	0	特拉卡	否		
0012	31911 33301	汽滤3.0(进口)			个	1	75.40	75.40	自费	0.00	0		否		
0013	28113 32510	空滤3.0(进口)			个	1	71.50	71.50	自费	0.00	0		否		
0067	MB553 430	空调皮带3.0			根	1	46.00	46.00	自费	0.00	0		否		
0163	SJ10W-30	机油3.5/2.7			升	4.7	30.70	144.29	自费	0.00	0		否	新	
0472	MB051 600	汽油进油管97-			根	1	137.15	137.15	自费	0.00	0		否	新	
0838	25237 42200	风扇耦合器3.5			个	1	763.00	763.00	自费	0.00	0		否		
0974		水箱3.0			个	1	1379.00	1379.00	自费	0.00	0		否		
1001	23129 33000	空调泵张紧轮3.0			个	1	71.50	71.50	自费	0.00	0		否		
0002		砂纸	奔驰		张	2	1.60	3.20		0.00	0	单鹰	否		

图9-6　维修领料单界面

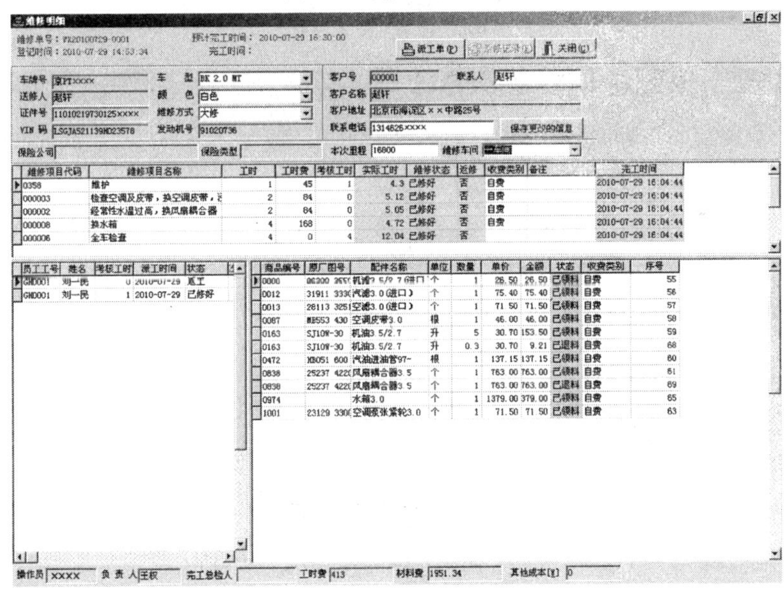

图9-7　维修项目明细界面

(6)维修业务结算。维修顾问通过维修单为客户进行预结算后，客户需要拿着预结算单到收银台进行付款。维修业务收款功能，就是为收银员提供的。收银员根据客户拿来的预结算单，按照维修顾问与客户协商的收款方式进行收款。收款额度可以是全款，也可以部分收款或者挂账。业务结算单界面如图9-8所示。

(7)维修跟踪。车辆维修出厂后，客户服务部门要对已经出厂的车辆进行跟踪回访，主要目的是考查客户对维修结果的满意程度，对车辆的维修是否有意见或者建议。客户服务

部门对客户反馈的内容认真整理、分类,快速处理客户的意见,采纳客户的合理建议,从而提高管理质量,更好地为客户提供服务。维修满意度统计界面如图9-9所示。

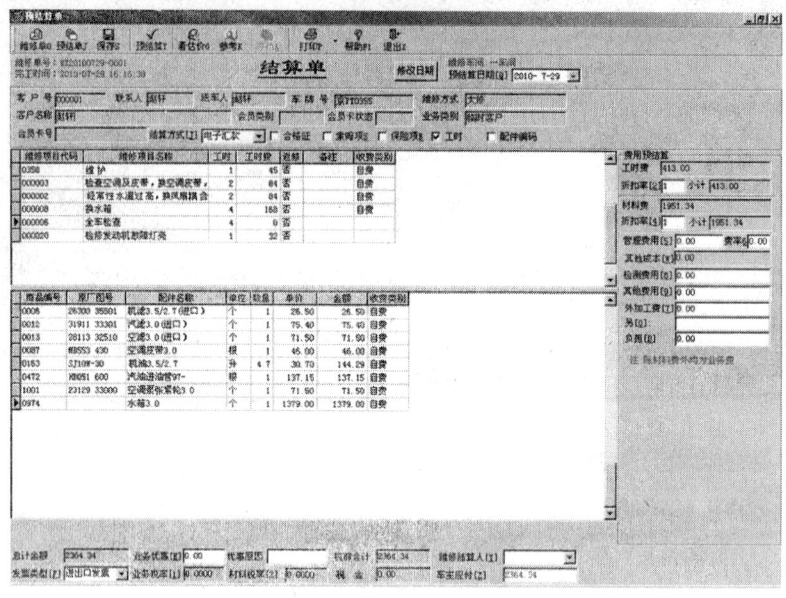

图9-8　业务结算单界面

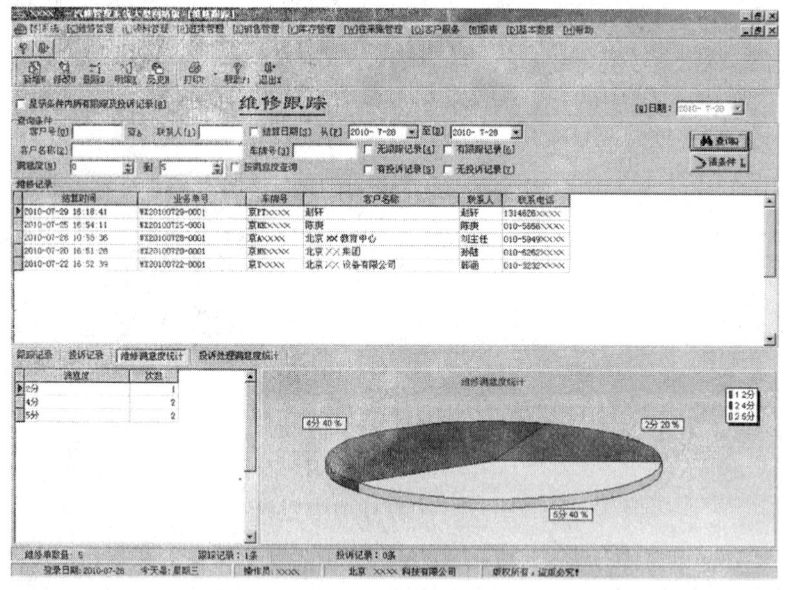

图9-9　维修满意度统计界面

9.3.3　计算机管理软件的实用性

计算机管理软件能够自动整理大量的业务数据,生成专家知识库,为新人所用。只要知道车型,系统就能告诉你最常见的故障;对于客户车辆出现的故障,系统进一步告诉你可能的原因及解决方法,包括用什么维修项目、什么配件进行维修都能直接给出提示,是自动融合前人经验指导业务开展的专家系统。

计算机管理软件必须符合维修行业管理部门的要求,能够做到企业和管理部门联网,在网上进行数据上报,管理部门也可以及时掌握各级各类车辆的维修情况,为宏观管理打下坚实的、科学的基础。

总之,对于汽车维修企业来讲,一个优秀的汽车维修企业计算机管理软件,不仅是信息系统、业务处理系统、管理系统、维修专家系统和通信系统的统一,它还应采用先进的开发平台,具有技术的先进性,并能满足企业经营未来发展的需要。此外,软件设计公司应该是专门从事汽车行业管理软件开发的专业公司,在紧跟计算机技术发展的同时,还应密切关注汽车行业发展的动向,并根据计算机技术的发展和汽车维修企业的变化不断推出新的版本,保证汽车维修企业管理软件的更新换代。

本章小结

本章主要介绍了信息在企业的经营活动中的重要性,企业需要了解各种新技术、新设备、新材料产生和应用的信息,了解市场行情信息,对市场调查研究,运用最新的科学技术、最先进的设备,生产出适销对路的产品,从而在复杂多变的市场环境中生存和发展。

现代汽车维修企业有两个显著特点:一是先进的检测维修设备和维修资料的应用,二是计算机网络的应用与计算机管理。

完善的管理制度,现代化的管理方法,精确的管理数据分析,特别是计算机技术在企业管理中的应用,对于现代化的汽车维修企业非常重要。

信息资源和信息技术在我国汽车维修业的应用前景是十分广阔的,信息资源的应用将对我国汽车维修行业产生巨大的推动作用。

信息资源是指信息的生产、分配、交流(流通)、消费过程。信息资源除信息内容本身外,还包括与其紧密相连的信息设备、信息人员、信息系统、信息网络等。

信息可通过优化生产要素,指导生产要素进行合理有效的配置,以促进生产力系统正常有序运行。

信息通过与劳动力相互作用,增加了其他生产要素的信息含量,从而提高生产力系统的素质水平和利用效率。信息不但对生产要素起优化作用和对社会资源起补充作用,而且可直接创造财富,对社会财富起增值作用。

物质、能源、人力和资金是社会发展的基本资源,信息可以对这些社会的基本资源起到补充作用。

计算机管理系统特别适合汽车维修企业,运用计算机管理系统进行管理已成为现代汽车维修和汽车配件企业管理水平的重要标志。

汽车维修企业计算机管理系统的基本功能包括接待报修、维修调度、竣工结算、配件管理、财务管理、生产经营管理。

汽车维修企业管理软件系统可以帮助企业管理人员对企业中大量的、动态的、复杂的数据和信息进行及时、准确地分析和处理,对企业各项生产活动提供事先计划、事中控制和事后反馈，使企业达到合理利用资源、降低库存、减少资金占用、增强应变能力、提高市场竞争力和经济效益的目的，使企业的管理手段和管理水平更加科学高效。

课 业 训 练

简答题

1. 运用计算机技术管理汽车维修企业有哪些优点？
2. 简述信息资源在我国应用的前景。
3. 汽车维修企业计算机管理系统有哪些基本功能？

第10章　实　　训

10.1　汽车维修生产技术管理及安全和环保管理实训

实训时间:4学时。

实训内容:

(1)参观汽车维修车间,了解汽车维修企业生产管理的工作岗位职责、生产调度、现场管理工作程序和内容。

(2)参观汽车维修车间,了解汽车维修企业技术管理的工作岗位职责、汽车修理工艺和汽车维护作业工艺流程。

(3)了解汽车维修企业的基本环保措施。

(4)完成汽车维修生产技术管理及安全和环保管理操作工单(表10-1)。

汽车维修生产技术管理及安全和环保管理操作工单　　表10-1

作业项目名称:汽车维修生产技术管理及安全和环保管理基础训练
(1)通过对企业实际调查,模拟调度员编制一份车辆施工单(派工单):
(2)通过对企业实际调查,模拟制订一份车辆维修计划:
(3)通过对企业实际调查,模拟制订一份对全厂技术人员有计划、有重点的专业技术培训和考核的计划:
(4)通过对企业实际调查,分析汽车维修企业现场管理中存在的问题,制订改进方案:
(5)通过对企业实际调研,编制模拟施工单,进行工时统计,在车辆维修完毕出厂时结算和核算维修费用。

(5)完成汽车维修生产技术管理及安全和环保管理操作考核工单(表10-2)。

汽车维修生产技术管理及安全和环保管理操作考核工单

表10-2

基本信息	姓　名		学　号		班　级		组　别	
	规定时间		完成时间		考核日期		总评成绩	
任务工单	序号	步　骤			完成情况		标准分	评　分
					完成	未完成		
	1	编制一份施工单(派工单)					20	
	2	模拟制订一份车辆维修计划					20	
	3	模拟制订一份面向全厂技术人员有计划、有重点的专业技术培训和考核的计划					20	
	4	分析汽车维修企业现场管理中存在的问题,制订改进方案					20	
	5	编制模拟施工单,进行工时统计,在车辆维修完毕出厂时结算和核算维修费用					20	

(6)完成派工单(表10-3)。

派工单样式

表10-3

维修车辆牌号			进厂时间	月　日　时　分
车型		维修班组	主修人	
诊断结果			完工期限	月　日　时　分
作业内容	项目	具体要求		
	1			
	2			
	3			
	4			
	5			
检验意见				
	自检人:	生产主管:	质检员:	
	年　月　日	年　月　日	年　月　日	
备注				

(7)完成质检单(表10-4)

质 检 单　　表10-4

<table>
<tr><td>受检车辆牌号</td><td colspan="2"></td><td>受检车型</td><td></td></tr>
<tr><td>班组及主修人</td><td colspan="2"></td><td>检验日期</td><td>年　月　日</td></tr>
<tr><td>维修项目</td><td colspan="4"></td></tr>
<tr><td>受检项目</td><td colspan="4"></td></tr>
<tr><td>检验结论</td><td colspan="4"></td></tr>
<tr><td colspan="2">第一次
质检员：
月　日　时</td><td colspan="2">第二次
质检员：
月　日　时</td><td>质检负责人：
月　日　时</td></tr>
</table>

10.2 汽车配件与设备管理实训

实训时间:6学时。

实训内容:

(1)参观汽车配件仓库,了解汽车配件的仓库管理工作岗位职责、仓位编号、汽车配件的存储和保养。

(2)参观汽车维修设备的档案与资料,了解汽车维修设备管理制度。

(3)熟悉汽车配件管理软件的功能,会操作汽车配件管理软件的重要功能。

(4)完成汽车配件管理软件操作工单(表10-5)。

汽车配件管理软件操作工单　　表10-5

作业项目名称:汽车配件管理软件运用基础训练
1.进货管理重要功能操作 (1)编制采购询价单的操作步骤记录: (2)编制采购订单的操作步骤记录: (3)编制入库单的操作步骤记录:

续上表

作业项目名称:汽车配件管理软件运用基础训练
2. 库存管理重要功能操作 (1)编制配件库存维护中查询各仓库的库存品种与金额操作步骤记录: (2)编制配件进销存管理操作步骤记录: (3)编制安全库存报警操作步骤记录: (4)编制盘点结果录入与盘点准备表打印操作步骤记录: 3. 出库管理重要功能操作——领料出库操作步骤记录: 4. 汽车配件管理软件操作问题记录:

(5)完成汽车配件管理软件考核工单(表10-6)。

汽车配件管理软件考核工单

表10-6

<table>
<tr><td rowspan="2">基本信息</td><td>姓名</td><td></td><td>学号</td><td colspan="2"></td><td>班级</td><td></td><td>组别</td><td></td></tr>
<tr><td>规定时间</td><td></td><td>完成时间</td><td colspan="2"></td><td>考核日期</td><td></td><td>总评成绩</td><td></td></tr>
<tr><td rowspan="10">任务工单</td><td rowspan="2">序号</td><td colspan="4" rowspan="2">步骤</td><td colspan="2">完成情况</td><td rowspan="2">标准分</td><td rowspan="2">评分</td></tr>
<tr><td>完成</td><td>未完成</td></tr>
<tr><td>1</td><td colspan="4">采购清单编制操作</td><td></td><td></td><td>10</td><td></td></tr>
<tr><td>2</td><td colspan="4">询价单编制操作</td><td></td><td></td><td>10</td><td></td></tr>
<tr><td>3</td><td colspan="4">入库单编制操作</td><td></td><td></td><td>10</td><td></td></tr>
<tr><td>4</td><td colspan="4">库存维护(查询指定仓库或全部仓库的配件品种和库存金额)操作</td><td></td><td></td><td>10</td><td></td></tr>
<tr><td>5</td><td colspan="4">配件进销存处理操作</td><td></td><td></td><td>10</td><td></td></tr>
<tr><td>6</td><td colspan="4">安全库存报警功能操作</td><td></td><td></td><td>10</td><td></td></tr>
<tr><td>7</td><td colspan="4">配件盘点管理(盘点结果录入与盘点准备表)处理操作</td><td></td><td></td><td>10</td><td></td></tr>
<tr><td>8</td><td colspan="4">出库单编制操作</td><td></td><td></td><td>10</td><td></td></tr>
<tr><td colspan="2">完成效率</td><td colspan="6"></td><td>10</td><td></td></tr>
<tr><td colspan="2">工单填写</td><td colspan="6"></td><td>10</td><td></td></tr>
</table>

10.3 汽车维修企业财务管理实训

实训时间:6学时。

实训内容:

(1)参观汽车维修企业各部门及车间,了解汽车维修企业财务管理及核算的工作岗位职责、程序和内容。

(2)根据汽车维修企业一个月的经营收入及费用支出情况,遵循会计核算原则,审查原始凭证、记账凭证、分类账、总账及该月会计报表,并进行必要的财务分析,特别注意汽车维修经营业务中成本费用的控制、收入的拓展以及企业的下一步经营战略计划。

(3)完成汽车维修企业财务管理操作工单(表10-7)。

汽车维修企业财务管理操作工单

表10-7

作业项目名称:汽车维修企业财务管理基础训练
(1)通过对企业财务活动实际调查,检查收入、成本费用的产生:
(2)归集各种营业收入及费用支出原始凭证:

续上表

作业项目名称:汽车维修企业财务管理基础训练
(3)审查营业收入及费用支出的记账凭证、分类账、总账及该月会计报表,特别注意现金日记账、银行存款日记账: (4)审查分析企业主营及副营业务收入: (5)审查分析汽车维修业务的直接成本、间接成本、辅助费用、管理费用、经营费用、财务费用: (6)检查维修物资、库存材料及配件的月末盘点报告以及月末固定资产清理报告: (7)综合分析汽车维修经营业务中成本费用的控制、收入的拓展并提出企业的下一步经营战略计划: (8)反馈与总结记录:

(4)完成汽车维修企业财务管理操作考核工单(表10-8)

汽车维修企业财务管理操作考核工单 表10-8

<table>
<tr><td rowspan="2">基本信息</td><td colspan="2">姓名</td><td></td><td>学号</td><td></td><td>班级</td><td></td><td>组别</td><td></td></tr>
<tr><td colspan="2">规定时间</td><td></td><td>完成时间</td><td></td><td>考核日期</td><td></td><td>总评成绩</td><td></td></tr>
<tr><td rowspan="9">任务工单</td><td rowspan="2">序号</td><td colspan="4" rowspan="2">步骤</td><td colspan="2">完成情况</td><td rowspan="2">标准分</td><td rowspan="2">评分</td></tr>
<tr><td>完成</td><td>未完成</td></tr>
<tr><td>1</td><td colspan="4">收入、成本费用检查</td><td></td><td></td><td>5</td><td></td></tr>
<tr><td>2</td><td colspan="4">各种营业收入及费用支出原始凭证的归集</td><td></td><td></td><td>10</td><td></td></tr>
<tr><td>3</td><td colspan="4">营业收入及费用支出的记账凭证、分类总账及该月会计报表,特别注意现金日记账、银行存款日记账审查</td><td></td><td></td><td>15</td><td></td></tr>
<tr><td>4</td><td colspan="4">企业主营及副营业务收入审查分析</td><td></td><td></td><td>10</td><td></td></tr>
<tr><td>5</td><td colspan="4">汽车维修业务的直接成本、间接成本、辅助费用、管理费用、经营费用、财务费用审查分析</td><td></td><td></td><td>20</td><td></td></tr>
<tr><td>6</td><td colspan="4">维修物资、库存材料及配件的月末盘点报告以及月末固定资产清理报告检查</td><td></td><td></td><td>10</td><td></td></tr>
<tr><td>7</td><td colspan="4">汽车维修经营业务中成本费用的控制分析、提出企业下一步拓展收入的经营战略计划</td><td></td><td></td><td>15</td><td></td></tr>
<tr><td colspan="2">团队协作及沟通表达</td><td colspan="6"></td><td>10</td><td></td></tr>
<tr><td colspan="2">工单填写</td><td colspan="6"></td><td>5</td><td></td></tr>
<tr><td colspan="2">总分</td><td colspan="6"></td><td>100</td><td></td></tr>
</table>

10.4 汽车维修质量管理实训

实训时间:6学时。

实训内容:

(1)参观汽车修理车间,了解汽车维修质量管理体系,汽车维修质量检验员的岗位职责。

(2)收集汽车维修质量的档案与资料,了解汽车维修质量的管理制度。

(3)熟悉汽车维修检验的一般程序,汽车维修质量检验的方法和步骤。

(4)完成汽车维修质量管理考核工单(表10-9)。

汽车维修质量管理考核工单 表 10-9

<table>
<tr><td rowspan="2">基本信息</td><td>姓　　名</td><td></td><td>学　　号</td><td></td><td>班　　级</td><td></td><td>组　　别</td><td></td></tr>
<tr><td>规定时间</td><td></td><td>完成时间</td><td></td><td>考核日期</td><td></td><td>总评成绩</td><td></td></tr>
<tr><td rowspan="7">任务工单</td><td rowspan="2">序号</td><td colspan="3" rowspan="2">步　　骤</td><td colspan="2">完成情况</td><td rowspan="2">标　准　分</td><td rowspan="2">评　　分</td></tr>
<tr><td>完成</td><td>未完成</td></tr>
<tr><td>1</td><td colspan="3">车辆预检表的编制</td><td></td><td></td><td>15</td><td></td></tr>
<tr><td>2</td><td colspan="3">车辆维修质量检验表的编制</td><td></td><td></td><td>20</td><td></td></tr>
<tr><td>3</td><td colspan="3">维修维护质检单的编制</td><td></td><td></td><td>20</td><td></td></tr>
<tr><td>4</td><td colspan="3">返修单的编制</td><td></td><td></td><td>15</td><td></td></tr>
<tr><td>5</td><td colspan="3">汽车维修检验的一般程序的编制</td><td></td><td></td><td>10</td><td></td></tr>
<tr><td colspan="2">完成效率</td><td colspan="5"></td><td>10</td><td></td></tr>
<tr><td colspan="2">工单填写</td><td colspan="5"></td><td>10</td><td></td></tr>
</table>

(5)完成车辆预检表(表 10-10)。

车辆预检表 表 10-10

<table>
<tr><td colspan="2">车牌号：　　　　用户：　　　　联系电话：　　　　行驶里程：　　km</td></tr>
<tr><td>客户要求：
1.
2.
3.
4.
5.</td><td>燃油标记：
F　E
贵重物品：
1.
2.</td></tr>
<tr><td>维护项目
1.
2.
故障描述
1.
2.
处理方式：修复 □　更换 □</td><td>外观检查

//划痕　0凹陷　×车身损伤</td></tr>
<tr><td colspan="2">车辆清洗：　是 □　否 □
旧件处理方式：环保处理 □　客户带走 □　保险公司 □</td></tr>
<tr><td colspan="2">服务顾问：　　　　预检员：</td></tr>
</table>

(6)完成车辆维修质量检验表(表10-11)。

车辆维修质量检验表 表10-11

<table>
<tr><td>维 修 班 组</td><td>施 工 单 号</td></tr>
<tr><td>故障描述
1.
2.
维护项目
1.
2.</td><td>处理方式
修复:
更换:
其他:</td></tr>
<tr><td>自检
合　格:
不合格:
返工描述:

返工后是否合格:
检验人员:</td><td>互检
合　格:
不合格:
返工描述:

返工后是否合格:
检验班组:</td></tr>
<tr><td>质检员专检
合　格:　　　不合格:
返工描述:

返工后是否合格:

质检员:</td><td>竣工检验
合　格:　　　不合格:
返工描述:

返工后是否合格:

质检员:</td></tr>
<tr><td colspan="2">最终检验和试验
维修维护项目
1.　　　合格:　　　不合格:
2.　　　合格:　　　不合格:
3.　　　合格:　　　不合格:
返工描述
1.　　　返工后是否合格:
2.　　　返工后是否合格:
总质检员:　　　技术(部门)主管:</td></tr>
<tr><td colspan="2">是否出具质检报:是 □　　否 □</td></tr>
</table>

(7)完成返修单(表10-12)。

返　修　单　　表 10-12

<table>
<tr><td>维修班组(维修人员)</td><td></td></tr>
<tr><td>不合格项目</td><td>1.
2.
3.
4.</td></tr>
<tr><td>处理意见</td><td>1.
2.
3.
4.</td></tr>
<tr><td colspan="2">质检员签字：　　　　　　　　　　　　　　　　　　日期：</td></tr>
</table>

(8)完成维修维护质检单(表 10-13)。

维修维护质检单　　表 10-13

<table>
<tr><td>________先生/女士：
对于您在　　年　　月　　日报修/维护的车辆(车牌号：　　　)。我们已经完成所有项目。(派工单编号　　)。经过检查,我们确认此次维修维护符合售后工艺标准。
在维修操作过程中,我们建议该车还应进行下列操作：</td></tr>
<tr><td>尽快进行：</td></tr>
<tr><td>还需进行：</td></tr>
<tr><td>维修预约电话(Tel)：
您车辆下次维护或检查在　　公里之前或　　年　　月　　日之前(以先到达者为限)。
为帮助通过年检,建议在　　年　　月　　日之前到本站做一次预检查。
感谢您对我们的信任。
总质检员：　　　　　　　　　　技术(部门)主管：
日　　期：
备注:某某 4S 店　　客户服务热线 * * * * * * * * * * * * * *
网址: *</td></tr>
</table>

参 考 文 献

[1] 全国招标师职业水平考试辅导教材编写组. 招标采购专业实务[M]. 北京:中国建材工业出版社,2010.

[2] 全国招标师职业水平考试辅导教材指导委员会. 招标采购法律法规与政策[M]. 北京:中国计划出版社,2009.

[3] 全国招标师职业水平考试辅导教材指导委员会. 项目管理与招标采购[M]. 北京:中国计划出版社,2009.

[4] 全国招标师职业水平考试辅导教材指导委员会. 招标采购案例分析[M]. 北京:中国计划出版社,2009.

[5] 骆孟波. 汽车保险与理赔[M]. 上海:同济大学出版社,2009.

[6] 梁军. 汽车保险与理赔[M]. 3 版. 北京:人民交通出版社,2010.

[7] 董恩国. 汽车保险与理赔[M]. 北京:清华大学出版社,2009.

[8] 荆叶平,王俊喜. 汽车保险与公估[M]. 北京:人民交通出版社,2009.

[9] 李景芝,赵长利. 汽车保险与理赔[M]. 北京:国防工业出版社,2009.

[10] 王永盛. 车险理赔查勘与定损[M]. 北京:机械工业出版社,2008.

[11] 许平. 汽车维修企业管理基础[M]. 北京:电子工业出版社,2010.

[12] 黄炳华. 汽车配件管理与营销[M]. 广州:华南理工大学出版社,2009.

[13] 朱军,屈光华. 汽车商务与服务管理实务[M]. 北京:机械工业出版社,2009.

[14] 张铛锋,高维. 汽车维修企业管理[M]. 北京:科学出版社,2009.

[15] 王一斐. 汽车维修企业管理[M]. 北京:机械工业出版社,2008.

[16] 阳小良,廖明. 汽车维修服务企业管理软件使用[M]. 北京:人民交通出版社,2011.